코로나19 바이러스

항균잉크란?

"**친환경** 99.9% **항균잉크 인쇄**"
전격 도입

언제 끝날지 모를 코로나19 바이러스
99.9% 항균잉크(V-CLEAN99)를 도입하여 「**안심도서**」로
독자분들의 건강과 안전을 위해 노력하겠습니다.

SD에듀
㈜시대고시기획

Clean Zone

본 도서는 항균잉크로 인쇄하였습니다.

항균 + 99.9% 안심도서

항균잉크(V-CLEAN99)의 특징

- 바이러스, 박테리아, 곰팡이 등에 항균효과가 있는 산화아연을 적용

- 산화아연은 한국의 식약처와 미국의 FDA에서 식품첨가물로 인증받아 **강력한 항균력**을 구현하는 소재

- 황색포도상구균과 대장균에 대한 테스트를 완료하여 **99.9%의 강력한 항균효과** 확인

- 잉크 내 중금속, 잔류성 오염물질 등 **유해 물질 저감**

TEST REPORT

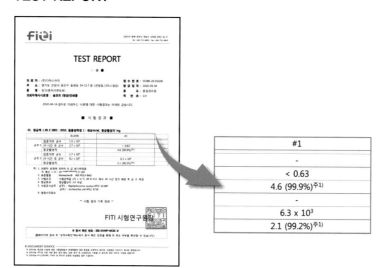

	#1
	-
	< 0.63
	4.6 (99.9%)주1)
	-
	6.3 x 10³
	2.1 (99.2%)주1)

Clean Zone

SD에듀
(주)시대고시기획

만점받는 NCS
문제해결능력
마스터

+ 무료NCS특강

SD에듀
(주)시대고시기획

Always **with you**

사람이 길에서 우연하게 만나거나 함께 살아가는 것만이 인연은 아니라고 생각합니다.
책을 펴내는 출판사와 그 책을 읽는 독자의 만남도 소중한 인연입니다.
SD에듀는 항상 독자의 마음을 헤아리기 위해 노력하고 있습니다.
늘 독자와 함께 하겠습니다.

PREFACE

머리말

문제해결능력은 공사·공단 NCS 채용을 시행하는 대부분의 공기업에서 출제하는 영역이다. 문제해결능력은 명제논리, 참과 거짓, 자료의 규칙 파악 및 계산 등 문제 유형이 다양하며, 다른 영역에 비해 자료의 길이가 길고 복잡하므로 꾸준한 연습이 필요한 영역이다. 제한된 시간 안에 복잡한 자료를 빠르고 정확하게 파악해야 하는 시험의 성격을 고려할 때 여러 가지 자료에 대해 익숙해지고 원하는 내용을 빠르게 골라 분석하고 계산하는 능력이 요구된다. 현재 문제해결능력은 PSAT형 자료해석과 같이 다양한 분야의 자료를 활용한 시험이 출제되고 있으며, 난도 있는 문제가 다수 출제되고 있다. 그러므로 취업준비생들은 문제해결능력의 정확한 출제 유형을 알고, 자료 분석력을 길러 신속 정확하게 정답을 도출할 수 있는 능력을 길러야 한다.

공사·공단 필기시험 합격을 위해 **SD에듀**에서는 NCS 도서 시리즈 1위의 출간경험을 토대로 다음과 같은 특징을 가진 도서를 출간하였다.

📝 도서의 특징

첫　째 필수 전략을 통한 접근 전략 학습!
필수 3가지 전략을 통해 문제해결능력 접근 전략을 익힐 수 있도록 하였다.

둘　째 필수 유형 10가지를 통한 자료해석 연습!
다양한 문제해결능력 문제를 10개의 Topic으로 구성하였으며, 나만의 접근포인트를 통해 빠른 자료해석력을 기를 수 있도록 하였다.

셋　째 모의고사를 통한 실전 대비!
문제해결능력 모의고사 2회를 통해 실제 시험처럼 자신의 실력을 점검할 수 있도록 하였다.

넷　째 다양한 콘텐츠로 최종 합격까지!
온라인 모의고사와 AI면접 응시 쿠폰을 제공하여 채용 전반을 대비할 수 있도록 하였다.

끝으로 본 도서를 통해 공시·공단 채용을 준비하는 모든 수험생 여러분이 합격의 기쁨을 누리기를 진심으로 기원한다.

NCS직무능력연구소 김현철 외

문제해결능력 소개

👤 문제해결능력 정의 및 하위능력

문제해결능력 : 업무를 수행하면서 여러 가지 문제 상황이 발생하였을 때, 창의적이고 논리적인 사고를 통하여 이를 올바르게 인식하고 적절히 해결하는 능력

하위능력	정의
사고력	업무와 관련된 문제를 인식하고 해결힘에 있어 창조적, 논리적, 비판석으로 생각하는 능력
문제처리능력	업무와 관련된 문제의 특성을 파악하고, 대안을 제시, 적용하고 그 결과를 평가하여 피드백하는 능력

👤 문제해결능력 학습법

01 질문의 의도를 정확하게 파악하라!

문제해결능력은 문제에서 무엇을 묻고 있는지 정확하게 파악하여 풀이방향을 설정하는 것이 가장 효율적인 방법이다. 특히, 조건이 주어지고 답을 찾는 창의적, 분석적인 문제가 주로 출제되고 있기 때문에 처음에 정확한 풀이방향이 설정되지 않는다면 시간만 허비하고 결국 문제도 풀지 못하게 되므로 첫 번째로 문제의도 파악에 집중해야한다.

02 중요한 정보는 반드시 표시하라!

정확한 문제의도를 파악하기 위해서는 문제에서 중요한 정보는 반드시 표시나 메모를 하여 하나의 조건, 단서도 잊고 넘어가는 일이 없도록 해야 한다. 실제 시험에서는 시간의 압박과 긴장감으로 정보를 잘못 적용하거나 잊고 지나쳐 틀리는 실수가 많이 발생하므로 사전에 충분한 연습이 필요하다. 가령 명제문제의 경우 주어진 명제와 그 명제의 대우를 본인이 한눈에 파악할 수 있도록 기호화, 도식화하여 메모하면 흐름을 이해하기가 더 수월하다. 이를 통해 자신만의 풀이순서와 방향, 기준 또한 생길 것이다.

03 반복풀이를 통해 취약유형을 파악하라!

길지 않은 한정된 시간 동안 모든 문제를 다 푸는 것은 조금은 어려울 수도 있다. 따라서 고득점을 얻을 수 있는 방법은 효율적인 문제풀이다. 반복적인 문제풀이를 통해 본인의 취약유형을 파악하는 것이 중요하다. 취약유형 파악은 종료시간이 임박했을 때 빛을 발할 것이다. 풀 수 있는 문제부터 빠르게 풀고 취약유형은 나중에 푸는 효율적인 문제풀이를 통해 최대한의 고득점을 받는 것이 중요하다. 본인의 취약유형을 파악하기 위해서는 많은 문제를 풀어봐야한다.

04 타고나는 것이 아니므로 열심히 노력하라!

대부분의 수험생들이 문제해결능력은 공부해도 실력이 늘지 않는 영역이라고 생각한다. 하지만 그렇지 않다. 문제해결능력이야말로 노력을 통해 충분히 득점이 가능한 영역이다. 정확한 질문 의도 파악, 취약한 유형의 반복적인 풀이, 빈출유형 파악 등의 방법으로 충분히 실력을 향상할 수 있다. 자신감을 갖고 공부하기 바란다.

👤 문제해결능력 세부사항

하위능력		교육내용
사고력	K (지식)	• 창의적 사고의 개념 • 창의적 사고의 구성요소 • 창의적 사고의 개발 원리 • 창의적 사고 개발 방법의 종류 • 논리적 사고의 개념 • 논리적 사고의 구성요소 • 논리적 사고의 개발원리 • 논리적 사고 개발 방법의 종류 • 비판적 사고의 개념 • 비판적 사고의 구성요소 • 비판적 사고의 개발 원리 • 비판적 사고 개발 방법의 종류
	S (기술)	• 주변 환경에 대해서 유심히 관찰하고 기록 • 발상의 전환을 통해서 다양한 관점을 적용 • 핵심적인 아이디어를 식별 • 사고의 오류가 무엇인지를 확인하여 제시 • 아이디어 간의 관계 유형을 파악하여 제시 • 아이디어를 비교, 대조해서, 순서화하여 제시 • 사실과 의견을 구분하여 제시 • 신뢰할 수 있는 정보자료를 획득 • 문제를 다양한 관점에서 검토하여 정리 • 주장이나 진술에 포함된 편견을 발견하여 제시 • 특정한 문제상황에서 가능한 많은 양의 아이디어를 산출 • 다듬어지지 않은 아이디어를 보다 치밀한 것으로 발전 • 고정적인 사고방식이나 시각 자체를 변화시켜 다양한 해결책 발견
문제처리 능력	K (지식)	• 문제의 개념 : 바람직한 상태와 현 상태의 괴리 • 문제의 유형 : 발생형 문제, 탐색형 문제, 설정형 문제 • 문제의식의 장애요인 • 문제해결을 위한 요소 • 문제해결의 기본적 사고 및 장애요소 • 문제해결의 절차 • 문제해결 절차의 기법 이론
	S (기술)	• 해결해야 할 문제를 체계적으로 상세히 기술 • 문제해결에 필요한 자료를 수집 · 정리 • 실행 가능한 대안들을 나열 • 적절한 기법을 사용하여 문제의 전후맥락을 파악하고 제시 • 잠재적 장애요소를 파악하고 대응방안을 수립 • 효율적이고 효과적인 해결안을 제시 • 문제점들 간의 상관관계와 중요도를 도출 • 문제해결에 필요한 능력들을 실증적으로 제시 • 대안에 따라 영향을 받게 될 사람, 부서의 이해관계를 제시 • 합리적 방법으로 최적대안을 평가 · 선정하여 실행 • 문제를 해결할 창의적 아이디어와 혁신적 조치를 제안

도서 구성

STEP 1   필수 3가지 전략으로 문제해결능력 접근법 확인

• 필수 3가지 전략을 통해 문제해결능력 접근전략을 익힐 수 있도록 하였다.

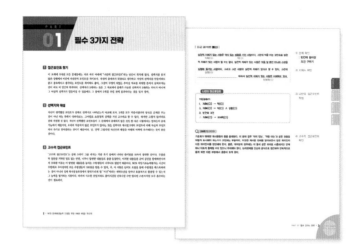

STEP 2   필수 유형 10가지로 단계적 학습

• 대표자료 + 기본자료 + 90초 풀이연습을 통해 자료 해석력을 높일 수 있도록 하였다.
• 고수의 접근포인트를 통해 자신의 접근포인트와 비교할 수 있도록 하였다.

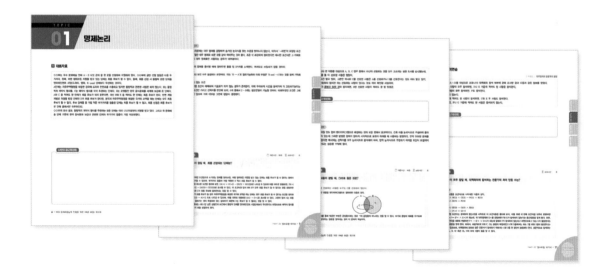

STEP 3 필수 모의고사 + OMR을 활용한 실전 연습

- 2회분의 필수 모의고사와 모바일 OMR 답안채점/성적분석 서비스를 통해 실제로 시험을 보는 것처럼 실력을 점검하고 확인할 수 있도록 하였다.

STEP 4 상세한 해설로 정답과 오답을 완벽하게 이해

- 정답과 오답에 대한 상세한 해설을 통해 혼자서도 학습을 할 수 있도록 하였다.

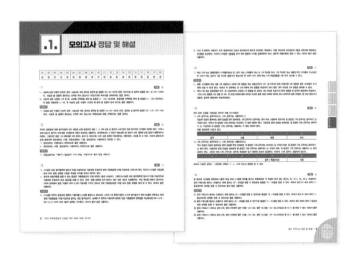

이 책의 목차

PART 1 필수 3가지 전략

PART 2 필수 유형 10가지

PART 3 필수 모의고사

정답 및 해설

필수 3가지 전략

NCS 기초능력평가에서 가장 까다로운 영역을 묻는다면 거의 대부분의 수험생들이 문제해결능력을 꼽는다. 특히 문제해결능력과 동전의 양면과도 같은 자원관리능력까지 고려한다면 대체 이 영역을 어떻게 접근해야 할지가 막막하기만 한 것이 사실이다. 문제해결능력이 이런 악명높은 영역이 된 가장 큰 이유는 바로 "유형화"가 어렵다는 데에 기인한다. 다른 영역의 경우는 아무리 응용을 한다고 한들 기본적인 틀에서 벗어나기 어려운 반면, 문제해결능력은 과하게 말해 이 세상에서 해결해야 하는 모든 문제들이 출제가능하기 때문이다. 따라서 문제해결능력은 단순히 주어진 문제를 푸는 데에 그치지 않고 출제된 제재들에서 어떠한 문제가 출제될 수 있는지 스스로 탐구해보는 것이 중요한 영역이다.

필수 3가지 전략

① 접근포인트 찾기

이 교재에 수록된 모든 문제들에는 자료 바로 아래에 "나만의 접근포인트"라는 빈칸이 위치해 있다. 선택지를 읽지 않은 상태에서 이곳에 자신만의 포인트를 적어보자. 자신이 출제자가 되었다고 생각하고 가상의 선택지를 만들어봐도 좋고 중요하다고 생각되는 포인트를 적어봐도 좋다. 그것이 무엇이 되었든 주어진 자료를 최대한 뜯어서 살펴보자는 것이 바로 이 빈칸의 목적이다. 선택지가 5개라는 것은 그 자료에서 출제가 가능한 선택지가 5개라는 의미가 아니며 그 이상의 선택지가 만들어질 수 있음에도 그 중에서 5개를 추린 것에 불과하다는 것을 잊지 말자.

② 선택지와 해설

자신이 생각했던 포인트가 실제로 선택지로 나타났는지 비교해 보자. 5개를 모두 적중시켰다면 당신은 문제를 푸는 것이 아닌 하늘 위에서 내려다보는, 그야말로 초절정의 실력을 가진 고수라고 할 수 있다. 하지만 그렇지 않더라도 전혀 걱정할 것 없다. 자신이 선택했던 포인트들이 그 문제에서 출제되지 않은 것일 뿐 다른 시험에서는 얼마든지 출제 가능하기 때문이다. 오히려 적중되지 않은 포인트가 많다는 것은 선택지로 제시된 5개의 포인트에 더해 자신의 포인트까지 추가로 얻어냈다는 것이기 때문이다. 단, 만약 그렇다면 자신만의 해설을 아래의 여백에 추가해두는 것이 좋을 것이다.

③ 고수의 접근포인트

"고수의 접근포인트"는 실제 스터디 그룹 내지는 각종 후기 등에서 나타난 풀이법을 모아서 정리한 것이다. 무릎을 탁 칠만큼 기막힌 팁도 있는 반면, 너무나 당연한 내용들도 종종 등장한다. 이러한 내용들을 굳이 공간을 할애하면서까지 수록한 이유는 이 당연한 내용들을 놓치는 수험생들이 너무나도 많았기 때문이다. NCS 직업기초능력평가는 시간이 무한대로 주어진다면 모든 수험생들이 100점을 받을 수 있다. 즉, 이 시험은 난이도 조절을 통해 수험생을 테스트하려는 것이 아니라 실제 의사결정과정에서 맞닥뜨리게 될 "시간"이라는 제약조건을 얼마나 효율적으로 활용할 수 있는지 그 능력을 평가하는 시험이다. 따라서 사소한 것일지라도 풀이시간을 단축시킬 수만 있다면 스펀지처럼 모두 흡수하는 것이 필요하다.

| 자료 해석법 예시 |

실천적 지혜가 있는 사람은 덕이 있는 성품을 가진 사람이다. 그런데 덕을 아는 것만으로 실천
　　지혜(○)　　　　　　　　　　　　　덕(○)
적 지혜가 있는 사람이 될 수는 없다. 실천적 지혜가 있는 사람은 덕을 알 뿐만 아니라 그것을

실행에 옮기는 사람이다. 그리고 그런 사람이 실천적 지혜가 있다고 할 수 있다. 그런데
　실행(○)
_____ 따라서 실천적 지혜가 있는 사람은 자제력도 있다.
　　　　　　　　　　　　　　　　　　　　　　　　　자제력(○)

1) 문제 확인
　: 빈칸에 들어갈
　　조건 구하기

2) 키워드 확인

3) 나만의 접근포인트
　작성

4) 고수의 접근포인트
　확인

나만의 접근포인트

기호화하기

1. 지혜(○) → 덕(○)
2. 지혜(○) ↔ 덕(○) ∧ 실행(○)
3. 빈칸의 조건
∴ 지혜(○) → 자제력(○)

🔍 고수의 접근포인트

기호화가 애매한 제시문들이 종종 출제된다. 이 글의 경우 '덕이 있는', '덕을 아는'과 같은 것들을
어떻게 표시해야 하는가가 고민되는 부분이다. 이것은 제시문 전체를 읽어보면서 같은 의미인지
다른 의미인지를 판단해야 한다. 물론, 대부분의 경우에는 이 둘이 같은 의미로 사용되지만 만에
하나 다르게 출제될 수도 있으니 주의해야 한다. 논리문제를 단순히 공식으로 접근하여 반복적으로
풀게 되면 이런 부분에서 혼동이 오게 된다.

MEMO

I wish you the best of luck!

필수 유형 10가지

1 대표자료

○○부는 우수 문화예술 단체 A ~ E 다섯 군데 중 한 곳을 선정하여 지원하려 한다. ○○부의 금번 선정 방침은 다음 두 가지다. 첫째, 어떤 형태로든 지원을 받고 있는 단체는 최종 후보가 될 수 없다. 둘째, 최종 선정 시 올림픽 관련 단체를 엔터테인먼트 사업(드라마, 영화, K-pop) 단체보다 우선하는 것이다.

A단체는 자유무역협정을 체결한 갑국에 드라마 컨텐츠를 수출하고 있지만 올림픽과 관련된 사업은 하지 않는다. B는 올림픽의 개막식 행사를, C는 폐막식 행사를 각각 주관하는 단체. E는 오랫동안 한국 음식문화를 세계에 보급해 온 단체다. A와 C 중 적어도 한 단체가 최종 후보가 되지 못한다면, 대신 B와 E 중 적어도 한 단체는 최종 후보가 된다. 반면 게임 개발로 각광을 받은 단체인 D가 최종 후보가 된다면, 한국과 자유무역협정을 체결한 국가와 교역을 하는 단체는 모두 최종 후보가 될 수 없다. 후보 단체들 중 가장 적은 부가가치를 창출한 단체는 최종 후보가 될 수 없고, 최종 선정은 최종 후보가 된 단체 중에서만 이루어진다.

○○부의 조사 결과, 올림픽의 개막식 행사를 주관하는 모든 단체는 이미 □□부로부터 지원을 받고 있다. 그리고 위 문화예술 단체 가운데 한국 음식문화 보급과 관련된 단체의 부가가치 창출이 가장 저조하였다.

나만의 접근포인트

거의 대부분의 논리문제는 대우 명제를 결합하여 숨겨진 논리식을 찾는 수준을 벗어나지 않는다. 따라서 '~라면'이 포함된 조건식이 등장한다면 일단 대우 명제로 바꾼 것을 같이 적어주는 것이 좋다. 조금 더 과감하게 정리한다면 제시된 조건식은 그 자체로는 사용되지 않고 대우 명제로만 사용되는 경우가 대부분이다.

여기서는 명제논리 문제를 풀이할 때에 알아두면 좋을 팁 2가지를 소개한다. 여러모로 쓰임새가 많을 것이다.

1) A만이 B이다.

논리문제를 풀다 보면 자주 등장하는 표현이다. 이는 'B → A'로 정리가능하며 이의 부정은 'B and ~A'라는 것을 함께 기억해두도록 하자.

2) 기호화가 되지 않는 조건

실전에서는 분명 조건이 애매하여 기호화가 되지 않는 경우가 존재한다. 이때 무리하게 시간을 들여가며 더 고민하기보다는 일단 정리된 조건만 가지고 선택지를 판단해 보자. 5개 중에서 2 ~ 3개는 정오판별이 가능할 것이다. 미뤄두었던 조건은 그때 판단해도 늦지 않으며 거의 대부분 그전에 정답이 결정된다.

윗글의 내용이 참일 때, 최종 선정되는 단체는?

정답 C

ⅰ) 먼저 주어진 조건만으로 소거되는 단체를 찾아보면, 어떤 형태로든 지원을 받고 있는 단체는 최종 후보가 될 수 없다는 점에서 B를 제거할 수 있으며, 부가가치 창출이 가장 적었던 E 역시 최종 후보가 될 수 없다.

ⅱ) 다음으로 제시된 조건을 정리해 보면, [A(×) ∨ C(×)] → [B(○) ∨ E(○)]으로 나타낼 수 있으며 이를 대우로 변환하면, [B(×) ∧ E(×)] → [A(○)∧ C(○)]으로 표시할 수 있다. 이 조건식과 앞서 B와 E가 모두 최종 후보가 될 수 없다는 것을 결합하면 결국 A와 C가 최종 후보에 올라간다는 것을 알 수 있다.

ⅲ) 이제 D가 최종 후보가 될 경우 자유무역협정을 체결한 국가와 교역을 하는 단체는 모두 최종 후보가 될 수 없다는 조건을 정리하면, [D(○) → A(×)] 으로 나타낼 수 있으며, 이를 대우로 변환하면 (A○ → D×)로 표시할 수 있다. 그런데 앞서 A는 최종 후보에 올라가는 것이 확정되어 있는 상태이기 때문에 D는 후보가 될 수 없다는 것을 알 수 있다.

결국 최종 후보는 A와 C만 남은 상황인데 조건에서 올림픽 단체를 엔터테인먼트 사업단체보다 우선한다고 하였으므로 폐막식 행사를 주관하는 C가 최종 선정되게 된다.

| 문제 1 |

> 서희 : 우리 회사 전 직원을 대상으로 A, B, C 업무 중에서 자신이 선호하는 것을 모두 고르라는 설문 조사를 실시했는데, A와 B를 둘 다 선호한 사람은 없었어.
> 영민 : 나도 그건 알고 있어. 그뿐만 아니라 C를 선호한 사람은 A를 선호하거나 B를 선호한다는 것도 이미 알고 있지.
> 서희 : A는 선호하지 않지만 B는 선호하는 사람이 있다는 것도 이미 확인된 사실이야.
> 영민 : 그럼, ㉠ 종범이 말한 것이 참이라면, B만 선호한 사람이 적어도 한 명 있겠군.

나만의 접근포인트

고수의 접근포인트

항목이 3개라면 따질 것도 없이 벤다이어그램으로 해결하는 것이 모든 면에서 효과적이다. 간혹 이를 논리식으로 구성하여 풀이하려는 수험생들이 있는데 그러한 방법은 항목이 많아져 시각적으로 표현이 어려울 때 사용하는 방법이다. 만약 이러한 문제를 논리식으로 풀이한다면 제시되는 선택지를 모두 논리식으로 분석해야 하며, 만약 논리식으로 구현하기 어려운 조건이 포함되어 있다면 풀이의 난도는 상승할 수밖에 없다.

적중예상문제　　　　　　　　　🕐 제한시간 : 40초　⏳ 소요시간 :　　초

위의 대화 내용이 참일 때, ㉠으로 옳은 것은?

정답 B를 선호하는 사람은 누구도 C를 선호하지 않는다.

제시된 대화 내용을 벤다이어그램으로 정리하면 다음과 같다.

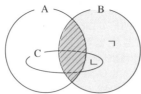

서희의 대화를 통해 빗금친 부분은 공집합이라는 것과 ㄱ이 공집합이 아니라는 것을 알 수 있다. 여기에 종범의 대화를 추가하여 ㄴ이 공집합이라는 결론을 얻어내는 것이 이 문제의 핵심이다.

| 문제 2 |

갑 : A와 B 모두 회의에 참석한다면, C도 참석해.

을 : C는 회의 기간 중 해외 출장이라 참석하지 못해.

갑 : 그럼 A와 B 중 적어도 한 사람은 참석하지 못하겠네.

을 : 그래도 A와 D 중 적어도 한 사람은 참석해.

갑 : 그럼 A는 회의에 반드시 참석하겠군.

을 : 너는 [　　　ㄱ　　　]고 생각하고 있구나?

갑 : 맞아. 그리고 우리 생각이 모두 참이면, E와 F 모두 참석해.

을 : 그래. 그 까닭은 [　　　ㄴ　　　] 때문이지.

나만의 접근포인트

Q 고수의 접근포인트

거의 대부분의 논리문제는 대우명제를 결합하여 숨겨진 논리식을 찾는 수준을 벗어나지 않는다. 따라서 '~라면'이 포함된 조건식이 등장한다면 일단 대우명제로 바꾼 것을 같이 적어주는 것이 좋다. 조금 더 과감하게 정리한다면 제시된 조건식은 그 자체로는 사용되지 않고 대우명제로만 사용되는 경우가 대부분이다.

적중예상문제

⏱ 제한시간 : 40초　⏳ 소요시간 :　　초

위 대화의 ㉠과 ㉡에 들어갈 말은?

> 정답 　㉠ : D가 회의에 불참한다
> 　　　㉡ : B가 회의에 불참하면 E와 F 모두 참석하기

주어진 대화 내용을 기호화하여 정리하면 다음과 같다.

ⅰ) [A(○) ∧ B(○)] → C(○)

ⅱ) C(×)

여기서 ⅰ)의 대우명제와 ⅱ)를 결합하면 A(×) ∨ B(×)를 도출할 수 있다(갑의 대화내용).

ⅲ) A(○) ∨ D(○)

ⅳ) (을의 대화내용) : ㉠

ⅴ) A(○)

여기서 ⅲ)과 ⅳ)를 통해 ⅴ)를 도출하기 위해서는 ⅳ)에 들어갈 내용이 D(×)이어야 한다(㉠).

ⅵ) (을의 대화내용) : ㉡

ⅶ) E(○) ∧ F(○)

마지막으로 위에서 A(×) ∨ B(×)이고 A(○)라고 하였으므로 B(×)임을 알 수 있으며, 갑의 대화에서 '우리 생각이 모두 참이면 E와 F 모두 참석해'라는 부분을 통해 B(×) → [E(○) ∧ F(○)]를 도출할 수 있다(㉡).

| 문제 3 |

만약 국제적으로 테러가 증가한다면, A국의 국방비 지출은 늘어날 것이다. 그런데 A국 앞에 놓인 선택은 국방비 지출을 늘리지 않거나 증세 정책을 실행하는 것이다. 그러나 A국이 증세 정책을 실행한다면, 세계 경제는 반드시 침체한다. 그러므로 <u>세계 경제는 결국 침체하고 말 것이다.</u>

나만의 접근포인트

🔍 고수의 접근포인트

제시문을 읽다보면 어딘가 어색한 부분이 있음을 알 수 있다. 바로 이 제시문은 '추가로 필요한 전제'를 찾게 하는 유형에 자주 등장하는 제시문이다. 이 유형의 문제는 아무리 복잡하게 주어지더라도 제시된 사례와 같은 기본 틀에서 벗어나지 못한다. 즉, 주어진 논증을 정리해 보면 어느 단계에서 아무런 근거 없이 논리전개가 '점프'하는 부분이 나오게 된다. 바로 그 부분을 공략한 선택지를 찾으면 되는 것이다. 이때 주의할 점은 추가될 전제만을 단순하게 묻는 경우도 있지만, 때에 따라서는 추가될 명제와 이미 제시문에서 주어진 명제들을 다시 결합하여 제3의 명제를 이끌어내야 하는 경우도 있다는 것이다. 하지만 그럴 때에도 가장 먼저 해야 할 일은 '점프'한 부분을 찾는 것이다.

적중예상문제

⏱ 제한시간 : 40초 ⧖ 소요시간 :   초

밑줄 친 결론을 이끌어내기 위해 추가해야 할 전제는?

정답 **국제적으로 테러가 증가한다.**

주어진 논증을 정리하면 다음과 같다.
ⅰ) 테러 증가 → 국방비 증가(○)
ⅱ) 국방비 증가(×) ∨ 증세
ⅲ) 증세 → 침체
∴ 침체
이와 같은 결론을 얻기 위해서 논증을 역으로 분석해 보면, 세계 경제가 침체한다는 결론이 나오기 위해서는 A국이 증세 정책을 실행한다는 조건이 필요하다. 그런데 두 번째 조건에서 증세 정책의 실행을 필연적으로 이끌어내기 위해서는 국방비 지출이 늘어나야 함을 알 수 있다. 그리고 첫 번째 조건에서 국방비 지출 증가가 있기 위해서는 국제적으로 테러가 증가한다는 전제가 주어져야 함을 확인할 수 있다.

3 90초 풀이연습

| 문제 1 |

| 키워드 | 대우명제와 원명제의 결합

8명의 전문가 A ~ H를 대상으로 코로나19 대책회의 참석 여부에 관해 조사한 결과 다음과 같은 정보를 얻었다.

• A, B, C 세 사람이 모두 참석하면, D나 E 가운데 적어도 한 사람은 참석한다.

• C와 D 두 사람이 모두 참석하면, F도 참석한다.

• E는 참석하지 않는다.

• F나 G 가운데 적어도 한 사람이 참석하면, C와 E 두 사람도 참석한다.

• H가 참석하면, F나 G 가운데 적어도 한 사람은 참석하지 않는다.

나만의 접근포인트

적중예상문제

⌛ 소요시간 :   초

윗글의 내용이 모두 참일 때, 대책회의에 참석하는 전문가의 최대 인원 수는?

정답 4명

제시된 정보들을 조건식으로 나타내면 다음과 같다.

ⅰ) A(○) ∧ B(○) ∧ C(○) → D(○) ∨ E(○)

ⅱ) C(○) ∧ D(○) → F(○)

ⅲ) E(×)

ⅳ) F(○) ∨ G(○) → C(○) ∧ E(○)

ⅴ) H(○) → F(×) ∧ G(×)

먼저, 확정된 조건(E는 참석하지 않는다)을 시작으로 이 조건식들을 풀이해 보자. 이를 위해 네 번째 조건식을 대우로 변환하면 (C× ∨ E×) → (F× ∧ G×)가 되는데, 이 대우명제와 E×를 결합하면 F와 G가 참석하지 않는다는 중간결론을 얻게 된다. 또한, 두 번째 조건식을 대우로 변환하면 F× → (C× ∨ D×)가 되는데 앞에서 F가 참석하지 않는다고 하였으므로 C 또는 D가 불참한다는 또 하나의 결론을 얻게 된다. 따라서, 최종적으로 E와 F, G는 불참이 확정되었고 C와 D에서는 최소 1명 최대 2명이 불참한다는 것을 알 수 있으므로, 대책회의에 최대로 많은 전문가가 참석하기 위해서는 C와 D중 한 명만이 불참해야 한다. 결론적으로 참석하는 전문가는 A, B, (C 혹은 D), H의 최대 4명이 됨을 알 수 있다.

만일 A정책이 효과적이라면, 부동산 수요가 조절되거나 공급이 조절된다. 만일 부동산 가격이 적정 수준에서 조절된다면, A정책이 효과적이라고 할 수 있다. 그리고 만일 부동산 가격이 적정 수준에서 조절된다면, 물가 상승이 없다는 전제 하에서 서민들의 삶이 개선된다. 부동산 가격은 적정 수준에서 조절된다. 그러나 물가가 상승한다면, 부동산 수요가 조절되지 않고 서민들의 삶도 개선되지 않는다. 물론 물가가 상승한다는 것은 분명하다.

나만의 접근포인트

적중예상문제

🔲 소요시간 :   초

윗글의 내용이 참일 때, 다음 중 반드시 참인 것은?

① 서민들의 삶이 개선된다.
② 부동산 공급이 조절된다.
③ A정책이 효과적이라면, 물가가 상승하지 않는다.
④ A정책이 효과적이라면, 부동산 수요가 조절된다.
⑤ A정책이 효과적이라도, 부동산 가격은 적정 수준에서 조절되지 않는다.

정답 ②

제시문의 내용을 기호화하면 다음과 같다.
 ⅰ) A정책이 효과적 → (부동산 수요 조절 ∨ 부동산 공급 조절)
 ⅱ) 부동산 가격의 적정 수준 조절 → A정책이 효과적
 ⅲ) [부동산 가격의 적정 수준 조절 ∧ 물가 상승(×)] → 서민의 삶 개선
 ⅳ) 부동산 가격의 적정 수준 조절
 ⅴ) 물가 상승 → [부동산 수요 조절(×) ∧ 서민의 삶 개선(×)]
 ⅵ) 물가 상승
따라서, ⅱ)와 ⅳ)를 결합하면 A정책이 효과적이라는 것을 알 수 있으며, 이를 ⅰ)에 대입하면 부동산 수요가 조절되거나 부동산 공급이 조절된다는 것을 추론할 수 있다. 하지만 ⅴ)와 ⅵ)을 결합하면 부동산 수요가 조절되지 않는다는 것을 알 수 있으므로 결론적으로 '부동산 공급만 조절된다.'만이 반드시 참이다.

오답분석
① ⅴ)와 ⅵ)을 결합하면 서민의 삶은 개선되지 않으므로 반드시 거짓이다.
③ ⅱ)에서 A정책이 효과적이라는 것을 알 수 있었는데, 이미 ⅵ)에서 물가가 상승한다는 것이 고정적인 조건으로 주어진 상태이므로 반드시 거짓이다.
④ ⅱ)에서 A정책이 효과적이라는 것을 알 수 있었는데, ⅴ)와 ⅵ)을 통해 부동산 수요가 조절되지 않는다는 것을 알 수 있으므로 반드시 거짓이다.
⑤ ⅱ)에서 A정책이 효과적이라는 것을 알 수 있었는데, 이미 ⅳ)에서 부동산 가격이 적정 수준으로 조절되고 있음을 알 수 있으므로 반드시 거짓이다.

- A 또는 B는 반드시 참석해야 한다. 하지만 A, B가 함께 참석할 수 없다.
- D 또는 E는 반드시 참석해야 한다. 하지만 D, E가 함께 참석할 수 없다.
- 만일 C가 참석하지 않게 된다면 D도 참석할 수 없다.
- 만일 B가 참석하지 않게 된다면 F도 참석할 수 없다.

나만의 접근포인트

적중예상문제

소요시간 :   초

어느 부서에 A ~ F의 총 6명의 직원이 있다. 이들 가운데 반드시 4명의 직원으로만 팀을 구성하여 회의에 참석해 달라는 요청이 있었다. 만일 E가 불가피한 사정으로 그 회의에 참석할 수 없게 된 상황에서 제시된 조건을 모두 충족시켜야만 한다면 몇 개의 팀이 구성될 수 있는가?

정답 1개

먼저 문제에서 E가 참석할 수 없다고 하였고 두 번째 조건에서 D 또는 E는 반드시 참석해야 해야 한다고 하였으므로 D는 반드시 참석한다는 것을 알 수 있다.

다음으로 첫 번째 조건에서 A와 B가 함께 참석할 수는 없지만 둘 중 한 명은 반드시 참석해야 한다고 하였으므로 (A, D)와 (B, D)의 조합이 가능함을 알 수 있다. 그리고 세 번째 조건을 대우명제로 바꾸면 'D가 참석한다면 C도 참석한다.'가 되므로 (A, D, C)와 (B, D, C)의 조합이 가능함을 알 수 있다.

그런데 네 번째 조건에서 B가 참석하지 않으면 F도 참석하지 못한다고 하였으므로 (A, D, C)의 조합은 가능하지 않다는 것을 알 수 있다(4명의 직원으로 팀을 구성해야 하기 때문). 따라서 가능한 팀의 조합은 (B, D, C, F)의 1개라는 것을 알 수 있다.

- A안을 채택하면, B안과 C안 중 적어도 하나를 폐기해야 한다.
- C안과 D안을 동시에 채택하면, B안은 폐기해야 한다.
- A안이나 B안을 채택하면, D안도 채택해야 한다.

나만의 접근포인트

적중예상문제 ⏳ 소요시간 : 초

A ~ D 총 4개의 안 중에서 어떤 안을 채택하고 어떤 안을 폐기할지를 고려하고 있다. 결정 과정에서 위와 같은 조건들이 모두 충족되어야 한다. 다음 중 옳지 않은 것은?

① A안과 B안이 동시에 채택되면, D안도 같이 채택되어야 한다.
② A안이 채택되면, C안도 같이 채택될 수 있다.
③ B안이 채택되면, C안도 같이 채택될 수 있다.
④ A안과 B안이 모두 폐기되면, D안이 채택될 수 있다.
⑤ B안이 폐기되고 C안이 채택되면, A안이 채택될 수 있다.

정답 ③

주어진 조건을 기호화하면 다음과 같다.
 i) A(○) → [B(×) ∨ C(×)]
ii) [C(○) ∧ D(○)] → B(×)
iii) [A(○) ∨ B(○)] → D(○)
ii)의 대우명제가 B(○) → [C(×) ∨ D(×)]이고, iii)에서 B(○) → D(○)를 도출할 수 있으므로 B안을 채택하면 반드시 C안은 폐기해야 한다. 따라서 옳지 않은 내용이다.

오답분석
① iii)이 참이면 [A(○) ∧ B(○)] → D(○)도 반드시 참이 되므로 옳은 내용이다.
② i)이 참이라고 해서 A(○) → C(○)이 거짓이 되는 것은 아니므로 옳은 내용이다.
④ 주어진 조건이 모두 참이라고 해도 [A(×) ∧ B(×)] → D(○)이 거짓이 되는 것은 아니므로 옳은 내용이다.
⑤ 주어진 조건이 모두 참이라고 해도 [B(×) ∧ C(○)] → A(○)이 거짓이 되는 것은 아니므로 옳은 내용이다.

- A시가 탈락하면 B시가 선정된다.
- B시가 선정되면 C시는 탈락한다.

나만의 접근포인트

적중예상문제   ⏳ 소요시간 :   초

첨단도시육성사업의 시범도시로 A, B, C시가 후보로 고려되었다. 최종적으로 A시만 선정되려면 다음 중 위 두 가지 조건 외에 필요한 세 번째 조건으로 옳은 것은?

① A시나 B시 중 하나가 선정된다.
② A시나 C시 중 하나가 선정된다.
③ B시나 C시 중 하나가 탈락된다.
④ C시가 탈락되면 A시도 탈락된다.
⑤ A시가 탈락되면 C시도 탈락된다.

정답 ②

제시된 조건을 기호화하면 다음과 같다.
 ⅰ) A(×) → B(○)
 ⅱ) B(○) → C(×)
따라서 이 둘을 결합하면 'A(×) → B(○) → C(×)'를 도출할 수 있으며 이의 대우명제는 'C(○) → B(×) → A(○)'로 나타낼 수 있다. 따라서 C시가 채택되면 B시는 채택되지 않지만, A시는 채택되는 상황이 되어 A와 C가 모두 채택되게 된다. 이를 해결하기 위해서는 A시나 C시 중 하나가 선정된다는 조건이 필요하다. 왜냐하면, A시나 C시 중 하나가 선정된다는 조건이 추가되었을 때 C가 채택된다면 A도 채택되어 모순이 발생하므로 결국은 A만 선정되기 때문이다.

- 회의는 다음 주에 개최한다.
- 월요일에는 회의를 개최하지 않는다.
- 화요일과 목요일에 회의를 개최하거나 월요일에 회의를 개최한다.
- 금요일에 회의를 개최하지 않으면, 화요일에도 회의를 개최하지 않고 수요일에도 개최하지 않는다.

나만의 접근포인트

적중예상문제   ⏳ 소요시간 :   초

위의 조건들이 모두 참이라고 가정할 때, 회의를 반드시 개최해야 하는 날의 수는?

정답 3일

주어진 조건을 정리하면 다음과 같다.
 i) 월(×)
ii) [화(○) ∧ 목(○)] ∨ 월(○)
iii) 금(×) → [화(×) ∧ 수(×)]
iii)의 대우 [화(○) ∨ 수(○)] → 금(○)
여기서 i)과 ii)를 결합하면 [화(○) ∧ 목(○)]를 도출할 수 있으며, 화요일과 목요일에 모두 회의를 개최하므로 이를 iii)의 대우에 대입하면 금요일에도 회의를 개최해야 한다는 것을 알 수 있다.

- A 또는 D 둘 중 적어도 하나가 반대하면, C는 찬성하고 E는 반대한다.
- B가 반대하면, A는 찬성하고 D는 반대한다.
- D가 반대하면 C도 반대한다.
- E가 반대하면 B도 반대한다.
- 적어도 한 사람이 반대한다.

나만의 접근포인트

적중예상문제 　　　　　　　　　　　　　　　　　　　　　　　　　⧖ 소요시간 : 　　초

A ~ E는 각기 다른 구역을 담당하고 있다. 이들이 담당하는 구역의 업무와 관련된 기획안이 제시되었다. 이에 대하여 A ~ E는 찬성과 반대 둘 중 하나의 의견을 제시했다고 알려졌다. 위의 정보가 모두 참일 때, 다음 중 옳은 것은?

① A는 찬성하고 B는 반대한다.
② A는 찬성하고 E는 반대한다.
③ B와 D는 반대한다.
④ C는 반대하고 D는 찬성한다.
⑤ C와 E는 찬성한다.

정답 ④

제시된 정보를 기호화하면 다음과 같다.
ⅰ) [A(×) ∨ D(×)] → [C ∧ E(×)]
ⅰ)의 대우 [C(×) ∨ E] → (A ∧ D)
ⅱ) B(×) → [A ∧ D(×)]
ⅱ)의 대우 [A(×) ∨ D] → B
ⅲ) D(×) → C(×)
ⅲ)의 대우 C → D
ⅳ) E(×) → B(×)
ⅳ)의 대우 B → E
먼저 ⅰ)의 대우와 ⅲ)의 대우를 결합하면 D는 무조건 찬성함을 알 수 있으며, 이를 ⅱ)의 대우에 대입하면 B도 찬성함을 알 수 있다. 그리고 이를 ⅳ)의 대우에 대입하면 E도 찬성함을 알 수 있으며 계속해서 이를 ⅰ)의 대우에 개입하면 A도 찬성함을 알 수 있다. 따라서 A, B, D, E가 찬성하며, 마지막 조건에서 적어도 한 사람이 반대한다고 하였으므로 C는 반대한다는 것을 알 수 있다. 이 결과를 선택지에서 찾아보면 ④만 옳은 내용이다.

김 대리, 박 대리, 이 과장, 최 과장, 정 부장은 A회사의 직원들이다.
- A회사의 모든 직원은 내근과 외근 중 한 가지만 한다.
- A회사의 직원 중 내근을 하면서 미혼인 사람 중 직책이 과장 이상인 사람은 없다.
- A회사의 직원 중 외근을 하면서 미혼이 아닌 사람은 모두 그 직책이 과장 이상이다.
- A회사의 직원 중 외근을 하면서 미혼인 사람은 모두 연금 저축에 가입해 있다.
- A회사의 직원 중 미혼이 아닌 사람은 모두 남성이다.

나만의 접근포인트

적중예상문제　　　　　　　　　　　　　　　　　　　　⧗ 소요시간 :　　초

다음 중 윗글의 내용이 참일 때, 반드시 참인 것은?

① 김 대리가 내근을 한다면, 그는 미혼이다.
② 박 대리가 미혼이면서 연금 저축에 가입해 있지 않다면, 그는 외근을 한다.
③ 이 과장이 미혼이 아니라면, 그는 내근을 한다.
④ 최 과장이 여성이라면, 그는 연금 저축에 가입해 있다.
⑤ 정 부장이 외근을 한다면, 그는 연금 저축에 가입해 있지 않다.

> **정답** ④
>
> 주어진 조건들을 기호화하면 다음과 같다.
> ⅰ) 내근 ∨ 외근
> ⅱ) (내근 ∧ 미혼) → [과장(×) ∧ 부장(×)]
> ⅲ) (외근 ∧ 기혼) → [과장(○) ∨ 부장(○)]
> ⅳ) (외근 ∧ 미혼) → 연금 저축(○)
> ⅴ) 기혼 → 남성
> ⅴ)의 대우를 통해 여성이면 미혼이라는 것을 알 수 있고, ⅱ)의 대우를 통해 최 과장은 외근을 한다는 것을 알 수 있다. 이를 ⅳ)에 대입하면 최과장은 연금 저축에 가입했다는 것을 알 수 있으므로 반드시 참이 된다.
>
> [오답분석]
> ①·③ '내근'과 '미혼'은 모두 조건식에서 '→'의 왼쪽에 있는 명제이므로 이 둘 간의 조건식은 도출할 수 없다. 따라서 알 수 없는 내용이다.
> ② ⅳ)의 대우를 통해 박 대리는 외근을 한다는 것을 알 수 있으므로 반드시 거짓이 된다.
> ⑤ 조건식에서 '연금 저축(○)'은 '→'의 오른쪽에 위치하고 있으므로 '연금 저축(×)'이 오는 조건식은 도출할 수 없다. 따라서 알 수 없는 내용이다.

- A가 뇌물을 받았다면, B는 뇌물을 받지 않았다.
- A와 C와 D 중 적어도 한 명은 뇌물을 받았다.
- B와 C 중 적어도 한 명은 뇌물을 받지 않았다.
- B와 C 중 한 명이라도 뇌물을 받았다면, D도 뇌물을 받았다.

나만의 접근포인트

적중예상문제   ⧖ 소요시간 :   초

뇌물수수 혐의자 A ~ D에 관한 위 진술들 중 하나만 참일 때, 이들 중 뇌물을 받은 사람의 수는?

정답 3명

ⅰ) 두 번째 진술이 거짓인 경우

이 경우는 A, C, D 모두 뇌물을 받지 않아야 하는데 이렇게 될 경우 첫 번째 진술과 세 번째 진술이 모두 참이 되어 문제의
전제조건인 '하나만 참'이라는 조건을 위배한다. 따라서 두 번째 진술이 참, 그리고 그것이 유일한 참인 진술임을 알 수 있다.

ⅱ) 두 번째 진술만이 참인 경우

이 경우는 세 번째 진술이 거짓이 되어 B와 C 모두 뇌물을 받아야 하며, 네 번째 진술에서 B와 C 모두 뇌물을 받았기 때문에
이것이 거짓이 되기 위해서는 D가 뇌물을 받아서는 안 된다. 또 첫 번째 진술이 거짓이 되기 위해서는 A, B가 뇌물을 받아야
한다. 따라서 뇌물을 받은 사람은 A, B, C 3명임을 알 수 있다.

갑 : 신입직원 가운데 일부가 봉사활동에 지원했습니다. 그리고 [㉠]

을 : 지금 하신 말씀에 따르면, 하계연수에 참여하지 않은 사람 중에 신입직원이 있다는 결론이 나오는군요.

갑 : 아차, 제가 앞에서 말씀드린 부분 중에 오류가 있었군요. 죄송합니다. 신입직원 가운데 일부가 봉사활동에 지원했다는 것은 맞는데, 그 다음이 틀렸습니다. 봉사활동 지원자는 전부 하계연수에도 참여했다고 말씀드렸어야 했습니다.

을 : 알겠습니다. 그렇다면 아까와 달리 "[㉡]"라는 결론이 나오는 것이로군요.

갑 : 바로 그렇습니다.

나만의 접근포인트

적중예상문제 ⏳ 소요시간 :   초

위 대화의 빈칸 ㉠과 ㉡에 들어갈 말을 바르게 짝지은 것은?

① ㉠ : 하계연수 참여자 가운데는 봉사활동에 지원했던 사람이 없습니다.
　㉡ : 신입직원 가운데 하계연수 참여자가 있다.

② ㉠ : 하계연수 참여자 가운데는 봉사활동에 지원했던 사람이 없습니다.
　㉡ : 신입직원 가운데 하계연수 참여자는 한 명도 없다.

③ ㉠ : 하계연수 참여자는 모두 봉사활동에도 지원했던 사람입니다.
　㉡ : 신입직원 가운데 하계연수 참여자는 한 명도 없다.

④ ㉠ : 하계연수 참여자 가운데 봉사활동에도 지원했던 사람이 있습니다.
　㉡ : 신입직원 가운데 하계연수 참여자가 있다.

⑤ ㉠ : 하계연수 참여자 가운데 봉사활동에도 지원했던 사람이 있습니다.
　㉡ : 신입직원은 모두 하계연수 참여자이다.

㉠ 갑의 "신입직원 가운데 일부가 봉사활동에 지원했습니다"와 선택지들의 ㉠을 결합해 보면,

- 갑이 "하계연수 참여자 가운데는 봉사활동에 지원했던 사람이 없습니다."라고 한 경우,

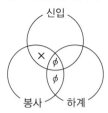

로 나타낼 수 있으므로 이를 통해 을의 첫 번째 결론에 도달할 수 있다.

- 갑이 "하계연수 참여자는 모두 봉사활동에도 지원했던 사람입니다."라고 한 경우,

로 나타낼 수 있는데 만약 ×표시된 부분에 해당자가 있을 경우 갑의 진술에는 부합하나, 이를 통해 을의 첫 번째 결론에는 도달하지 못한다.

- 갑이 "하계연수 참여자 가운데 봉사활동에도 지원했던 사람이 있습니다."라고 한 경우,

로 나타낼 수 있는데 만약 ×표시된 부분에 해당자가 있을 경우 갑의 진술에는 부합하나, 이를 통해 을의 첫 번째 결론에는 도달하지 못한다.

㉡ 갑의 두 번째 진술이 "봉사활동 지원자는 전부 하계연수에도 참여했다."로 변경되었을 경우는 아래와 같이 나타낼 수 있다.

이때 ×표시된 부분에 해당자가 있을 경우 "신입직원 가운데 하계연수 참여자가 있다."는 결론은 도출할 수 있으나, 나머지 선택지들의 결론은 도출할 수 없다.

02 참, 거짓

1 대표자료

어떤 국가에 7개 행정구역 A~G가 있다.

- A는 C 이외의 모든 구역들과 인접해 있다.
- B는 A, C, E, G와만 인접해 있다.
- C는 B, E와만 인접해 있다.
- D는 A, G와만 인접해 있다.
- E는 A, B, C와만 인접해 있다.
- F는 A와만 인접해 있다.
- G는 A, B, D와만 인접해 있다.

각 구역은 4개 정책 a~d 중 하나만 추진할 수 있고, 각 정책은 적어도 한 번씩은 추진된다. 또한 다음 조건을 만족해야 한다.

- 인접한 구역끼리는 같은 정책을 추진해서는 안 된다.
- A, B, C는 각각 a, b, c정책을 추진한다.

나만의 접근포인트

이와 같이 어떤 대상을 배치하는 문제들이 종종 출제된다. 그러나 이런 문제들을 모두 그림으로 도식화시켜서 풀어야 하는 것은 아니다. 시각화가 필요한 것은 왼쪽과 오른쪽이 구분되는 경우, 일부 대상에 대한 설명이 빠져있는 경우 등에서 시도하는 것이지 이 자료와 같이 모든 상황이 다 주어진 경우라면 굳이 불필요하게 시각화시킬 필요는 없다. 예전 어느 수험생으로부터 주어진 조건을 결합하면 제시되지 않은 인접구역이 생길 수 있지 않느냐는 질문을 받은 적이 있는데 그것은 말이 되지 않는다. 이미 조건에서 인접한 상황이 다 주어졌는데 더 무슨 상황이 더 존재한다는 것인가?

적중예상문제　　　　　　　　　　　　　　⏱ 제한시간 : 60초　⏳ 소요시간 :　　초

다음 중 위 내용이 참일 때, 반드시 참이 아닌 것은?

① E는 d정책을 추진할 수 있다.
② F는 b, c, d정책 중 하나의 정책만 추진할 수 있다.
③ D가 d정책을 추진하면, G는 c정책만 추진할 수 있다.
④ E가 d정책을 추진하면, G는 c정책만 추진할 수 있다.
⑤ G가 d정책을 추진하면, D는 b혹은 c정책만 추진할 수 있다.

정답 ④

G는 A, B, D와 인접해 있으므로 a, b정책은 추진할 수 없으나 D가 어떤 정책을 선택했는지는 알 수 없으므로 c와 d정책 중 하나를 추진할 수 있다.

오답분석

① E는 A, B, C와 인접해 있으므로 a, b, c정책은 추진할 수 없으며, 각 구역은 4개의 정책 중 하나를 추진해야 하므로 남은 d정책을 추진할 수 있다.
② F는 A와만 인접해 있으므로 a정책을 제외한 나머지 b, c, d정책 중 하나를 추진할 수 있다.
③ G는 A, B, D와 인접해 있으므로 a, b정책을 추진할 수 없으며 D가 d정책을 추진한다고 했으므로 c정책만 추진할 수 있다.
⑤ D는 A, G와 인접해 있고 G가 d정책을 추진하면 a, d정책은 추진할 수 없다. 따라서 남은 b와 c정책만 추진할 수 있다.

2 기본자료

| 문제 1 |

폭력 사건의 용의자로 A, B, C가 지목되었다. 조사 과정에서 A, B, C가 각각 아래와 같이 진술하였는데, 이들 가운데 가해자는 거짓만을 진술하고 가해자가 아닌 사람은 참만을 진술한 것으로 드러났다.

A : 우리 셋 중 정확히 한 명이 거짓말을 하고 있다.
B : 우리 셋 중 정확히 두 명이 거짓말을 하고 있다.
C : A, B 중 정확히 한 명이 거짓말을 하고 있다.

나만의 접근포인트

고수의 접근포인트

쉽게 출제된다면 진술과 제시문을 토대로 처음부터 참 거짓이 확정되지만, 최근에는 참 거짓이 확정되지 않고 경우의 수를 모두 따져봐야 하는 문제도 간혹 출제되고 있다. 하지만 진술문 중 모순이 되는 경우가 '반드시' 한 쌍은 주어지므로 그것을 기반으로 풀어나가기 바란다. '반드시'를 강조하는 이유는 이를 따르지 않고 가능한 경우의 수를 모두 따져가며 풀이하는 수험생이 의외로 많다는 사실 때문이다. 시험시간은 생각보다 많지 않다.

적중예상문제

⏱ 제한시간 : 50초   ⏳ 소요시간 :   초

윗글의 내용이 참일 때, 가해자인 것이 확실한 사람과 가해자가 아닌 것이 확실한 사람은?

정답 가해자인 것이 확실한 사람 : B, 가해자가 아닌 것이 확실한 사람 : 없음

먼저 A와 B의 진술은 적어도 둘이 모두 참이 될 수는 없는 상황이므로 이를 경우의 수로 나누어 판단해 보도록 하자.
ⅰ) A : 참, B : 거짓
　둘 중 B만 거짓말을 하고 있는 상황이므로 C는 참이 되어야 모순이 발생하지 않는다. 따라서 이 경우는 B는 가해자로, A와 C는 가해자가 아닌 것으로 추정된다.
ⅱ) A : 거짓, B : 참
　B가 참을 말하고 있다면 C는 거짓이 되어야 하는데 A와 B 중 한 명만 거짓을 말하고 있다고 가정하고 있으므로 C는 참이 되어야 하는 모순된 상황이 발생한다. 따라서 이 경우는 제외된다.
ⅲ) A : 거짓, B : 거짓
　이미 A와 B가 모두 거짓을 말하고 있는 상황이므로 C 역시 거짓이 되어야 모순이 발생하지 않는다. 따라서 이 경우는 A, B, C 모두 가해자로 추정된다.
결국 모순이 발생하지 않은 두 가지 경우 ⅰ)과 ⅲ)을 통해 B는 가해자인 것이 확실하지만 나머지 A와 C는 가해자의 여부를 확정지을 수 없는 상황임을 알 수 있다.

| 문제 2 |

- A와 B 가운데 어느 하나만 전시되거나, 둘 중 어느 것도 전시되지 않는다.
- B와 C 중 적어도 하나가 전시되면, D도 전시된다.
- C와 D 어느 것도 전시되지 않는다.

나만의 접근포인트

고수의 접근포인트

이러한 자료가 제시되면 실전에서는 최대한 기호화를 하며 풀이하는 것이 혼동을 줄이는 방법이다. 하지만 간혹 기호화를 하였을 때 같은 단어로 기호화를 해야 하는 경우가 있다. 예를 들어 김씨가 두명인 경우에는 이를 김1, 김2 이런식으로 잘 구분해서 표시해야 한다. 이런 경우만 주의하면 나머지는 주어진 논리식을 대우명제와 다른 명제와의 결합을 통해 얼마나 자유자재로 변형할 수 있느냐의 싸움이다.

적중예상문제

⏱ 제한시간 : 50초   ⏳ 소요시간 :   초

제시된 세 진술이 모두 거짓일 때, 유물 A ~ D 중에서 전시되는 유물의 총 개수는?

정답 3개

세 진술이 모두 거짓이라고 하였으므로 각각의 진술을 다시 정리하면 다음과 같다.
ⅰ) A와 B 둘 중 하나만 전시되는 경우도 거짓이고, 둘 중 어느 것도 전시되지 않는 경우도 거짓이므로 A와 B 모두 전시된다.
ⅱ) B와 C 중 적어도 하나가 전시되면 D는 전시되지 않는다.
ⅲ) C와 D 둘 중 적어도 하나는 전시된다.
먼저 ⅰ)을 통해 A와 B가 전시됨을 알 수 있으며, ⅱ)의 대우명제를 통해 D는 전시되지 않는다는 것을 추론할 수 있다. 왜냐하면, D가 전시된다면 B가 전시되지 않아야 하는데 이미 ⅰ)에서 B는 전시되는 것으로 결정되어 서로 모순이 되기 때문이다. 마지막으로, ⅲ)을 통해서는 C가 전시되는 것을 알 수 있다. C와 D 둘 중 하나 전시되어야 하는데 앞서 살펴본 바와 같이 D가 전시되지 않기 때문이다.
따라서, 전시되는 유물은 A, B, C 3개이다.

A교육청은 관할지역 내 중학생의 학력 저하가 심각한 수준에 달했다고 우려하고 있다. A교육청은 이러한 학력 저하의 원인이 스마트폰의 사용에 있다고 보고 학력 저하를 방지하기 위한 방안을 마련하기로 하였다. 자료 수집을 위해 A교육청은 B중학교를 조사하였다. 조사 결과에 따르면, B중학교에서 스마트폰을 가지고 등교하는 학생들 중에서 국어 성적이 60점 미만인 학생이 20명, 영어 성적이 60점 미만인 학생이 20명이었다.

B중학교에 스마트폰을 가지고 등교하지만 학교에 있는 동안은 사용하지 않는 학생들 중에 영어 성적이 60점 미만인 학생은 없다. 그리고 B중학교에서 방과 후 보충 수업을 받아야 하는 학생 가운데 영어 성적이 60점 이상인 학생은 없다.

나만의 접근포인트

Q 고수의 접근포인트

이러한 문제가 나오면 벤다이어그램으로 해결해보려는 수험생이 있다. 하지만 이 문제는 스마트폰 보유 여부와 사용 여부, 국어, 영어, 보충수업 등 무려 5개나 되는 집합이 존재하여 벤다이어그램으로는 풀이가 어려우므로 논리식으로 풀이해야 한다.

윗글의 내용이 참일 때, 다음 중 반드시 참인 것은?

① 이 조사의 대상이 된 B중학교 학생은 적어도 40명 이상이다.

② B중학교 학생인 성열이의 영어 성적이 60점 미만이라면, 성열이는 방과 후 보충 수업을 받아야할 것이다.

③ B중학교 학생인 대석이의 국어 성적이 60점 미만이라면, 대석이는 학교에 있는 동안에 스마트폰을 사용할 것이다.

④ 스마트폰을 가지고 등교하더라도 학교에 있는 동안은 사용하지 않는 B중학교 학생 가운데 방과 후 보충 수업을 받아야 하는 학생은 없다.

⑤ B중학교에서 스마트폰을 가지고 등교하는 학생들 가운데 학교에 있는 동안은 스마트폰을 사용하지 않는 학생은 적어도 20명 이상이다.

정답　④

이 문제를 풀이하기 위해서는 다음의 두 가지를 먼저 알아두어야 한다.

ⅰ) P → Q와 ~P ∨ Q는 논리적으로 동치이다.

ⅱ) 어떠한 논리집합이 공집합이라는 것은 결국 진릿값이 거짓(F)이라는 것과 같다. 여기서 ⅰ)을 역으로 생각하면 P → Q가 거짓(F)이라면 이는 P ∧ ~Q와 논리적으로 동치라는 결론을 얻을 수 있다. 따라서 어떠한 논리집합 P ∧ Q가 공집합[진리값이 거짓(F)]이라면 이는 P → ~Q로 변환할 수 있다(Q와 ~~Q는 동치이기 때문이다). 이 논리를 근거로 제시문을 논리식으로 변환하면 다음과 같다.

　a) 스마트폰 소지 ∧ 국어 60 미만 : 20명

　b) 스마트폰 소지 ∧ 영어 60 미만 : 20명

　c) 스마트폰 소지 ∧ ~스마트폰 사용 ∧ 영어 60 미만 : 0명

　d) 보충 수업 ∧ ~영어 60 미만 : 0명

④ 논리식 c)는 '스마트폰 소지 ∧ ~스마트폰 사용) ∧ 영어 60 미만'으로 변형할 수 있는데, 이는 위의 논리에 따라 '(스마트폰 소지 ∧ ~스마트폰 사용) → ~영어 60 미만'과 동치가 됨은 이미 설명하였다. 또한 선택지 ②의 해설에서 언급한 명제를 대우명제로 전환하면 '~영어 60 미만 → 보충 수업'으로 나타낼 수 있다. 따라서 이 둘을 결합하면 '(스마트폰 소지 ∧ ~스마트폰 사용) → ~보충 수업'이 되어 선택지의 내용과 같게 된다. 따라서 반드시 참이다.

오답분석

① 제시문에서 추론할 수 있는 것은 조사 대상을 크게 스마트폰을 가지고 등교하는 학생과 가지고 등교하지 않는 학생으로 나누어 볼 수 있다는 것이다. 그리고 스마트폰을 가지고 등교하는 학생 중 국어와 영어 성적이 60점 미만인 학생이 각각 20명이라고 언급하였다. 만약 국어 60점 미만 그룹과 영어 60점 미만 그룹이 전혀 겹치지 않는다면 조사 대상은 최소 40명 이상이 되겠지만 그렇다는 보장이 없으므로 최소인원은 40명에 미달할 수 있다.

② 위의 논리식 d)에 따라 '보충수업 → 영어 60 미만'으로 변환할 수 있는데 선택지는 단순한 역명제에 불과하여 반드시 참이 된다고 볼 수 없다.

③ 주어진 명제들에서는 영어 성적과 보충수업과의 관계만 알 수 있다. 따라서 반드시 참이 된다고 볼 수 없다.

⑤ 주어진 명제들에서는 스마트폰을 가지고 등교하면서 스마트폰을 사용하는 학생에 대한 정보만 파악할 수 있다. 따라서 반드시 참이 된다고 볼 수 없다.

전통문화 활성화 정책의 일환으로 일부 도시를 선정하여 문화관광특구로 지정할 예정이다. 특구 지정 신청을 받아본 결과, A ~ D 네 개의 도시가 신청하였다. 선정과 관련하여 다음 사실이 밝혀졌다.

- A가 선정되면 B도 선정된다.
- B와 C가 모두 선정되는 것은 아니다.
- B와 D 중 적어도 한 도시는 선정된다.
- C가 선정되지 않으면 B도 선정되지 않는다.

나만의 접근포인트

Q 고수의 접근포인트

대부분의 문제는 '반드시 참'을 찾는 경우이므로 논리식의 재구성을 통해 해당 선택지의 내용이 필연적으로 도출되어야 한다. 간혹 난도가 상승하여 'A의 발언 중 하나는 참이고 하나는 거짓이다.'와 같은 문제가 출제되기도 한다. 이 문제는 주로 경우의 수를 따져 모순을 가려내야 한다.

제시된 자료와 같이 명제들이 명확하게 구분되어 제시되는 경우 조건식을 정확하게 기호화하기만 한다면 크게 문제될 것은 없다. 하지만 문제가 되는 것은 외형적으로는 일반적인 제시문과 큰 차이가 없는 문장들로 제시되는 경우이다. 당연히 이 경우는 제시문을 조건 명제들로 재가공하는 과정이 필요하므로 시간소모가 더 많을 수밖에 없는데, 다행히 이러한 유형이 출제될 경우 명제들 자체의 난도는 낮은 편이다.

만약 선택지에서 '존재한다'는 문구가 언급되었다면 거의 대부분 벤다이어그램으로 풀이가 가능한 문제이다. 즉, 이는 제시문의 명제들을 벤다이어그램으로 표시했을 때 해당 대상이 확실히 공집합이라고 볼 수는 없다는 것을 의미한다.

윗글의 내용이 참일 때, 다음 중 반드시 참인 것만을 〈보기〉에서 모두 고르면?

─〈 **보기** 〉─

ㄱ. A와 B 가운데 적어도 한 도시는 선정되지 않는다.

ㄴ. B도 선정되지 않고 C도 선정되지 않는다.

ㄷ. D는 선정된다.

정답 ㄱ, ㄷ

제시문의 논증을 기호화하면 다음과 같다.

ⅰ) A(○) → B(○)

ⅱ) B와 C가 모두 선정되는 것은 아님

ⅲ) B(○) ∨ D(○)

ⅳ) C(×) → B(×) : B(○) → C(○)

먼저 ⅱ)와 ⅳ)를 살펴보면 B가 선정된다면 ⅳ)에 의해 C가 선정되어야 하는데, ⅱ)에서 B와 C는 동시에 선정되는 것은 아니라고 하였으므로 B는 선정되지 않는 것을 알 수 있다. 따라서 ⅰ)의 대우명제를 이용하면 A 역시 선정되지 않는다.

마지막으로 ⅲ)에서 B와 D 중 적어도 한 도시는 선정된다고 하였는데, 위에서 B가 선정되지 않는다고 하였으므로 D는 반드시 선정되어야 함을 알 수 있다.

따라서 이를 정리하면 A와 B는 선정되지 않으며, C는 알 수 없고, D는 선정된다.

ㄱ. A와 B 모두 선정되지 않는다고 하였으므로 옳은 내용이다.

ㄷ. D는 선정된다고 하였으므로 옳은 내용이다.

오답분석

ㄴ. B가 선정되지 않는 것은 알 수 있으나 C가 선정될지의 여부는 알 수 없다.

| 문제 5 |

- A를 추진한다면, B도 추진한다.
- C를 추진한다면, D도 추진한다.
- A나 C 가운데 적어도 한 사업은 추진한다.

나만의 접근포인트

고수의 접근포인트

이 문제와는 별개로 첨언하면 간혹 모든 논증들을 복잡한 기호화를 통해 풀이해야 한다고 생각하는 수험생들이 있다. 물론 그것이 틀린 것은 아니지만 그렇게 복잡한 과정을 거치지 않아도 풀이가 가능한 문제를 굳이 어렵게 풀이할 필요는 없다. 기호화가 애매한 것은 억지로 기호화를 하지 말고 의미만 정리해두고 경우의 수를 따지는 방식으로 풀이하는 것이 효율적이다.

A ~ D 4개의 국책 사업 추진 여부를 두고, 정부가 다음과 같은 기본 방침을 정했다고 했을 때, 다음 중 반드시 참이라고 할 수 없는 것은?

① 적어도 두 사업은 추진한다.
② A를 추진하지 않기로 결정한다면, 추진하는 것이 확실한 사업은 2개이다.
③ B를 추진하지 않기로 결정한다면, C는 추진한다.
④ C를 추진하지 않기로 결정한다면, B는 추진한다.
⑤ D를 추진하지 않기로 결정한다면, 다른 세 사업의 추진 여부도 모두 정해진다.

정답 ②

제시된 내용을 기호화하여 정리하면 다음과 같다.
ⅰ) A(O) → B(O)
ⅱ) C(O) → D(O)
ⅲ) A(O) ∨ C(O)

A를 추진하지 않기로 결정한다면 C는 반드시 추진해야 하며, C를 추진한다면 D도 추진한다고 하였으므로 C와 D가 추진되는 것은 확정할 수 있다. 하지만 B는 주어진 조건만으로는 추진 여부를 확정할 수 없으므로 옳지 않은 내용이다.

오답분석

① A와 C 중 적어도 한 개의 사업은 추진한다고 하였으므로 (A, B), (C, D), (A, B, C, D)의 총 3가지의 경우가 확실하게 가능하다. 따라서 적어도 2개의 사업이 추진된다고 판단할 수 있다.
③ ⅰ)의 대우명제를 이용하면, B를 추진하지 않기로 하였다면 A도 추진하지 않게 된다. 그런데 ⅲ)에서 A와 C 중 적어도 하나는 추진한다고 하였으므로 C는 반드시 추진되게 되며 ⅱ)에 따라 D도 추진되게 된다. 따라서 옳은 내용이다.
④ C를 추진하지 않기로 하였다면 ⅲ)에 의해 A는 반드시 추진되며, ⅰ)에 의해 A를 추진한다면 B도 추진하게 됨을 알 수 있다. 따라서 옳은 내용이다.
⑤ ⅱ)의 대우명제를 이용하면 D를 추진하지 않기로 하였다면 C도 추진하지 않게 되며, C를 추진하지 않게 되면 A는 반드시 추진해야 한다. 이를 ⅰ)에 적용하면 결국 B도 추진하게 되는 것을 알 수 있게 되어 주어진 모든 사업의 추진 여부가 모두 정해지게 된다.

| 문제 1 |

교수 갑 ~ 정 중에서 적어도 한 명을 면접위원으로 위촉한다. 위촉 조건은 아래와 같다.
• 갑과 을 모두 위촉되면, 병도 위촉된다.
• 병이 위촉되면, 정도 위촉된다.
• 정은 위촉되지 않는다.

나만의 접근포인트

적중예상문제

⧖ 소요시간 : 초

윗글의 내용이 참일 때, 다음 중 반드시 참인 것만을 〈보기〉에서 모두 고르면?

〈 **보기** 〉

ㄱ. 갑과 병 모두 위촉된다.
ㄴ. 정과 을 누구도 위촉되지 않는다.
ㄷ. 갑이 위촉되지 않으면, 을이 위촉된다.

정답 ㄷ

조건들을 기호화하면 다음과 같다.
ⅰ) [갑(○) ∧ 을(○)] → 병(○) : (대우) 병(×) → [갑(×) ∨ 을(×)]
ⅱ) 병(○) → 정(○) : (대우) 정(×) → 병(×)
ⅲ) 정(×)
세 번째 조건에서 정이 위촉되지 않는다고 하였으므로 이를 두 번째 조건식의 대우명제에 대입하면 병도 위촉되지 않는다는 것을 알 수 있다. 그리고 이를 첫 번째 조건식의 대우명제에 대입하면 갑이 위촉되지 않거나 을이 위촉되지 않는다는 결론을 얻을 수 있다. 그런데 적어도 한 명은 위촉한다는 조건에 따라 갑과 을 모두가 위촉되지 않는 경우는 불가능하므로 적어도 갑과 을 중 한 명은 위촉되어야 한다.
ㄷ. 위에서 살펴본 것처럼 갑과 을 중 한 명은 위촉되어야 하므로 옳은 내용이다.

[오답분석]
ㄱ. 병은 위촉되지 않으나 갑은 위촉 여부를 확정할 수 없으므로 옳지 않다.
ㄴ. 정은 위촉되지 않으나 을은 위촉 여부를 확정할 수 없으므로 옳지 않다.

지혜로운 사람은 정열을 갖지 않는다. 정열을 가진 사람은 고통을 피할 수 없다. 정열은 고통을 수반하기 때문이다. 그런데 사랑을 원하는 사람은 정열을 가진 사람이다. 정열을 가진 사람은 행복하지 않다. 지혜롭지 않은 사람은 사랑을 원하면서 동시에 고통을 피하고자 한다. 그러나 지혜로운 사람만이 고통을 피할 수 있다.

나만의 접근포인트

적중예상문제

⌛ 소요시간 :   초

윗글의 내용이 참일 때, 다음 중 반드시 참인 것만을 〈보기〉에서 모두 고르면?

─〈 **보 기** 〉─

ㄱ. 지혜로운 사람은 행복하다.
ㄴ. 사랑을 원하는 사람은 행복하지 않다.
ㄷ. 지혜로운 사람은 사랑을 원하지 않는다.

정답 ㄴ, ㄷ

제시문의 내용을 기호화하면 다음과 같다.
ⅰ) 지혜(○) → 정열(×)
ⅱ) 정열(○) → 고통(○)
ⅲ) 사랑(○) → 정열(○)
ⅳ) 정열(○) → 행복(×)
ⅴ) 지혜(×) → [사랑(○) ∧ 고통(×)]
ⅵ) 고통(×) → 지혜(○)
ㄴ. ⅲ)과 ⅳ)를 결합하면 '사랑을 원하는 사람은 행복하지 않다.'라는 명제를 도출할 수 있으므로 반드시 참이 된다고 할 수 있다.
ㄷ. ⅰ)과 ⅲ)의 대우명제를 연결하면 '지혜로운 사람은 사랑을 원하지 않는다.'는 명제를 도출할 수 있으므로 반드시 참이 된다고 할 수 있다.

오답분석

ㄱ. ⅰ)에 의하면 지혜로운 사람은 정열을 갖지 않기 때문에 선택지의 내용이 반드시 참이 되기 위해서는 '정열을 갖지 않는 사람은 행복하다.'라는 명제가 도출되어야 한다. 하지만 이는 제시문에서 도출될 수 없으므로 반드시 참이 된다고 볼 수 없다.

도덕성에 결함이 있는 어떤 사람도 신입직원으로 채용되지 않는다. 업무 능력을 검증받았고 인사추천위원회의 추천을 받았으며 책임감이 투철한, 즉 이 세 조건을 모두 만족하는 지원자는 누구나 올해 신입직원으로 채용된다. 올해 신입직원으로 채용되는 사람들 중에 봉사정신이 없는 사람은 아무도 없다. 책임감이 투철한 철수는 올해 공채시험에 지원하여 업무 능력을 검증받았다.

나만의 접근포인트

적중예상문제

⏳ 소요시간 :   초

윗글의 내용이 참일 때, 다음 중 반드시 참인 것은?

① 만일 철수가 도덕성에 결함이 없다면, 그는 올해 신입직원으로 채용된다.
② 만일 철수가 봉사정신을 갖고 있다면, 그는 올해 신입직원으로 채용된다.
③ 만일 철수가 도덕성에 결함이 있다면, 그는 인사추천위원회의 추천을 받지 않았다.
④ 만일 철수가 올해 신입직원으로 채용된다면, 그는 인사추천위원회의 추천을 받았다.
⑤ 만일 철수가 올해 신입직원으로 채용되지 않는다면, 그는 도덕성에 결함이 있고 또한 봉사정신도 없다.

정답 ③

먼저 주어진 명제들을 조건식으로 변환하면 다음과 같다.
ⅰ) 도덕성 결함(○) → 채용(×)
ⅱ) [업무능력(○) ∧ 인사추천위원회 추천(○) ∧ 책임감(○)] → 채용(○)
ⅲ) 채용(○) → 봉사정신(○)
ⅳ) 철수 : 책임감(○) ∧ 업무능력(○)
철수가 도덕성에 결함이 있다면 ⅰ)에 의해 채용이 되지 않을 것이다. 그리고 이를 ⅱ)의 대우명제에 대입하면 철수는 업무 능력이 없거나 인사추천위원회의 추천을 받지 못하거나 혹은 책임감이 없는 것이 된다. 하지만 ⅳ)에서 철수는 책임감이 투철하고 업무 능력도 검증받았다고 하였으므로 철수는 인사위원회의 추천을 받지 않았다는 것을 알 수 있다.

오답분석

① ⅰ)의 '이'명제이므로 반드시 참이 되는 것은 아니다.
② ⅲ)의 '역'명제이므로 반드시 참이 되는 것은 아니다.
④ ⅱ)의 '역'명제가 참인 상황에서 성립하는 것이나 '역'명제가 참이 된다는 보장이 없으므로 선택지의 내용이 항상 참인 것은 아니다.
⑤ ⅰ)과 ⅲ)을 통해 철수가 채용이 된다면 도덕성에 결함이 없고 봉사정신도 투철함을 알 수 있다. 하지만 선택지는 ⅰ)과 ⅲ)에서 논리적으로 도출되지 못한다. 따라서 항상 참인 것은 아니다.

영희 : 갑이 A부서에 발령을 받으면, 을은 B부서에 발령을 받아. 그런데 을이 B부서에 발령을 받지 않았어. 그러므로 갑은 A부서에 발령을 받지 않았어.

철수 : 갑이 A부서에 발령을 받으면, 을도 A부서에 발령을 받아. 그런데 을이 B부서가 아닌 A부서에 발령을 받았어. 따라서 갑은 A부서에 발령을 받았어.

현주 : 갑이 A부서에 발령을 받지 않거나, 을과 병이 C부서에 발령을 받아. 그런데 갑이 A부서에 발령을 받았어. 그러므로 을과 병 모두 C부서에 발령을 받았어.

나만의 접근포인트

적중예상문제

⌛ 소요시간 :   초

세 사람 중 전제가 참일 때 결론이 반드시 참인 논증을 펼친 사람만을 모두 고르면?

정답 영희, 현주

각각의 논증을 기호로 정리하면 다음과 같다.

ⅰ) 영희 : 갑A(○) → 을B(○)

∴ 을B(×) → 갑A(×)

원 명제의 대우명제로 나타낸 것이므로 반드시 참이다.

ⅱ) 철수 : 갑A(○) → 을A(○)

∴ 을A(○) → 갑A(○)

원 명제의 역명제로 나타낸 것이므로 반드시 참이 된다고 할 수 없다.

ⅲ) 현주 : 갑A(×) ∨ [을C(○) ∧ 병C(○)]

∴ 갑A(○) → [을C(○) ∧ 병C(○)]

현주의 주장이 참이 되기 위해서는 적어도 둘 중 하나는 반드시 참이 되어야 한다. 그런데 갑이 A부서에 발령을 받았다고 하여 전자가 거짓으로 판명되었다면 후자인 '을과 병이 C부서에 발령받았다.'가 반드시 참이 되어야 한다. 따라서 주어진 논증은 타당하다.

- A가 회의에 참석하면, B도 참석한다.
- A가 참석하면 E도 참석하고, C가 참석하면 E도 참석한다.
- D가 참석하면, B도 참석한다.
- C가 참석하지 않으면, B도 참석하지 않는다.

나만의 접근포인트

적중예상문제   ⏳ 소요시간 :   초

A ~ E 5명은 다음 조건에 따라 회의에 참석할 예정이다. 다음 중 반드시 참이라고 할 수 없는 것은?

① A가 참석하면, C도 참석한다.
② A가 참석하면, D도 참석한다.
③ C가 참석하지 않으면, D도 참석하지 않는다.
④ D가 참석하면, C도 참석한다.
⑤ E가 참석하지 않으면, B도 참석하지 않는다.

정답 ②

주어진 내용을 기호화하면 다음과 같다.

ⅰ) A(○) → B(○)   ⅱ) [A(○) → E(○)] ∧ [C(○) → E(○)]
ⅲ) D(○) → B(○)   ⅳ) C(×) → B(×)

조건식 ⅳ)를 대우명제로 변환하여 조건식 ⅰ)과 결합하면 A(○) → B(○) → C(○)를 도출할 수 있으므로 이를 다시 정리하면 다음과 같다.

ⅴ) A(○) → B(○) → C(○)
ⅵ) D(○) → B(○)
ⅶ) [A(○) → E(○)] ∧ [C(○) → E(○)]

D가 참석한다는 결론을 이끌어내기 위해서는 주어진 조건 중 D(○)으로 표시되는 것이 후건(조건식의 오른쪽)에 있어야 한다. 하지만 그렇지 않으므로 이는 반드시 참이 된다고 할 수 없다.

오답분석

① ⅴ)에서 도출되므로 반드시 참이 된다.
③ · ④ 대우명제로 전환하면 'D가 참석한다면 C도 참석한다.'가 되는데 이는 ⅴ)와 ⅵ)를 결합하면 얻을 수 있는 결론이다. 따라서 반드시 참이 된다.
⑤ 대우명제로 전환하면 'B가 참석한다면 E도 참석한다.'가 된다. 먼저 B가 참석한다면 ⅴ)에서 C가 참석한다는 결론을 얻을 수 있는데, 이를 다시 ⅶ)에 대입하면 E가 참석한다는 결론이 도출된다. 따라서 반드시 참이 된다.

| 문제 6 |

A : 쓰레기를 무단투기하는 것을 나와 E만 보았다. B의 말은 모두 참이다.

B : 쓰레기를 무단투기한 것은 D이다. D가 쓰레기를 무단투기하는 것을 E가 보았다.

C : D는 쓰레기를 무단투기하지 않았다. E의 말은 참이다.

D : 쓰레기를 무단투기하는 것을 세 명의 주민이 보았다. B는 쓰레기를 무단투기하지 않았다.

E : 나와 A는 쓰레기를 무단투기하지 않았다. 나는 쓰레기를 무단투기하는 사람을 아무도 보지 못했다.

나만의 접근포인트

적중예상문제

⏳ 소요시간 :   초

쓰레기를 무단투기하는 사람을 찾기 위해 고심하던 관리실 직원은 A ~ E 5명의 직원을 면담했다. 이들은 각자 위와 같이 이야기했다. 이 가운데 2명의 이야기는 모두 거짓인 반면, 3명의 이야기는 모두 참이고 다섯 명 가운데 한 명이 범인이라고 할 때, 쓰레기를 무단투기한 사람은 누구인가?

정답 C

제시된 대화를 논리적으로 분석하면 다음과 같다.

ⅰ) 먼저 A의 증언이 참이라면, B의 증언도 참이다. 그런데 B의 증언이 참이라면 E의 증언은 거짓이 된다.

ⅱ) E의 증언이 거짓이라면 '나와 A는 쓰레기를 무단투기하지 않았다.'는 E의 말 역시 거짓이 되어 A와 E 중 적어도 한 명은 무단투기를 했다고 보아야 한다. 그런데 B의 증언은 D를 지적하고 있으므로 역시 모순이다. 결국 A, B의 증언은 모두 거짓이다.

따라서 C, D, E의 증언은 참이 되며 이들이 언급하지 않은 C가 범인이 된다.

갑 : 법학을 수강할 경우, 정치학도 수강한다.
을 : 법학을 수강하지 않을 경우, 윤리학도 수강하지 않는다.
병 : 법학과 정치학 중 적어도 하나를 수강한다.
정 : 윤리학을 수강할 경우에만 정치학을 수강한다.
무 : 윤리학을 수강하지만 법학은 수강하지 않는다.

나만의 접근포인트

적중예상문제   ⏳ 소요시간 :   초

A는 사내 사이버대학에서 수강할 과목을 선택하려 한다. A가 선택할 과목에 대해 갑 ~ 무가 위와 같이 진술하였는데 이 중 한 사람의 진술은 거짓이고 나머지 사람들의 진술은 모두 참인 것으로 밝혀졌다. A가 반드시 수강할 과목을 모두 고르면?

정답 윤리학, 정치학

제시된 진술들을 기호화하면 다음과 같다.
ⅰ) 갑 : 법학(○) → 정치학(○)
ⅱ) 을 : 법학(×) → 윤리학(×)
을의 대우 : 윤리학(○) → 법학(○)
ⅲ) 병 : 법학(○) ∨ 정치학(○)
ⅳ) 정 : 윤리학(○) → 정치학(○)
ⅴ) 무 : 윤리학(○) ∧ 법학(×)
먼저 을의 대우명제와 무의 진술은 모순관계에 있다. 따라서 이를 기준으로 경우의 수를 나누어 판단해 보자.
• 을의 진술만 거짓인 경우
  무의 진술이 참이므로 윤리학을 수강하며, 법학은 수강하지 않는다. 그리고 병의 말이 참이므로 법학과 정치학 중 적어도 하나를 수강해야 하는데 이미 법학은 수강하지 않는다고 하였으므로 정치학은 반드시 수강해야 함을 알 수 있다. 따라서 A는 윤리학과 정치학을 반드시 수강하게 된다.
• 무의 진술만 거짓인 경우
  법학을 수강하지 않는 경우, 을의 진술이 참이 되어 윤리학도 수강하지 않아야 한다. 그리고 정의 말은 참이므로 윤리학을 수강하지 않는다면 정치학도 수강하지 않는다. 그런데 이는 법학과 정치학 중 적어도 하나를 수강한다는 병의 말과 모순이 되므로 병의 진술 역시 거짓이라는 결론에 도달하게 된다. 하지만 이는 한 사람의 진술만 거짓이라고 한 전제에 어긋난다. 따라서 법학은 반드시 수강해야 한다. 법학을 수강한다면, 갑의 진술에 따라 정치학도 수강한다는 것을 알 수 있으며, 정의 진술도 참이므로 윤리학도 수강해야 함을 알 수 있다. 따라서 이 경우 A는 윤리학과 법학, 정치학을 모두 수강하게 된다.
결론적으로 두 경우에서 공통적으로 나타나는 윤리학과 정치학을 반드시 수강해야 한다.

도시발전계획의 하나로 관할 지역 안을 문화특화지역이나 경제특화지역으로 지정하여 활성화하는 정책을 추진하고 있는 A 시와 관련하여 다음 사항이 알려졌다.

- A시의 관할 지역은 동구와 서구로 나뉘어 있고 갑, 을, 병, 정, 무는 이 시에 거주하는 주민이다.
- A시는 문화특화지역과 경제특화지역을 곳곳에 지정하였으나, 두 지역이 서로 겹치는 경우는 없다.
- 문화특화지역으로 지정된 곳에서는 모두 유물이 발견되었다.
- 동구에서 경제특화지역으로 지정된 곳의 주민은 모두 부유하다.
- 서구에 거주하는 주민은 모두 아파트에 산다.

나만의 접근포인트

적중예상문제   ⏳ 소요시간 :   초

윗글의 내용이 참일 때, 다음 중 반드시 참인 것은?

① 갑이 유물이 발견된 지역에 거주한다면, 그는 부유하지 않다.
② 을이 부유하다면, 그는 경제특화지역에 거주하고 있다.
③ 병이 아파트에 살지는 않지만 경제특화지역에 거주한다면, 그는 부유하다.
④ 정이 아파트에 살지 않는다면, 그는 유물이 발견되지 않은 지역에 거주한다.
⑤ 무가 문화특화지역에 거주한다면, 그는 아파트에 살지 않는다.

정답 ③

얼핏 보기에는 복잡한 문제처럼 보이지만 세 번째 조건부터 다섯 번째 조건까지만 유의미한 조건일 뿐 나머지는 등장인물들의 소개에 불과하다. 이제 조건들을 기호화해보자.
ⅰ) 문화특화지역(○) → 유물 발견(○)
ⅱ) [동구(○) ∧ 문화특화지역(×)] → 부유(○)
ⅲ) 동구(×) → 아파트거주(○)
③ ⅲ)의 대우명제는 '아파트거주(×) → 동구(○)'이므로 병이 아파트에 살지 않는다면 동구에 거주함을 알 수 있으며 경제특화지역에 거주하지 않는다는 것은 문화특화지역에 거주한다는 것과 같은 의미이므로 선택지의 '[아파트 거주(×) ∧ 경제특화지역(○)] → 부유(○)'는 ⅱ)와 동치이다. 따라서 반드시 참이다.

오답분석
① 위의 조건식으로부터 '유물 발견(○) → 부유(×)'는 필연적으로 도출되지 않으므로 반드시 참이라고 할 수 없다.
② '부유(○) → 경제특화지역'은 조건식 ⅱ)의 역명제에서 도출될 수 있으나 역명제를 통한 진술은 반드시 참이라고 할 수 없다.
④ 위의 조건식으로부터 '아파트거주(×) → 유물 발견(×)'는 필연적으로 도출되지 않으므로 반드시 참이라고 할 수 없다.
⑤ 위의 조건식으로부터 '문화특화지역(○) → 아파트 거주(×)'는 필연적으로 도출되지 않으므로 반드시 참이라고 할 수 없다.

A부서에서는 올해부터 직원을 선정하여 국외 연수를 보내기로 하였다. 선정 결과 가영, 나준, 다석이 미국, 중국, 프랑스에 한 명씩 가기로 하였다. A부서에 근무하는 갑 ~ 정은 다음과 같이 예측하였다.

갑 : 가영이는 미국에 가고 나준이는 프랑스에 갈 거야.

을 : 나준이가 프랑스에 가지 않으면, 가영이는 미국에 가지 않을 거야.

병 : 나준이가 프랑스에 가고 다석이가 중국에 가는 그런 경우는 없을 거야.

정 : 다석이는 중국에 가지 않고 가영이는 미국에 가지 않을 거야.

하지만 을의 예측과 병의 예측 중 적어도 한 예측은 그르다는 것과 네 예측 중 두 예측은 옳고 나머지 두 예측은 그르다는 것이 밝혀졌다.

나만의 접근포인트

윗글의 내용이 모두 참일 때, 다음 〈보기〉 중 반드시 참인 것을 모두 고르면?

―〈 **보기** 〉―

ㄱ. 가영이는 미국에 간다.
ㄴ. 나준이는 프랑스에 가지 않는다.
ㄷ. 다석이는 중국에 가지 않는다.

정답 ㄱ

갑과 정의 진술이 모두 참이라면 가영이에 관한 진술에서 모순이 발생하므로 갑과 정 중 한 명의 진술은 거짓이라는 것을 알 수 있다. 또 을과 병의 진술 중 적어도 하나가 거짓이라고 하였고 4명의 진술 중 2명은 옳고 2명은 그르다고 하였으므로 갑과 정 중 하나가 거짓, 을과 병 중 하나가 거짓임을 알 수 있다. 이제 경우의 수를 따져보자.

ⅰ) 갑과 을이 참
　　가영 – 미국, 나준 – 프랑스, 다석 – 중국으로 연결되며, 이 경우는 갑과 을이 참이고 병과 정이 거짓이 되므로 전제조건을 만족시킨다.

ⅱ) 갑과 병이 참
　　갑이 참이면, 가영 – 미국, 나준 – 프랑스, 다석 – 중국으로 연결되는데, 이 경우는 을도 참이 되어 갑, 을, 병의 세 명이 참이 되게 된다. 따라서 이 경우는 해당되지 않는다.

ⅲ) 을과 정이 참
　　병이 거짓이면, 가영 – 미국, 나준 – 프랑스, 다석 – 중국으로 연결되는데, 이 경우는 정이 거짓이 되는 모순이 발생한다. 따라서 이 경우는 해당되지 않는다.

ⅳ) 병과 정이 참
　　을이 거짓이면 가영 – 미국으로 연결되는데, 이 경우는 정이 거짓이 되는 모순이 발생한다. 따라서 이 경우는 해당되지 않는다.

따라서 ⅰ) 갑과 을이 참인 경우만 전제조건을 만족시키므로 반드시 참이 되는 것은 ㄱ뿐이다.

A ~ E 다섯 명은 스키, 봅슬레이, 컬링, 쇼트트랙, 아이스하키 등 총 다섯 종목 중 각자 한 종목을 관람하고자 한다. 스키와 봅슬레이는 산악지역에서 열리며, 나머지 종목은 해안지역에서 열린다. 다섯 명의 관람 종목에 대한 조건은 다음과 같다.

• A, B, C, D, E는 서로 다른 종목을 관람한다.
• A와 B는 서로 다른 지역에서 열리는 종목을 관람한다.
• C는 스키를 관람한다.
• B가 쇼트트랙을 관람하면, D가 봅슬레이를 관람한다.
• E가 쇼트트랙이나 아이스하키를 관람하면, A는 봅슬레이를 관람한다.

나만의 접근포인트

위 내용이 참일 때, 반드시 참인 것만을 다음 〈보기〉에서 모두 고르면?

---〈 **보기** 〉---

ㄱ. A가 봅슬레이를 관람하면, D는 아이스하키를 관람한다.
ㄴ. B는 쇼트트랙을 관람하지 않는다.
ㄷ. E가 쇼트트랙을 관람하면, B는 컬링이나 아이스하키를 관람한다.

정답 ㄴ, ㄷ

먼저 C는 스키를 관람한다고 하였으므로 해안지역이 아닌 지역에서 열리는 나머지 한 종목은 봅슬레이뿐이다. 따라서 A와 B중 한 사람은 반드시 봅슬레이를 관람해야 하므로 이를 두 가지 경우의 수로 나누어 판단해 보자. 또한, C는 스키를 관람하는 것으로 확정되었으므로 이후에는 이를 고려하지 않는다.

ⅰ) A가 봅슬레이를 관람하는 경우
　네 번째 조건의 대우명제에 의해 B는 쇼트트랙을 관람하지 않음을 알 수 있으나, 그 외의 조건만으로는 다른 종목에 대한 사항을 확정할 수 없다.

ⅱ) B가 봅슬레이를 관람하는 경우
　다섯 번째 조건의 대우명제에 의해 E는 쇼트트랙과 아이스하키를 관람하지 않는다는 것을 알 수 있으므로 E는 컬링을 관람하는 것으로 확정할 수 있다. 하지만 그 외의 조건만으로는 A와 D는 각각 쇼트트랙 혹은 아이스하키를 관람한다는 것만 확정할 수 있다.

ㄴ. 첫 번째의 경우 B는 쇼트트랙을 관람하지 않는다고 하였으며, 두 번째의 경우는 B가 봅슬레이를 관람한다고 하였으므로 반드시 참이다.

ㄷ. E가 쇼트트랙을 관람하는 경우는 첫 번째 경우에만 해당하는데 위에서 살펴본 것처럼 첫 번째 경우에서는 B가 쇼트트랙을 관람하는 것 이외에는 모두 가능하므로 반드시 참이다.

오답분석

ㄱ. A가 봅슬레이를 관람하는 경우는 첫 번째 경우인데, 이 경우 D는 쇼트트랙, 아이스하키, 컬링 중 어느 하나를 관람해도 무관하므로 반드시 아이스하키를 관람해야 하는 것은 아니다. 따라서 반드시 참이라고 볼 수 없다.

안심Touch

03 응용논리

1 대표자료

갑, 을, 병, 정, 무는 영업부서에 근무하고 있다. 이 부서에서는 거래처와의 업무 협조를 위해 지방의 네 지역으로 이들을 출장 보낼 계획을 수립하였다. 원활한 업무 수행을 위해서, 모든 출장은 이들 중 두 명 또는 세 명으로 구성된 팀 단위로 이루어진다. 네 팀이 구성되어 네 지역에 각각 한 팀씩 출장이 배정된다. 네 지역 출장 날짜는 모두 다르며, 모든 직원은 최소한 한 번 출장에 참가한다. 이번 출장 업무를 총괄하는 직원은 단 한 명밖에 없으며, 그는 네 지역 모두의 출장에 참가한다. 더불어 업무 경력을 고려하여, 단 한 지역의 출장에만 참가하는 것은 신입직원으로 제한한다. 영업부서에 근무하는 신입직원은 한 명밖에 없다. 이런 기준 아래에서 출장 계획을 수립한 결과, 을은 갑과 단둘이 가는 한 번의 출장 이외에 다른 어떤 출장도 가지 않으며, 병과 정이 함께 출장을 가는 경우는 단 한 번밖에 없다. 그리고 네 지역 가운데 광역시가 두 곳인데, 단 두 명의 직원만이 두 광역시 모두에 출장을 간다.

나만의 접근포인트

제시된 조건 중 마지막에 제시된 광역시와 관련된 조건을 통해 지역을 확정지으려다 불필요한 시간소모가 있었던 수험생이 있었을 것이다. 결론적으로 주어진 조건만으로는 광역시가 어느 곳인지 확정지을 수 없었고 사후적으로는 정답을 결정하는 데 아무런 영향도 주지 않았다. 실전에서는 분명 한 가지 정도의 조건이 애매하여 정리가 되지 않는 경우가 존재한다. 이때 무리하게 시간을 들여가며 더 고민하기보다는 일단 정리된 조건만 가지고 선택지를 판단해보자. 5개 중에서 2 ~ 3개는 정오판별이 가능할 것이다. 미뤄두었던 조건은 그때 판단해도 늦지 않다.

적중예상문제　　　　　　　　　　⏱ 제한시간 : 70초　⧗ 소요시간 :　　초

윗글의 내용이 참일 때, 다음 중 반드시 거짓인 것은?

① 갑은 이번 출장 업무를 총괄하는 직원이다.
② 을은 광역시에 출장을 가지 않는다.
③ 병이 갑, 무와 함께 출장을 가는 지역이 있다.
④ 정은 총 세 곳에 출장을 간다.
⑤ 무가 출장을 가는 지역은 두 곳이고 그 중 한 곳은 정과 함께 간다.

정답 ④

주어진 조건을 정리하면 다음과 같다.
ⅰ) 먼저, 신입직원은 을 한 명이고 을은 갑과 단둘이 가는 한 번의 출장에만 참석한다고 하였으므로 갑이 모든 출장에 참가하는 총괄 직원임을 알 수 있다(편의상 A팀으로 칭한다).
ⅱ) 다음으로 병과 정이 함께 출장을 가는 경우가 있다고 하였으므로 갑, 병, 정 3명이 가는 출장(B팀)이 존재함을 알 수 있다. 출장 인원은 최대 3인으로 제한되어 있으므로 갑, 병, 정, 무 4인이 가는 출장은 존재할 수 없다.
ⅲ) 신입직원인 을을 제외한 나머지 직원들은 최소 2회의 출장에 참여해야 하고 병과 정이 함께 참여하는 한 번의 출장은 ⅱ)에 언급되어 있으므로 남은 2팀에는 병과 정이 각각 따로 포함되어야 한다. 그리고 아직 언급되지 않은 무 역시 신입직원이 아니어서 최소 2회의 출장을 가야 하므로 남은 2팀은 갑, 병, 무(C팀), 갑, 정, 무(D팀)가 됨을 알 수 있다.
ⅳ) 만약 A팀이 참여하는 지역이 광역시라면 나머지 3개 지역 중 한 곳만이 광역시가 된다. 그런데 을은 한 번의 출장에만 참여한다고 하였으므로 이렇게 될 경우 병 ~ 무 중 누가 되었던 광역시 출장에 한 번만 참여하게 되어 조건에 위배된다. 따라서 광역시는 A팀이 참여하는 지역을 제외한 나머지 지역 중 2곳이 되어야 한다.

이를 표로 정리하면 다음과 같다.

구분	갑	을	병	정	무
A팀	○	○			
B팀	○		○	○	
C팀	○		○		○
D팀	○			○	○

ⅱ)와 ⅲ)에 의하면 정은 두 번의 출장에 참가하게 되므로 옳지 않은 내용이다.

오답분석
① ⅰ)에 의해 갑이 모든 출장에 참가하는 총괄 직원임을 알 수 있다.
② ⅳ)에 의해 을이 출장을 가는 지역은 광역시가 아님을 알 수 있다.
③ ⅲ)에 의해 갑, 병, 무가 함께 가는 출장이 존재함을 알 수 있다.
⑤ ⅲ)에 의하면 무는 C팀과 D팀에 포함되어 두 곳에 출장을 가게 되며, D팀에 속해 있으므로 정과 무가 같이 출장을 가는 것도 확인할 수 있다.

| 문제 1 |

채용에서 가장 중요한 점은 조직에 적합한 인재의 선발, 즉 필요한 수준의 기본적 직무적성·태도 등 전반적 잠재력을 가진 지원자를 선발하는 것이다. 그러나 채용 과정에서 적합한 사람을 채용하지 않거나, 적합하지 않은 사람을 채용하는 경우도 있다. 적합한 지원자 중 탈락시킨 지원자의 비율을 오탈락률이라 하고, 적합하지 않은 지원자 중 채용한 지원자의 비율을 오채용률이라 한다.

甲회사의 신입사원 채용 공고에 1,200명이 지원하여, 이 중에 360명이 채용되었다. 신입사원 채용 후 조사해보니 1,200명의 지원자 중 회사에 적합한 지원자는 800명이었고, 적합하지 않은 지원자는 400명이었다. 채용된 360명의 신입사원 중 회사에 적합하지 않은 인원은 40명으로 확인되었다. 이에 따르면 오탈락률은 ⊙ %이고, 오채용률은 ⓒ %이다.

나만의 접근포인트

🔍 고수의 접근포인트

항목의 수가 3개 이하로 주어진 경우에는 벤다이어그램으로 정리하는 것이 바람직하며, 그 이상으로 늘어나는 경우는 논리식을 구성하는 방법을 통해 접근해야 한다. 그러나 일부 조건의 경우는 벤다이어그램 혹은 논리식 그 어느 것으로도 표현할 수 없는 것이 등장할 수 있다. 간혹 일부 수험서에서는 이런 것들을 복잡한 논리식으로 표현하게끔 하고 있으나 바람직하지 못하다. 일단, 그 조건을 제외한 나머지를 통해 조건을 간결하게 정리한 후 해당 조건을 언어적으로 풀이하는 것이 가장 효율적이다.

적중예상문제

⏱ 제한시간 : 50초 ⏳ 소요시간 :   초

윗글을 근거로 판단할 때, ⊙과 ⓒ에 들어갈 숫자는?

정답 ⊙ 60, ⓒ 10

윗글을 벤다이어그램으로 나타낸 후 계산하면 다음과 같다.
⊙ 오탈락률 : $480 \div 800 = 60\%$
ⓒ 오채용률 : $40 \div 400 = 10\%$

적합 800		부적합 400
480 (탈락)	채용 320 · 40	360 (탈락)

| 문제 2 |

음향학에 관련된 다음의 두 가지 명제는 세 개의 원형 판을 가지고 실험함으로써 입증될 수 있다. 하나의 명제는 "지름과 모양이 같은 동일 재질의 원형 판이 진동할 때 발생하는 진동수는 두께에 비례한다."이고 다른 명제는 "모양과 두께가 같은 동일 재질의 원형 판이 진동할 때 발생하는 진동수는 판 지름의 제곱에 반비례한다."이다. 이를 입증하기 위해 모양이 같은 동일 재질의 원형 판 A, B 그리고 C를 준비하되 A와 B는 두께가 같고 C는 두께가 A의 두께의 두 배이며, A와 C는 지름이 같고 B의 지름은 A의 지름의 절반이 되도록 한다. 판을 때려서 발생하는 음을 듣고 B는 A보다 [㉠] 음을 내고, C는 A보다 [㉡] 음을 내는 것을 확인한다. 진동수가 두 배가 될 때 한 옥타브 높은 음이 나므로 두 명제는 입증이 된다.

나만의 접근포인트

🔍 고수의 접근포인트

간단한 수학식의 원리를 이용한 문제는 늘 출제되는 유형은 아니다. 하지만 의사소통능력과 문제해결능력 모두에서 출제가 가능한 유형이므로 정리가 필요하다. 이 유형의 경우는 제시문에서 언급한 원리를 통해 풀이하는 방법이 정석이겠으나, 실전에서는 굳이 그럴 필요 없이 가상의 수치를 대입해 풀이하는 것이 시간을 절약할 수 있는 방법이며 실수를 줄이는 가장 좋은 방법이다.

적중예상문제

⏱ 제한시간 : 70초   ⏳ 소요시간 :   초

제시문의 ㉠과 ㉡에 들어갈 말은?

정답 ㉠ 두 옥타브 높은, ㉡ 한 옥타브 높은

여기서는 A, B, C 각각에 가상의 수치를 넣어 계산하는 방식으로 풀이해보자. 제시문에서 주어진 조건들을 만족하는 원형 판의 형태는 다음과 같다. 비율만 같다면 아래의 수치가 아니라 어떠한 수치일지라도 상관없다.

구분	지름	두께
A	2	1
B	1	1
C	2	2

다음으로 B의 진동수를 1로 놓고 나머지 A와 C의 진동수를 계산해 보면 다음과 같다.

구분	지름	두께	진동수
A	2	1	1/4
B	1	1	1
C	2	2	1/2

이를 정리하면 B의 진동수는 A의 4배이며, C의 진동수는 A의 2배임을 알 수 있다. 여기서 제시문의 마지막 문장을 활용하면 B는 A보다 두 옥타브 높은 음을 내고, C는 A보다 한 옥타브 높은 음을 낸다는 것을 추론해 낼 수 있다.

신용카드 거래가 사기 거래일 확률은 1,000분의 1이다. 신용카드 사기를 감별하는 장치 A는 정당한 거래의 99%를 정당한 거래로 판정하지만 1%는 사기 거래로 오판한다. 또한 A는 사기 거래의 99%를 사기 거래로 판정하지만 1%는 정당한 거래로 오판한다. A가 어떤 거래를 사기 거래라고 판단하면, 신용카드 회사는 해당 카드를 정지시켜 후속 거래를 막는다. A에 의해 카드 사용이 정지된 사례가 오판에 의한 카드 정지 사례일 확률이 50%보다 크면, A는 폐기되어야 한다.

나만의 접근포인트

고수의 접근포인트

대개 이러한 유형의 제시문이 등장하면 특정한 샘플 수가 주어지고 그 수치를 토대로 계산하게끔 하는 것이 일반적이다. 따라서 이러한 유형을 정석대로 풀기 위해서는 제시된 수치를 발생확률로 표시해야 한다. 하지만 어차피 분모가 주어진 샘플 수로 모두 동일하므로 건수만으로 판단하는 것이 시간을 절약하는 측면에서나 실수를 줄이는 측면에서 보다 효율적이다.

적중예상문제

⏱ 제한시간 : 50초   ⏳ 소요시간 :   초

장치 A에 대하여 바르게 판단한 것만을 다음 〈보기〉에서 고르면?

〈 보기 〉

ㄱ. A가 정당한 거래로 판정한 거래는 모두 정당한 거래이다.
ㄴ. 무작위로 10만 건의 거래를 검사했을 때, A가 사기 거래를 정당한 거래라고 오판하는 건수는 정당한 거래를 사기 거래라고 오판하는 건수보다 적을 것이다.
ㄷ. A는 폐기되어야 한다.

정답 ㄴ, ㄷ

문제에서 제시된 상황을 정리하면 다음과 같다(10만 건 가정).

판정＼실제	정상	사기
정상	98,901	1
사기	999	99

ㄴ. 위 표에서 사기 거래를 정당한 거래라고 오판하는 건수는 1건이며, 정당한 거래를 사기 거래로 오판하는 경우는 999건이므로 옳은 내용임을 알 수 있다.
ㄷ. A에 의해 카드 사용이 정지된 사례가 총 1,098건이며 그중 오판, 즉 정상 거래를 사기 거래로 판단한 것이 999건이므로 50%를 훨씬 넘는 확률을 보인다. 따라서 A는 폐기되어야 한다.

오답분석
ㄱ. 장치 A는 정당한 거래의 1%를 사기 거래로 오판한다고 하였으므로 ㄱ은 옳지 않다.

| 문제 4 |

갑 레스토랑은 매주 1회 휴업일(수요일)을 제외하고 매일 영업한다. 갑 레스토랑의 청소시간은 영업일 저녁 9시부터 10시까지이며 이 시간에 A구역, B구역, C구역 중 하나를 청소한다. 청소의 효율성을 위하여 청소를 한 구역은 바로 다음 영업일에는 하지 않는다. 각 구역은 매주 다음과 같이 청소한다.
- A구역 청소는 일주일에 1회 한다.
- B구역 청소는 일주일에 2회 하되, B구역 청소를 한 후 영업일과 휴업일을 가리지 않고 이틀 간은 B구역 청소를 하지 않는다.
- C구역 청소는 일주일에 3회 하되, 그중 1회는 일요일에 한다.

나만의 접근포인트

고수의 접근포인트

조건을 살펴보면 세 개의 조건이 주어져 있다는 것을 알 수 있고 두 번째 조건의 길이가 매우 길다는 것을 알 수 있다. 길이가 긴 조건은 구석에 있는 내용까지 모두 사용되는 것이 일반적이다. 따라서, 일단 이 조건을 먼저 활용한다는 전략을 세워본다. 하지만 이는 제시문 스캐닝 시 세우는 1차 전략이며 실제 문제를 풀이하는 과정에서 이 순서는 조정될 수 있다. 예를 들어 세 번째 조건의 경우 '일요일'이라는 확정적인 조건이 주어져 있으므로 이를 가장 먼저 판단해야 한다.

적중예상문제

⏱ 제한시간 : 60초   ⧗ 소요시간 :   초

윗글을 근거로 판단할 때, B구역 청소를 하는 요일은?

정답 월요일, 목요일

먼저 청소 횟수가 가장 많은 C구역을 살펴보면, 이틀을 연달아 같은 구역을 청소하지 않는다고 하였으므로 다음의 경우만 가능함을 알 수 있다.

일요일	월요일	화요일	수요일	목요일	금요일	토요일
C		C	×		C	

다음으로 B구역은 청소를 한 후 이틀간은 청소를 할 수 없다고 하였으므로 토요일은 불가능함을 알 수 있다. 만약 토요일에 B구역을 청소하면 남은 1회는 월요일 혹은 목요일에 진행해야 하는데 어떤 경우이든 다음 청소일과의 사이에 이틀을 비우는 것이 불가능하기 때문이다.

일요일	월요일	화요일	수요일	목요일	금요일	토요일
C	B	C	×	B	C	

그렇다면 남은 A구역은 토요일에 청소하는 것으로 확정되어 다음과 같은 일정표가 만들어지게 된다.

일요일	월요일	화요일	수요일	목요일	금요일	토요일
C	B	C	×	B	C	A

복지사 A는 담당 지역에서 경제적 곤란을 겪고 있는 아동을 찾아 급식 지원을 하는 역할을 담당하고 있으며 갑순, 을순, 병순, 정순이 급식 지원을 받을 후보이다. 복지사 A는 이들 중 적어도 병순은 급식 지원을 받게 된다고 결론 내렸다. 왜냐하면 갑순과 정순 중 적어도 한 명은 급식 지원을 받는데, 갑순이 받지 않으면 병순이 받기 때문이었다.

나만의 접근포인트

🔍 **고수의 접근포인트**

통상 추가해야 하는 전제를 찾는 경우는 주어진 조건들과 결론을 통해 생략된 하나의 전제를 찾는 형태로 출제되지만 이 자료의 경우는 복수의 전제가 필요한 상황이다. 일부 수험생의 경우 이러한 문제를 풀 때 백지상태, 즉 선택지를 참고하지 않고 생략된 전제를 찾으려고 하는 경향이 있는데 매우 바람직하지 못하다. 이 자료의 경우는 어찌 되었든 '갑순이가 급식 지원을 받지 않는다.'는 결론을 끌어내야 하는 것이 종착역이니만큼 선택지를 통해 이 전제를 끌어낼 수 있게 만들면 그만이다. 숨겨진 전제 찾기는 시작도 끝도 선택지이다.

복지사 A의 결론을 이끌어내기 위해 추가해야 할 두 전제를 다음 〈보기〉에서 고르면?

〈 **보기** 〉

ㄱ. 갑순이 급식 지원을 받는다.
ㄴ. 을순이 급식 지원을 받는다.
ㄷ. 을순이 급식 지원을 받으면, 갑순은 급식 지원을 받지 않는다.
ㄹ. 을순과 정순 둘 다 급식 지원을 받지 않으면, 병순이 급식 지원을 받는다.

[정답] ㄴ, ㄷ

제시된 논증을 정리하면 다음과 같다.
ⅰ) 갑순(○) ∨ 정순(○)
ⅱ) 갑순(×) → 병순(○)
∴ 병순(○)
'병순'이 급식 지원을 받게 된다는 결론이 도출되기 위해서는 ⅱ)에 따라 '갑순'이 지원을 받지 못한다는 중간 결론이 필요하며, 이것이
성립한다면 결과적으로 ⅰ)에 의해 '정순'도 급식 지원을 받게 된다는 것을 알 수 있다. 이 같은 내용을 바탕으로 '갑순'이 지원을
받지 못한다는 중간 결론을 도출하기 위해서 〈보기〉를 살펴보면 다음과 같다.
ㄴ・ㄷ. 두 전제가 결합될 경우 '갑순'이 급식 지원을 받지 못한다는 중간결론이 도출되므로 옳다.

[오답분석]
ㄱ. '갑순'이 급식 지원을 받지 못한다는 내용이 필요하므로 옳지 않다.
ㄹ. 이미 위에서 '갑순'이 지원을 받지 못할 경우 '병순'은 지원을 받게 된다고 하였으므로 이에 모순되는 전제이다.

- A~G 중 2명은 왕자의 부하이다.
- B~F는 모두 20대이다.
- A~G 중 가장 나이가 많은 사람은 왕자의 부하가 아니다.
- A~G 중 여자보다 남자가 많다.
- 왕자의 두 부하는 성별이 서로 다르고, 국적은 동일하다.

친구	나이	성별	국적
A	37살	?	한국
B	28살	?	한국
C	22살	여자	중국
D	?	여자	일본
E	?	?	중국
F	?	?	한국
G	38살	여자	중국

나만의 접근포인트

🔍 고수의 접근포인트

조건들을 판단할 때 이른바 스캐닝 작업(전체를 눈으로 훑어보는 작업)을 하지 않는 수험생이라면 주어진 조건들을 첫 줄부터 하나씩 체크하며 진행하는 것이 일반적이다. 하지만 거의 대부분의 문제들은 중반 이후에 확정적인 조건이 반드시 주어진다. 이 자료의 경우는 네 번째 조건 즉, 여자보다 남자가 많다는 조건이 바로 그것이다. 물론 이 자료의 경우 난도가 높지 않기에 큰 차이가 없었지만 난도가 조금이라도 올라간다면 그 차이는 상당히 크게 나타난다. 반드시 스캐닝 작업을 하는 습관을 들이자.

A ~ G 중 왕자의 부하는 누구인가?

정답 C, E

ⅰ) 먼저 두 번째 조건을 통해 D ~ F가 모두 20대임을 알 수 있으며 따라서 A ~ G 중 나이가 가장 많은 사람은 G라는 것을 확인할 수 있다. 따라서 세 번째 조건에 의해 G는 왕자의 부하가 아니다.

ⅱ) 다음으로 네 번째 조건을 살펴보면, 이미 C, D, G의 3명이 여자인 상황에서 남자가 여자보다 많다고 하였으므로 A, B, E, F의 4명이 모두 남자임을 알 수 있다. 여기까지의 내용을 정리하면 다음과 같다.

친구	나이	성별	국적
A	37살	남자	한국
B	28살	남자	한국
C	22살	여자	중국
D	20대	여자	일본
E	20대	남자	중국
F	20대	남자	한국
G	38살	여자	중국

ⅲ) 마지막 조건을 살펴보면, 일단은 국적이 동일한 2명이 왕자의 부하이므로 단 한 명인 일본인 D는 부하가 될 수 없으며, 왕자의 두 부하는 성별이 서로 다르다고 하였는데 한국인 A, B, F는 모두 남자이므로 역시 부하가 될 수 없다. 마지막으로 남은 C와 E가 중국 국적이면서 성별이 다른 상황이므로 이들이 왕자의 부하임을 알 수 있다.

3 90초 풀이연습

- 하나의 밭에는 한 가지 꽃만 심는다.
- 심을 수 있는 꽃은 장미, 튤립, 진달래, 백합, 나팔꽃이다.
- 한 가지 꽃을 두 군데 이상 심으면 안 된다.
- 장미와 튤립을 인접해서 심으면 안 된다.
- 전 해에 장미를 심었던 밭에는 아무 것도 심지 않거나 진달래를 심고, 진달래를 심었던 밭에는 아무 것도 심지 않거나 장미를 심어야 한다(단, 아무 것도 심지 않았던 밭에는 그 전 해에 장미를 심었으면 진달래를, 진달래를 심었으면 장미를 심어야 한다).
- 매년 한 군데 밭에만 아무 것도 심지 않아야 한다.
- 각각의 밭은 4년에 한 번만 아무 것도 심지 않아야 한다.
- 전 해에 심지 않은 꽃 중 적어도 한 가지는 심어야 한다.
- 튤립은 2년에 1번씩 심어야 한다.

나만의 접근포인트

A ~ D 4개의 밭이 나란히 있다. 첫 해에 A에는 장미, B에는 진달래, C에는 튤립을 심었고, D에는 아무 것도 심지 않았다. 그리고 2년차에는 C에 아무 것도 심지 않기로 하였다. 이 경우 위의 조건에 따를 때 3년차에 가능한 것은?

	A	B	C	D
①	장미	진달래	튤립	심지 않음
②	심지 않음	진달래	나팔꽃	백합
③	장미	심지 않음	나팔꽃	튤립
④	심지 않음	진달래	백합	나팔꽃
⑤	장미	진달래	심지 않음	튤립

정답 ③

주어진 조건을 토대로 가능한 상황을 정리해보면 다음과 같다.

구분	A	B	C	D
첫 해	장미	진달래	튤립	×
둘째 해	진달래	장미	×	나팔꽃 or 백합
셋째 해(1)	장미	×	튤립, (나팔꽃 or 백합)	
셋째 해(2)	×	진달래		

김과장은 조사비, 인건비, 재료비, 운영비, 홍보비, 잡비 등 총 6개 항목으로 나누어 연구용역비를 산출하였으나, 예산 담당 부서에서 다음 지침에 따른 예산 변경을 요구해 왔다.

〈지침〉

• 증액이 가능한 항목은 최대 2개이며, 적어도 3개 항목은 반드시 삭감하여야 한다.
• 어떤 항목은 증액이나 감액 없이 현상 유지될 수 있다.
• 인건비와 조사비는 동시에 삭감하거나 동시에 증액하여야 한다.
• 재료비와 홍보비는 동시에 삭감할 수 없다.
• 운영비와 잡비는 동시에 증액할 수 없다.
• 재료비는 반드시 삭감하여야 한다.

나만의 접근포인트

윗글의 지침에 근거해서 김과장이 내린 다음 판단 중 옳지 않은 것은?

① 잡비를 증액하면, 홍보비를 증액할 수 없다.

② 운영비를 증액하면, 조사비를 증액할 수 없다.

③ 홍보비를 증액하면, 인건비를 증액할 수 없다.

④ 인건비를 증액하면, 잡비를 반드시 삭감하여야 한다.

⑤ 조사비를 증액하면, 운영비를 반드시 삭감하여야 한다.

정답 ①

선택지별로 정리하면 아래와 같다.

구분	조사비	인건비	재료비	운영비	홍보비	잡비
①	삭감	삭감	삭감	증액 / 유지	증액	증액
②	증액	(증액 불가)	삭감	증액		
③	(증액 불가)	증액	삭감		증액	
④	증액	증액	삭감	삭감	유지	삭감
⑤	증액	증액	삭감	삭감		삭감

위 표와 같은 상황이 가능하므로 옳지 않은 내용이다.

오답분석

② 운영비와 조사비를 모두 증액할 경우 인건비와 조사비는 동시에 증액 / 감액하여야 한다는 조건과 증액이 가능한 항목이 최대 2개라는 조건에 위배되므로 옳은 내용이다.

③ 홍보비와 인건비를 모두 증액할 경우 인건비와 조사비는 동시에 증액 / 감액하여야 한다는 조건과 증액이 가능한 항목이 최대 2개라는 조건에 위배되므로 옳은 내용이다.

④ 인건비를 증액할 경우 위 표와 같이 잡비를 반드시 삭감해야 하므로 옳은 내용이다.

⑤ 조사비를 증액할 경우 위 표와 같이 운영비를 반드시 삭감해야 하므로 옳은 내용이다.

직원은 지난 회의에서 만났던 외부 인사 세 사람에 대해 얘기하고 있다. 이들은 외부 인사들의 이름은 모두 정확하게 기억하고 있다. 그러나 그들의 성(姓)에 대해서는 그렇지 않다.

혜민 : 김지후와 최준수와는 많은 대화를 나눴는데, 이진서와는 거의 함께 할 시간이 없었어.
민준 : 나도 이진서와 최준수와는 시간을 함께 보낼 수 없었어. 그런데 지후는 최씨였어.
서현 : 진서가 최씨였고, 다른 두 사람은 김준수와 이지후였지.

세 명의 직원들은 외부 인사에 대하여 각각 단 한 명씩의 성명만을 올바르게 기억하고 있으며, 외부 인사들의 성씨는 각각 김씨, 이씨, 최씨이다.

나만의 접근포인트

윗글의 내용이 참일 때, 다음 중 외부 인사의 성명이 될 수 있는 것은?

① 김진서, 이준수, 최지후
② 최진서, 김준수, 이지후
③ 이진서, 김준수, 최지후
④ 최진서, 이준수, 김지후
⑤ 김진서, 최준수, 이지후

정답 ⑤

세 명 모두가 한 명씩의 성명을 올바르게 기억하고 있는 것이므로 옳은 내용이다.

오답분석
① 이 경우는 혜민과 서현이 모든 사람의 성명을 올바르게 기억하지 못한 것이 되므로 옳지 않다.
② 이 경우는 혜민과 민준이 모든 사람의 성명을 올바르게 기억하지 못한 것이 되므로 옳지 않다.
③ 이 경우는 민준이 두 명의 성명을 올바르게 기억하고 있는 것이 되므로 옳지 않다.
④ 이 경우는 민준이 모든 사람의 성명을 올바르게 기억하지 못한 것이 되므로 옳지 않다.

- 대한민국은 국무회의에서 주변국들과 합동 군사훈련을 실시하기로 확정 의결하였다.
- 대한민국은 A국 또는 B국과 상호방위조약을 갱신하여야 하지만, 그 두 국가 모두와 갱신할 수는 없다.
- 대한민국이 A국과 상호방위조약을 갱신하지 않는 한, 주변국과 합동 군사훈련을 실시할 수 없거나 또는 유엔에 동북아 안보 관련 안건을 상정할 수 없다.
- 대한민국은 어떠한 경우에도 B국과 상호방위조약을 갱신해야 한다.
- 대한민국이 유엔에 동북아 안보 관련 안건을 상정할 수 없다면, 6자 회담을 올해 내로 성사시켜야 한다.

나만의 접근포인트

적중예상문제

⧗ 소요시간 :   초

위의 정보가 모두 참일 때, 다음 중 대한민국이 반드시 선택해야 하는 정책은?

① A국과 상호방위조약을 갱신한다.
② 6자 회담을 올해 내로 성사시킨다.
③ 유엔에 동북아 안보 관련 안건을 상정한다.
④ 유엔에 동북아 안보 관련 안건을 상정하지 않는다면, 6자 회담을 내년 이후로 연기한다.
⑤ A국과 상호방위조약을 갱신하지 않는다면, 유엔에 동북아 안보 관련 안건을 상정한다.

정답 ②

먼저 주어진 정보를 정리하면 다음과 같다.
ⅰ) 두 번째와 네 번째 조건을 결합하면 대한민국은 B국과 조약을 갱신하며, A국과는 갱신할 수 없다.
ⅱ) 첫 번째와 세 번째 조건, ⅰ)의 내용을 결합하면 대한민국은 유엔에 동북아 안보 관련 안건을 상정할 수 없다.
ⅲ) 마지막 조건과 ⅱ)의 내용을 결합하면 대한민국은 6자 회담을 올해 내로 성사시켜야 한다.
따라서, ⅲ)에서 6자 회담을 올해 내로 성사시켜야 한다고 하였으므로 옳은 내용이다.

오답분석

① ⅰ)에서 A국과 상호방위조약을 갱신하지 않는다고 하였으므로 옳지 않은 내용이다.
③ ⅱ)에서 유엔에 동북아 안보 관련 안건을 상정할 수 없다고 하였으므로 옳지 않은 내용이다.
④ ⅱ)에서 유엔에 동북아 안보 관련 안건을 상정할 수 없다고 하였고 ⅲ)에서 6자 회담을 올해 내로 성사시켜야 한다고 하였으므로 옳지 않은 내용이다.
⑤ ⅰ)에서 A국과 상호방위 조약을 갱신하지 않는다고 하였고 ⅱ)에서 유엔에 동북아 안보 관련 안건을 상정할 수 없다고 하였으므로 옳지 않은 내용이다.

A기업은 5명의 기업윤리 심의위원을 선정하려고 한다. 후보자는 총 8명으로, 신진 윤리학자 1명과 중견 윤리학자 1명, 신진 경영학자 4명과 중견 경영학자 2명이다. 위원의 선정은 다음 조건을 만족해야 한다.

• 윤리학자는 적어도 1명 선정되어야 한다.
• 신진 학자는 4명 이상 선정될 수 없다.
• 중견 학자 3명이 함께 선정될 수는 없다.
• 신진 윤리학자가 선정되면 중견 경영학자는 2명 선정되어야 한다.

나만의 접근포인트

윗글의 내용을 토대로 5명의 기업윤리 심의위원을 선정하려고 할 때, 다음 중 반드시 참인 것은?

① 윤리학자는 2명이 선정된다.

② 신진 경영학자는 3명이 선정된다.

③ 중견 경영학자가 2명 선정되면 윤리학자 2명도 선정된다.

④ 신진 경영학자가 2명 선정되면 중견 윤리학자 1명도 선정된다.

⑤ 중견 윤리학자가 선정되지 않으면 신진 경영학자 2명이 선정된다.

정답 ⑤

먼저, 총 5명의 위원을 선정한다고 하였고, 두 번째 조건에서 신진 학자는 4명 이상 선정될 수 없다는 조건과 중견 학자 3명이 함께 선정될 수 없다는 조건을 고려하면 가능한 조합은 신진 학자 3명, 중견 학자 2명뿐임을 알 수 있다. 그리고 네 번째 조건을 반영하여 경우의 수를 나누어 보면 다음의 두 가지만 가능하게 된다.

ⅰ) 신진 윤리학자가 선정되는 경우 : 신진 윤리학자 1명, 신진 경영학자 2명, 중견 경영학자 2명으로 구성하는 경우가 가능하다.

ⅱ) 신진 윤리학자가 선정되지 않는 경우 : 중견 윤리학자 1명, 신진 경영학자 3명, 중견 경영학자 1명으로 구성하는 경우가 가능하다.

따라서, 중견 윤리학자가 선정되지 않는 경우는 위의 ⅰ)에 해당하는데 이 경우는 신진 경영학자가 2명 선정되므로 옳은 내용이다.

오답분석

① 어느 경우이든 윤리학자는 1명만 선정되므로 옳지 않은 내용이다.

② ⅰ)의 경우 신진 경영학자가 2명만 선정되므로 옳지 않은 내용이다.

③ 중견 경영학자 2명이 선정되는 경우는 ⅰ)인데 이 경우는 윤리학자가 1명만 선정되므로 옳지 않은 내용이다.

④ 신진 경영학자 2명이 선정되는 경우는 ⅰ)인데 이 경우는 신진 윤리학자가 1명만 선정되므로 옳지 않은 내용이다.

네 사람(甲 ~ 丁)은 각각 주식, 채권, 선물, 옵션 중 서로 다른 하나의 금융상품에 투자하고 있으며, 투자액과 수익률도 각각 다르다.

- 네 사람 중 투자액이 가장 큰 50대 주부는 주식에 투자하였다.
- 30대 회사원 丙은 네 사람 중 가장 높은 수익률을 올려 아내와 여행을 다녀왔다.
- 甲은 주식과 옵션에는 투자하지 않았다.
- 40대 회사원 乙은 옵션에 투자하지 않았다.
- 60대 사업가는 채권에 투자하지 않았다.

나만의 접근포인트

적중예상문제   ⏳ 소요시간 :   초

윗글을 근거로 판단할 때 다음 중 옳은 것은?

① 채권 투자자는 甲이다.

② 선물 투자자는 사업가이다.

③ 투자액이 가장 큰 사람은 乙이다.

④ 회사원은 옵션에 투자하지 않았다.

⑤ 가장 높은 수익률을 올린 사람은 선물 투자자이다.

정답 ②

ⅰ) 먼저, 제시된 항목들을 통해 아래의 표를 작성할 수 있다. 이때 주의할 것은 제시된 조건에서는 丁이 언급되어 있지 않으며, 甲도 투자종목 이외의 것과는 연결할 수 없는 상황이라는 것이다. 이 경우에는 중심변수를 甲 ~ 丁이 아닌 30대 ~ 60대로 잡는 것이 효율적이다. 통상, 이러한 유형의 문제에서는 첫 줄에 제시된 변수들(이 문제의 경우는 甲 ~ 丁, 투사상품의 종류)을 그대로 중심변수로 잡지 말고 조건에서 더 많이 연결되는 것을 찾아 이를 통해 풀어나가는 것이 더 효율적이다.

	30대	40대	50대	60대
	회사원	회사원	주부	사업가
	丙	乙		
	수익률		투자액	
주식				
채권				
선물				
옵션				

ii) 50대 주부는 주식에 투자하였다는 조건과 40대 회사원 乙이 옵션에 투자하지 않았다는 조건, 60대 사업가가 채권에 투자하지 않았다는 조건을 반영하면 아래와 같다.

	30대	40대	50대	60대
	회사원	회사원	주부	사업가
	丙	乙		
	수익률		투자액	
주식	×	×	○	×
채권			×	×
선물			×	
옵션		×	×	

iii) 위 표에서 甲은 50대 주부와 60대 사업가 둘 중 하나인데, 甲은 주식과 옵션에 투자하지 않았다고 하였으므로 甲은 60대 사업가임을 알 수 있다.

	30대	40대	50대	60대
	회사원	회사원	주부	사업가
	丙	乙	丁	甲
	수익률		투자액	
주식	×	×	○	×
채권			×	×
선물			×	
옵션		×	×	×

iv) 위 조건에 따라 60대 사업가는 선물에 투자하였음을 알 수 있으며 이를 통해 남은 빈칸을 채워보면 다음과 같다.

	30대	40대	50대	60대
	회사원	회사원	주부	사업가
	丙	乙	丁	甲
	수익률		투자액	
주식	×	×	○	×
채권	×	○	×	×
선물	×	×	×	○
옵션	○	×	×	×

- 학과장인 C는 한 과목만 가르칠 수 있다.
- 학과장인 C는 일주일에 하루만 가르칠 수 있다.
- 학과장 이외의 다른 교수들은 모두 두 과목씩 가르쳐야 한다.
- 윤리학과 논리학은 각각 적어도 두 강좌가 개설된다.
- 윤리학은 이틀에 나누어서 강의하며, 논리학도 마찬가지다.
- 윤리학과 논리학 이외에는 동일 과목이 동시에 개설될 수 없다.

나만의 접근포인트

철학과 교수 7명(A ~ G)은 위의 조건에 따라 신학기 과목을 개설하려고 한다. 각 교수들의 강의 가능 과목이 〈보기〉와 같을 때, 다음 중 옳지 않은 것은?

〈 보 기 〉

- A : 논리학, 언어철학, 과학철학
- B : 희랍철학, 근세철학, 윤리학
- C : 과학철학, 논리학, 윤리학
- D : 인식론, 논리학, 형이상학
- E : 언어철학, 수리철학, 논리학
- F : 인식론, 심리철학, 미학
- G : 윤리학, 사회철학, 근세철학

① 학과장은 과학철학을 강의한다.
② 논리학은 최대 3강좌가 개설될 수 있다.
③ 인식론과 심리철학이 둘 다 개설될 수도 있다.
④ 형이상학이 개설되면 인식론은 개설될 수 없다.
⑤ 희랍철학과 사회철학이 둘 다 개설될 수도 있다.

정답 ④

학과장인 C는 한 과목만 가르칠 수 있으며, 일주일에 하루만 가르칠 수 있다고 하였으므로 논리학과 윤리학은 불가능하다. 따라서 C는 과학철학을 가르칠 수 있다. 그런데 윤리학과 논리학 이외에는 동일 과목이 동시에 개설될 수 없으므로 A의 과학철학은 개설될 수 없다. 따라서 A는 논리학과 언어철학을 가르치게 된다. 이제 E를 살펴보면 위와 같은 논리로 언어철학은 개설될 수 없으므로 E는 수리철학과 논리학을 가르치게 된다. 또한 윤리학은 적어도 두 강좌가 개설된다고 하였으므로 B와 G 모두 윤리학을 가르쳐야 함을 알 수 있다. 지금까지의 내용을 정리하면 다음과 같다.

- A : 논리학, 언어철학
- B : 윤리학, (희랍철학 or 근세철학)
- C : 과학철학
- D : (인식론, 논리학, 형이상학 중 2과목)
- E : 수리철학, 논리학
- F : (인식론, 심리철학, 미학 중 2과목)
- G : 윤리학, (사회철학 or 근세철학)

따라서, D가 형이상학과 인식론을 강의하고 F가 심리철학과 미학을 강의하는 경우가 가능하므로 옳지 않은 내용이다.

오답분석

① 위에서 학과장 C는 과학철학을 강의한다고 하였으므로 옳은 내용이다.
② D가 논리학을 강의하게 될 경우 논리학은 A, D, E 등 3강좌가 개설될 수 있으므로 옳은 내용이다.
③ F가 인식론과 심리철학을 강의하고, D가 논리학과 형이상학을 강의하는 경우가 가능하므로 옳은 내용이다.
⑤ B가 윤리학과 희랍철학을 강의하고, G가 윤리학과 사회철학을 강의하는 경우가 가능하므로 옳은 내용이다. 이 경우 근세철학은 개설되지 않게 된다.

S호텔은 지상 5층 건물이다. 각 층은 1인용 객실 하나와 2인용 객실 하나로 이루어져 있다. 1인용 객실은 1명만이 투숙할 수 있으며, 2인용 객실은 2명이 투숙하는 것이 원칙이나 1명이 투숙할 수도 있다. 현재 이 호텔에는 9명의 손님 A ~ I가 투숙하고 있다.

(가) B, E, G, H는 1인용 객실에 투숙하고 있다.

(나) 2층 2인용 객실과 3층 1인용 객실에만 투숙객이 없다.

(다) A와 C는 부부로 같은 객실에 투숙하고 있다. 또한 이들은 E보다 두 층 아래에 투숙하고 있다.

(라) G와 I는 같은 층에 투숙하고 있다. 그리고 이들이 투숙하고 있는 층은 H보다 한 층 아래에 있다.

나만의 접근포인트

적중예상문제   ⏳ 소요시간 :   초

투숙 상황이 위와 같을 때, 다음 중 반드시 참이라고 할 수 없는 것은?

① A와 C는 I보다 위층에 투숙하고 있다.

② H는 B보다 아래층에 투숙하고 있다.

③ D는 B보다 위층에 투숙하고 있다.

④ F는 B보다 아래층에 투숙하고 있지 않다.

⑤ A와 C는 D보다 위층에 투숙하고 있지 않다.

먼저 (가)와 (나)를 반영한 투숙 상황을 정리하면 다음과 같다.

구분	1인실	2인실
	B, E, G, H	A, C, D, F, I
5층		
4층		
3층	×	
2층		×
1층		

다음으로 (다)를 반영하면 아래의 경우만 가능하다는 것을 알 수 있다.

구분	1인실	2인실
	B, E, G, H	A, C, D, F, I
5층	E	
4층		
3층	×	A, C
2층		×
1층		

이제 여기에 (라)를 반영하면 다음의 경우만 가능하다는 것을 알 수 있다.

구분	1인실	2인실
	B, E, G, H	A, C, D, F, I
5층	E	
4층		
3층	×	A, C
2층	H	×
1층	G	I

마지막으로 남은 손님들을 배치하면 다음의 경우가 가능함을 알 수 있다.

구분	1인실	2인실
	B, E, G, H	A, C, D, F, I
5층	E	D / F
4층	B	F / D
3층	×	A, C
2층	H	×
1층	G	I

B는 4층 1인실에 투숙중이고 D는 4층 2인실 또는 5층 2인실에 투숙중이므로 두 손님이 같은 층에 투숙할 수도 있다. 따라서 옳지 않은 내용이다.

[오답분석]
① A와 C는 3층 2인실에 투숙중이고 I는 1층 2인실에 투숙중이므로 옳은 내용이다.
② H는 2층 1인실에 투숙중이고 B는 4층 1인실에 투숙중이므로 옳은 내용이다.
④ B는 4층 1인실에 투숙중이고 F는 4층 2인실 또는 5층 2인실에 투숙중이므로 옳은 내용이다.
⑤ A와 C는 3층 2인실에 투숙중이고 D는 4층 2인실 또는 5층 2인실에 투숙중이므로 옳은 내용이다.

다음 그림과 같이 각 층에 1인 1실의 방이 4개 있는 3층 호텔에 A~I 총 9명이 투숙해 있다.

	301호	302호	303호	304호	
좌	201호	202호	203호	204호	우
	101호	102호	103호	104호	

- 각 층에는 3명씩 투숙해 있다.
- A의 바로 위에는 C가 투숙해 있으며, A의 바로 오른쪽 방에는 아무도 투숙해 있지 않다.
- B의 바로 위의 방에는 아무도 투숙해 있지 않다.
- C의 바로 왼쪽에 있는 방에는 아무도 투숙해 있지 않으며, C는 D와 같은 층에 인접해 있다.
- D는 E의 바로 아래의 방에 투숙해 있다.
- E, F, G는 같은 층에 투숙해 있다.
- G의 옆방에는 아무도 투숙해 있지 않다.
- I는 H보다 위층에 투숙해 있다.

나만의 접근포인트

주어진 조건을 참고할 때, 다음 중 반드시 참인 것은?

① B는 101호에 투숙해 있다.

② D는 204호에 투숙해 있다.

③ F는 304호에 투숙해 있다.

④ G는 301호에 투숙해 있다.

⑤ A, C, F는 같은 열에 투숙해 있다.

정답 ④

가장 먼저 확정지어야 할 것은 첫 번째 조건과 여섯 번째 조건으로 인해 E, F, G가 3층에 투숙해야 한다는 점이며 이를 시작점으로 하여 나머지 조건을 정리하면 다음의 2가지 경우가 가능하다.

〈경우 1〉

G		F	E
I		C	D
H	B	A	

〈경우 2〉

G		E	F
	C	D	I
B	A		H

어느 경우에도 G는 301호에 투숙하게 되므로 반드시 옳다.

오답분석

① · ③ 〈경우 2〉에만 해당되므로 반드시 옳은 것은 아니다.

② · ⑤ 〈경우 1〉에만 해당되므로 반드시 옳은 것은 아니다.

1 대표자료

- A위원회는 12명의 위원으로 구성되며, 위원 중에서 위원장을 선출한다.
- 12명의 위원은 자신을 제외한 11명 중 서로 다른 2명에게 1표씩 투표하여 최다 득표자를 위원장으로 결정한다.
- 최다 득표자가 여러 명인 경우 추첨을 통해 이들 중 1명을 위원장으로 결정한다.
※ 기권 및 무효표는 없다.

나만의 접근포인트

이러한 유형의 문제는 철저하게 반례를 찾는 식으로 풀이해야 한다. 시간이 많이 걸리는 원칙적인 풀이를 통해 정답을 찾을 수도 있겠지만 굳이 빠른 길을 놔두고 돌아갈 필요는 없다. 일부 수험생은 이러한 풀이에 대해 원칙적인 풀이를 할 수 있어야 실력이 는다고 착각하는 경향이 있는데 전혀 그렇지 않다. 어차피 시험장에서 활용할 수 없는 방법이라면 그 어떤 것이라도 버려야 한다.

적중예상문제　　　　　　　　　　　　　　　　　　　🕐 제한시간 : 50초　⏳ 소요시간 : 　　초

윗글을 근거로 판단할 때, 다음 〈보기〉에서 옳은 것만을 모두 고르면?

〈 보 기 〉

ㄱ. 득표자 중 5표를 얻은 위원이 존재하고 추첨을 통해 위원장이 결정되었다면, 득표자는 3명 이하이다.
ㄴ. 득표자가 총 3명이고 그 중 1명이 7표를 얻었다면, 위원장을 추첨으로 결정하지 않아도 된다.
ㄷ. 득표자 중 최다 득표자가 8표를 얻었고 추첨 없이 위원장이 결정되었다면, 득표자는 4명 이상이다.

정답 ㄴ, ㄷ

먼저 12명의 위원이 1인당 2표씩 투표하므로 총 투표수는 24표가 되며, 위원 1인이 얻을 수 있는 최대 득표수는 11표라는 것을 확정하고 선택지를 분석해 보자.

ㄴ. 득표자가 총 3명이고 그중 1명이 7표를 얻었다면, 잔여 투표수는 17표(＝24표－7표)가 되는데, 17표는 홀수이므로 동일한 수의 합으로 구할 수 없다. 따라서 나머지 2명은 다른 득표수를 가질 수밖에 없으므로 누가 몇 표로 최다 득표자가 되느냐에 상관없이 추첨은 이루어지지 않는다. 만약 7표를 가진 사람이 2명이라고 하더라도 나머지 한 사람이 10표를 얻은 것이 되므로 이들을 위한 투표가 이루어지지 않는다.

ㄷ. 최다 득표자가 8표를 얻었다면, 잔여 투표수는 16표가 되는데, 추첨이 없으면서 8표 득표자가 최다 득표자가 되기 위해서는 나머지 위원들이 7표 이하를 얻어야 한다. 그런데 7표 이하의 득표만으로 16표를 만들기 위해서는 최소 3명이 필요하게 되어 전체 득표자는 4명 이상이 되게 된다.

위원1	위원2	위원3	위원4
8표	7표	7표	2표
위원장	최소 3명 이상 필요		

오답분석

ㄱ. 득표자가 4명 이상인 경우를 찾으면 옳지 않은 것이 된다. 먼저 한 명의 위원이 5표를 얻었다고 하였으므로 잔여 투표수는 19표(＝24표－5표)인데, 두 명의 위원이 9표씩을 얻고 남은 1명이 1표를 얻는 경우가 이에 해당된다.

위원1	위원2	위원3	위원4
9표	9표	5표	1표
이들 중 추첨을 통해 결정			

안심Touch

2 기본자료

| 문제 1 |

연산자 A ~ D는 다음과 같이 정의한다.
- A : 좌우에 있는 두 수를 더한다. 단, 더한 값이 10 미만이면 좌우에 있는 두 수를 곱한다. (예 2 A 3＝6)
- B : 좌우에 있는 두 수 가운데 큰 수에서 작은 수를 뺀다. 단, 두 수가 같거나 뺀 값이 10 미만이면 두 수를 곱한다.
- C : 좌우에 있는 두 수를 곱한다. 단, 곱한 값이 10 미만이면 좌우에 있는 두 수를 더한다.
- D : 좌우에 있는 두 수 가운데 큰 수를 작은 수로 나눈다. 단, 두 수가 같거나 나눈 값이 10 미만이면 두 수를 곱한다.
※ 연산은 '( )', '[ ]'의 순으로 한다.

나만의 접근포인트

고수의 접근포인트

이와 같이 규칙을 완전히 새로 규정하고 그것을 적용하는 유형은 규칙 자체를 처음부터 이해하려고 하면 곤란하다. 이 자료는 규칙 자체가 매우 쉬운 것이었지만 그렇지 않은 경우에는 규칙을 이해하는 데 너무 많은 시간을 소모하기 마련이다. 따라서 처음 읽을 때에는 흐름만 파악하고 선택지를 직접 대입하면서 풀이하는 것이 좋다. 또한 규칙이 난해한 경우에는 예를 제시하는 경우도 있는데 그런 경우는 제시된 예를 먼저 보면서 규칙을 역으로 파악하는 전략도 필요하다.

적중예상문제   ⏱ 제한시간 : 40초   ⏳ 소요시간 :   초

윗글을 근거로 수식을 계산한 값은?

$$[(1 \underline{A} 5) \underline{B} (3 \underline{C} 4)] \underline{D} 6$$

정답 10

주어진 수식을 각주에 있는 순서에 따라 계산하기 위해 A, C, B, D의 순서로 풀이해 보자.
 ⅰ) (1 A 5)＝더한 값이 10 미만이면 두 수를 곱한다고 하였으므로 5가 된다.
 ⅱ) (3 C 4)＝두 수를 곱한다고 하였으므로 12가 된다.
 ⅲ) (5 B 12)＝큰 수에서 작은 수를 뺀 값이 10 미만이므로 두 수를 곱한 60이 된다.
 ⅳ) (60 D 6)＝큰 수를 작은 수로 나누라고 하였으므로 10이 된다.

| 문제 2 |

갑은 을이 운전하는 자동차를 타고 A시에서 B시를 거쳐 C시로 가는 중이었다. A, B, C는 일직선 상에 순서대로 있으며, 을은 자동차를 일정한 속력으로 운전하여 도시 간 최단 경로로 이동했다. A시를 출발한지 20분 후 갑은 을에게 지금까지 얼마나 왔는지 물어보았다.

"여기서부터 B시까지 거리의 딱 절반만큼 왔어."라고 을이 대답하였다.

그로부터 75km를 더 간 후에 갑은 다시 물어보았다.

"C시까지는 얼마나 남았지?"

을은 다음과 같이 대답했다.

"여기서부터 B시까지 거리의 딱 절반만큼 남았어."

그로부터 30분 뒤에 갑과 을은 C시에 도착하였다.

나만의 접근포인트

🔍 고수의 접근포인트

거리, 위치 등 공간적인 개념을 다루는 문제는 말로 문제를 이해하려고 하기보다는 그림으로 그려 직관적으로 판단하는 것이 좋다. 단, 그림을 그릴 때 기준에 일관성이 있어야 한다. 통상 이러한 유형은 주어지는 자료가 많은 편인데 어느 부분은 시간단위로, 다른 부분은 분단위로 제시된 경우라면 이것을 하나로 통일하는 것이 좋다는 의미이다. 풀이하면서 바꾸면 된다고 생각할 수 있으나 실전에서는 그것이 말처럼 쉽지 않다. 그림으로 정리가 끝난 후에는 기계적인 풀이만 할 수 있게끔 정리하는 것이 좋다.

적중예상문제

⏱ 제한시간 : 60초 ⏳ 소요시간 :   초

윗글을 근거로 판단할 때, A시에서 B시까지의 거리는?

정답 45km

주어진 상황을 그림으로 정리하면 다음과 같다.

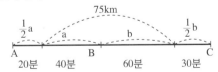

여기서 중요한 것은 첫 번째 대화지점부터 B까지의 소요시간이 40분이고, B부터 두 번째 대화지점까지의 소요시간이 60분이라는 점이다. 이는 이 자동차가 '일정한 속력'으로 달린다는 정보를 이용해 추론 가능하다. 즉, 속력이 일정할 때에는 거리가 2배 늘어나면 소요시간도 2배 늘어나게 되는 것이다. 그림에서 볼 수 있듯이 75km를 이동하는 데 100분이 소요되었으므로 A에서 B까지의 소요시간인 60분간 이동한 경우에는 45km를 이동했음을 알 수 있다.

- 한글 단어의 '단어점수'는 그 단어를 구성하는 자음으로만 결정된다.
- '단어점수'는 각기 다른 자음의 '자음점수'를 모두 더한 값을 그 단어를 구성하는 자음 종류의 개수로 나눈 값이다.
- '자음점수'는 그 자음이 단어에 사용된 횟수만큼 2를 거듭제곱한 값이다. 단, 사용되지 않는 자음의 '자음점수'는 0이다.

※ 1) 예를 들어 글자 수가 4개인 '셋방살이'는 ㅅ 3개, ㅇ 2개, ㅂ 1개, ㄹ 1개의 자음으로 구성되므로 '단어점수'는 $(2^3+2^2+2^1+2^1)\div 4$ 의 값인 4점이다.
　 2) 의미가 없는 글자의 나열도 단어로 인정한다.

나만의 접근포인트

고수의 접근포인트

규칙의 난도를 떠나서 규칙 자체가 생소한 경우에는 이 문제와 같이 실제 적용례를 들어주는 것이 일반적이다. 사례가 주어진 문제라면 굳이 고집스럽게 원칙만 들여다보지 말고 사례를 통해 직관적으로 규칙을 이해하는 것이 더 효율적이다. 의외로 사례를 안 들여다보고 주어진 조건만으로 풀이하려는 고집 센 수험생들이 상당히 많은데 합격하지 않으면 그런 고집은 아무도 알아주지 않는다.

적중예상문제

⏱ 제한시간 : 60초　⏳ 소요시간 :　초

윗글을 근거로 판단할 때, 다음 〈보기〉에서 옳은 설명을 모두 고르면?

─〈 보기 〉─

ㄱ. '각기'는 '논리'보다 단어점수가 더 높다.
ㄴ. 단어의 글자 수가 달라도 단어점수가 같을 수 있다.
ㄷ. 글자 수가 4개인 단어의 단어점수는 250점을 넘을 수 없다.

정답　ㄱ, ㄴ

ㄱ. '각기'는 ㄱ이 3회 사용되어 단어점수는 $\dfrac{2^3}{1}=8$이며, '논리'는 ㄴ이 2회 사용되었고 ㄹ이 1회 사용되어 $\dfrac{2^2+2^1}{2}=3$이므로 옳은 내용이다.

ㄴ. 예를 들어 '글자'의 단어점수는 $\dfrac{2^1+2^1+2^1}{3}=2$이며, '곳'의 단어점수 역시 $\dfrac{2^1+2^1}{2}=2$이다. 즉 단어의 글자 수와 자음점수가 달라도 단어점수가 같을 수 있다.

오답분석

ㄷ. 글자 수가 4개인 단어 중 단어점수가 최대로 나오는 경우는 '난난난난'과 같이 하나의 자음이 총 8회 나오는 경우이다. 이 경우의 단어점수는 $2^8=256$이므로 250점을 넘을 수 있으므로 옳지 않은 내용이다.

| 문제 4 |

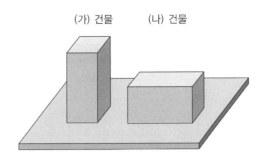

(가) 건물　　(나) 건물

- (가)건물 밑면은 정사각형이며, 높이는 밑면 한 변 길이의 2배이다.
- (나)건물은 (가)건물을 그대로 눕혀놓은 것이다.
- 페인트는 각 건물의 옆면 4개와 윗면에 (가)와 (나)건물 모두 같은 방식으로 칠한다.
- (가)건물을 페인트칠 하는 작업에는 최소 36통의 페인트기 필요했다.

나만의 접근포인트

고수의 접근포인트

이 자료에서 혼동하지 않아야 할 부분은 '최소 36통'이라는 부분이다. 그 의미는 다른 것이 아니고 허드레로 사용된 페인트가 전혀 없다면 36통으로 전체 면적을 다 칠할 수 있다는 의미이며 이는 뒤집어 말하면 36통이 해당 면적을 칠하는 데 필요한 최소한의 페인트라는 것을 의미한다. 문제를 푸는 데에는 영향이 없으나 이 부분에 어떤 다른 의미가 숨어있지 않을까 고민할 수 있어 부연해둔다.

적중예상문제　　　　　　　제한시간 : 50초　　소요시간 :　　초

두 개의 직육면체 건물이 위 그림과 같다고 할 때, (나)건물을 페인트칠 하는 작업에 필요한 페인트는 최소 몇 통인가? (단, 사용되는 페인트 통의 용량은 동일하다)

정답 32통

(가)의 건물 윗면의 면적을 A라하면 옆면의 면적은 그의 2배인 2A가 됨을 알 수 있다. 이를 이용해서 풀이하면 다음과 같다.
(가)의 페인트칠 면적 : A+(2A×4)=9A, (나)의 페인트칠 면적 : 2A+(2A×3)=8A가 된다. 따라서 (나)건물을 페인트칠 하는 작업에 필요한 페인트 양을 X라고 할 때, 9A : 36통=8A : X통이며, X는 32통이 된다.

〈근무지 이동 전 '갑' 회사의 근무 현황〉

(단위 : 명)

근무지	팀명	인원수
본관 1층	인사팀	10
	지원팀	16
	기획1팀	16
본관 2층	기획2팀	21
	영업1팀	27
본관 3층	영업2팀	30
	영업3팀	23
별관	–	0
전체		143

※ 1) '갑' 회사의 근무지는 본관 1, 2, 3층과 별관만 있음.
　　2) 팀별 인원수의 변동은 없음.

〈근무지 이동 지침〉

• 본관 내 이동은 없고, 인사팀은 이동하지 않음.
• 팀별로 전원 이동하며, 본관에서 별관으로 2개 팀만 이동함.
• 1개 층에서는 최대 1개 팀만 별관으로 이동할 수 있음.
• 이동한 후 별관 인원수는 40명을 넘지 않도록 함.

나만의 접근포인트

'가능한 경우'를 찾는 문제는 어느 시행사에서라도 반드시 출제되는 유형이다. 물론, 조건을 통해 가능한 경우를 찾아내고 이에 부합하는 선택지를 고르는 것이 가장 정확한 방법이다. 하지만, 이러한 유형은 선택지들을 직접 조건에 대입하는 것이 오히려 더 시간소모가 적은 경우가 많다. 만약 정답이 ① 혹은 ②라면 절약되는 시간은 엄청날 것이다.

적중예상문제   제한시간 : 50초   소요시간 :   초

다음 중 〈근무지 이동 지침〉에 따라 이동한 후 근무지별 인원수로 바르게 나열된 것은?

	본관 1층	본관 2층	본관 3층	별관
①	26	48	30	38
②	26	27	53	37
③	42	21	43	37
④	44	21	40	38
⑤	42	27	30	44

정답   ②

주어진 〈지침〉을 통해 별관으로 40명이 넘는 인원이 이동할 수 없으므로 영업1팀(27명), 영업2팀(30명)은 이동할 수 없다는 사실을 알 수 있다. 이들이 이동하기 위해서는 13명 혹은 10명 이하인 팀이 있어야 하는데 인사팀은 이동할 수 없다고 하였기 때문이다. 따라서 이동 가능한 팀은 ⅰ) 지원팀(16명), 기획1팀(16명), ⅱ) 기획2팀(21명), ⅲ) 영업3팀(23명)인데 이 중 ⅱ)와 ⅲ)에 해당하는 기획2팀과 영업3팀은 두 팀 인원의 합이 40명을 초과하므로 동시에 이동할 수 없다. 따라서 이동 후 별관의 인원수는 37명 혹은 39명이 되어야 하며(②, ③), 본관 1층의 인원수는 26명이 되어야 한다. 따라서 가능한 경우는 ②뿐이다.

- 같은 해에 태어난 5명(지나, 정선, 혜명, 민경, 효인)은 각자 자신의 생일을 알고 있다.
- 5명은 자신을 제외한 나머지 4명의 생일이 언제인지는 모르지만, 3월생이 2명, 6월생이 1명, 9월생이 2명이라는 사실은 알고 있다.
- 아래 대화는 5명이 한 자리에 모여 나눈 대화를 순서대로 기록한 것이다.
- 5명은 대화의 진행에 따라 상황을 논리적으로 판단하고, 솔직하게 대답한다.

〈대화〉

민경 : 지나야, 네 생일이 5명 중에서 제일 빠르니?
지나 : 그럴 수도 있지만 확실히는 모르겠어.
정선 : 혜명아, 네가 지나보다 생일이 빠르니?
혜명 : 그럴 수도 있지만 확실히는 모르겠어.
지나 : 민경아, 넌 정선이가 몇 월생인지 알겠니?
민경 : 아니, 모르겠어.
혜명 : 효인아, 넌 민경이보다 생일이 빠르니?
효인 : 그럴 수도 있지만 확실히는 모르겠어.

나만의 접근포인트

윗글을 살펴보면 5명의 등장인물에 대한 대화가 주어져 있다는 것 이외에는 특징적인 내용이 없다. 따라서 구체적인 내용을 살펴보자. 상황에서 제시된 내용 중 아래의 두 개는 별 의미가 없는 내용들이다. 이런 허수정보들은 빠르게 읽고 넘겨야 할 것이다. 통상 대화로 주어지는 내용들은 외형적으로는 매우 가볍게 느껴지지만 단어, 문구 하나하나가 의미를 지니는 경우가 많다. 이 문제의 경우는 '그럴 수도 있지만 확실히는 모르겠어'라는 내용이 그것이다.

적중예상문제   ⏱ 제한시간 : 50초   ⏳ 소요시간 :   초

윗글을 근거로 판단할 때, 6월생은 누구인가?

정답 정선

주어진 질문과 대답을 순서대로 살펴보면 다음과 같다.

ⅰ) 민경과 지나 : 생일이 5명 중에서 가장 빠를 가능성이 있다고 하였으므로 지나의 생일은 3월이 되어야 한다. 다만 다른 3월생의 날짜를 알지 못하므로 가장 빠른지의 여부를 확신하지 못하는 것이다.

ⅱ) 정선과 혜명 : 앞의 대화에서 지나가 3월생이라고 하였는데 정선의 생일이 그보다 빠를 가능성이 있다고 하였다. 따라서 나머지 3월생은 혜명이 된다.

ⅲ) 지나와 민경 : 이제 남은 자리는 6월(1명)과 9월(2명)이다. 만약 민경이 6월생이라면 나머지 정선과 효인은 9월이 되어야 하므로 몇 월생인지는 알 수 있다. 하지만 그렇지 않다고 하였으므로 민경은 9월생이 되어야 한다.

ⅳ) 혜명과 효인 : 민경이 9월생인데 효인은 자신이 민경보다 생일이 빠른지를 확신할 수 없다고 하였다. 만약 효인이 6월생이었다면 당연히 자신의 생일이 빠르다는 것을 알 수 있지만 그렇지 않다고 하였으므로 효인은 9월생이어야 한다.

따라서 남은 6월생의 자리에는 정선이 들어가게 된다.

| 문제 1 |

- A정책을 B정책 뒤에 실시하면 A정책의 효과가 절반으로 줄어든다.
- D정책을 A정책 전에 실시하면 D정책의 효과는 0이 된다.
- A정책과 B정책을 바로 이어서 실시하면 A정책과 B정책의 비용이 두 배가 된다.
- A정책과 C정책을 서로 인접하여 실시하면 A정책과 C정책의 효과가 절반으로 줄어든다.
- A정책과 D정책은 다른 정책 하나를 사이에 두고 실시하면 A정책과 D정책의 효과는 두 배가 된다.

나만의 접근포인트

적중예상문제

⏳ 소요시간 :   초

K국은 A ~ D 정책을 실시하려고 한다. 제시된 조건을 근거로 각 정책을 비용 대비 효과가 가장 큰 순서대로 나열하면?

정답 A – C – D – B

먼저 마지막 조건에서 A정책과 D정책 사이에 다른 정책 하나를 두면 두 정책의 효과가 두 배가 된다고 하였으므로 A – ( ) – D 또는 D – ( ) – A의 경우가 가능하나, 두 번째 조건에서 D정책이 A정책 전에 실시될 경우 D정책의 효과가 0이 된다고 하였으므로 A – ( ) – D의 경우만 가능함을 알 수 있다.

다음으로 세 번째 조건에서 A정책과 B정책을 바로 이어서 실시하면 A정책과 B정책의 비용이 두 배가 된다고 하였으므로 A – ( ) – D – B가 가능함을 알 수 있으며, 남은 C를 ( )안에 집어넣어 A – C – D – B의 순서를 끌어낼 수 있다.

여기서 중요한 것은, 세 번째 조건의 효과는 비용이 두 배가 된다는 것이지만, 네 번째 조건은 효과가 절반으로 줄어든다는 것이어서 세 번째 조건이 더 안 좋은 결과를 가져온다는 것이다. 따라서 둘 다 바람직하지 않은 상황이지만 그중에서 더 안 좋은 결과를 가져오는 세 번째 조건을 먼저 배제해야 한다.

| 문제 2 |

甲은 친구의 자전거를 빌려 타기로 했다. 친구의 자전거는 다이얼을 돌려 다섯 자리의 비밀번호를 맞춰야 열리는 자물쇠로 잠겨 있다. 각 다이얼은 0 ~ 9 중 하나가 표시된다. 자물쇠에 현재 표시된 숫자는 첫째 자리부터 순서대로 3 − 6 − 4 − 4 − 9이다. 친구는 비밀번호에 대해 다음과 같은 힌트를 주었다.

- 비밀번호는 모두 다른 숫자로 구성되어 있다.
- 자물쇠에 현재 표시된 모든 숫자는 비밀번호에 쓰이지 않는다.
- 현재 짝수가 표시된 자리에는 홀수가, 현재 홀수가 표시된 자리에는 짝수가 온다. 단, 0은 짝수로 간주한다.
- 비밀번호를 구성하는 숫자 중 가장 큰 숫자가 첫째 자리에 오고, 가장 작은 숫자가 다섯째 자리에 온다.
- 비밀번호 둘째 자리 숫자는 현재 둘째 자리에 표시된 숫자보다 크다.
- 서로 인접한 두 숫자의 차이는 5보다 작다.

나만의 접근포인트

적중예상문제

⧗ 소요시간 :   초

윗글을 근거로 판단할 때, 비밀번호의 둘째 자리 숫자와 넷째 자리 숫자의 합은?

정답 8

ⅰ) 현재 표시된 모든 숫자는 비밀번호에 쓰이지 않는다고 하였으므로 3, 6, 4, 9를 제외한 1, 2, 5, 7, 8, 0의 6개 숫자 중 5개가 사용됨을 알 수 있다.

ⅱ) 현재의 숫자에 따라 들어갈 숫자가 짝수인지 홀수인지가 정해지는데 이에 따르면 비밀번호는 '짝 − 홀 − 홀 − 홀 − 짝'으로 구성되었음을 알 수 있다.

ⅲ) 둘째 자리 숫자는 현재 둘째 자리에 표시된 '6'보다 크다고 하였으므로 가능한 것은 '7'과 '8'이다. 그런데 가장 큰 숫자가 첫째 자리에 온다고 하였으므로 둘째 자리에는 '7', 첫째 자리에는 '8'이 들어가야 한다. 이는 짝수 − 홀수의 조건에도 부합한다.

ⅳ) 비밀번호는 모두 다른 숫자로 구성되어 있다고 하였으므로 세 번째 ~ 다섯 번째에 들어갈 숫자는 1, 2, 5, 0의 3개이다. 그런데 이 숫자들은 홀수 − 홀수 − 짝수로 배열되어야 하므로 세 번째와 네 번째에 들어갈 숫자는 1과 5임을 알 수 있다.

ⅴ) 먼저 1 − 5 − 2로 구성된 경우라면, 이는 가장 작은 숫자가 다섯째 자리에 온다는 조건에 위배되며, 1 − 5 − 0으로 구성된 경우는 인접한 두 숫자의 차이가 5보다 작아야 한다는 조건에 위배되므로 두 경우 모두 가능하지 않음을 알 수 있다. 다음으로 5 − 1 − 2로 구성된 경우 역시 위와 같은 이유로 조건에 위배되므로 5 − 1 − 0으로 구성된 경우만 가능하다는 것을 알 수 있다.

따라서 비밀번호는 8 − 7 − 5 − 1 − 0임을 알 수 있으며, 둘째 자리 숫자와 넷째 자리 숫자의 합은 8이 된다.

갑수, 을수, 병수, 철희, 정희 다섯 사람은 어느 외국어 학습 모임에서 서로 처음 만났다. 이후 모임을 여러 차례 갖게 되었지만 그들의 관계는 형식적인 관계 이상으로는 발전하지 않았다. 이 모임에서 주도적인 역할을 하고 있는 갑수는 서로 더 친하게 지냈으면 좋겠다는 생각에 뒤풀이를 갖자고 제안했고, 모두 갑수의 제안에 동의했다. 그들은 인근 맥줏집을 찾아갔다. 그 자리에서 그들이 제일 먼저 한 일은 서로의 나이를 묻는 것이었다.

먼저 갑수가 정희에게 말했다. "정희 씨, 나이가 몇 살이에요?" 정희는 잠시 머뭇거리더니 다음과 같이 말했다. "나이 묻는 것은 실례인 거 아시죠? 저는요, 갑수 씨 나이는 알고 있거든요. 어쨌든 갑수 씨보다는 나이가 적어요." 그리고 "그럼 을수 씨 나이는 어떻게 되세요?"라고 을수에게 물었다. 을수는 "정희 씨, 저는 정희 씨와 철희 씨보다는 나이가 많지 않아요."라고 했다.

그때 병수가 대뜸 갑수에게 말했다. "그런데 저는 정작 갑수 씨 나이가 궁금해요. 우리들 중에서 리더 역할을 하고 있잖아요. 진짜 나이가 어떻게 되세요?" 갑수가 "저요? 음, 많아야 병수 씨 나이죠."라고 하자, "아, 그렇군요. 그럼 제가 대장해도 될까요? 하하……."라고 병수가 너털웃음을 웃으며 대꾸했다.

이때, "그럼 그렇게 하세요. 오늘 술값은 리더가 내시는 거 아시죠?"라고 정희가 끼어들었다. 그리고 "그런데 철희 씨는 좀 어려 보이는데, 몇 살이에요?"라고 물었다. 철희는 다소 수줍은 듯이 고개를 숙였다. 그리고는 "저는 병수 씨와 한 살 차이밖에 나지 않아요. 보기보다 나이가 많죠?"라고 대답했다.

나만의 접근포인트

적중예상문제   ⏳ 소요시간 :   초

대화 내용이 참일 때, 갑수보다 반드시 나이가 적은 사람은?

> **정답** 정희, 을수

제시문의 내용을 정리하면 다음과 같다.
 ⅰ) 갑수＞정희
 ⅱ) 을수≤정희
 ⅲ) 을수≤철희
 ⅳ) 갑수≤병수
 ⅴ) [(철희)＋1＝(병수)] or [(병수)＋1＝(철희)]
이를 정리하면, '을수≤정희＜갑수'의 관계를 알 수 있으며 병수가 갑수보다 어리지는 않다고 하였으므로 병수는 가장 나이가 적은 사람은 아니게 된다. 그리고 철희의 나이가 병수보다 한 살 더 많은 경우를 생각해본다면, 철희의 나이가 갑수의 나이보다 더 많게 되어 철희는 갑수보다 반드시 나이가 적은 사람이 아니게 된다. 따라서 어떠한 경우에도 갑수보다 나이가 어린 사람은 정희와 을수임을 알 수 있다.

| 문제 4 |

갑은 아래 세 개의 단계를 순서대로 거쳐 16개의 구슬을 네 묶음으로 나누었다. 네 묶음의 구슬 개수는 각각 1개, 5개, 5개, 5개이다.

- 1단계 : 16개의 구슬을 두 묶음으로 나누어, 한 묶음의 구슬 개수가 다른 묶음의 구슬 개수의 n배(n은 자연수)가 되도록 했다.
- 2단계 : 5개 이상의 구슬이 있던 한 묶음에서 다른 묶음으로 5개의 구슬을 옮겼다.
- 3단계 : 두 묶음을 각각 두 묶음씩으로 다시 나누어 총 네 묶음이 되도록 했다.

나만의 접근포인트

적중예상문제

⏳ 소요시간 :   초

윗글을 근거로 판단할 때, 다음 중 1단계에서 갑이 나눈 두 묶음의 구슬 개수로 옳은 것은?

① 8개, 8개   ② 11개, 5개

③ 12개, 4개   ④ 14개, 2개

⑤ 15개, 1개

정답 ⑤

선택지에서 이미 5개의 경우의 수가 주어졌으므로 이를 통해 판단해 보면 다음과 같다.

먼저, 3단계를 거친 후에 각각 5 − 5 − 5 − 1의 묶음으로 구슬이 나누어졌고 그 직전 단계인 2단계를 통한 결과가 두 묶음으로 나누어졌다고 하였다. 따라서 2단계를 거친 결과는 10 − 6 이외의 다른 경우가 존재하지 않는다는 것을 알 수 있다. 그런데 이 10 − 6의 조합은 1단계를 거친 묶음을 5개 이상의 구슬이 있던 한 묶음에서 다른 묶음으로 5개의 구슬을 옮긴 것이다. 따라서 선택지 중 이것이 가능한 경우는 15개가 있던 묶음에서 5개를 다른 묶음으로 보내 10 − 6의 조합이 만들어지는 ⑤뿐이다. 이를 그림으로 나타내면 다음과 같다.

민경과 혜명은 0점, 3점, 5점이 그려진 과녁에 화살을 쏘아 과녁 맞히기를 하고 있다. 둘은 각각 10개의 화살을 쐈는데, 0점을 맞힌 화살의 개수만 점수표에 기록을 했다. 최종점수는 각 화살이 맞힌 점수의 합으로 한다. 둘이 쏜 화살 중 과녁 밖으로 날아간 화살은 하나도 없다. 이때, 민경과 혜명이 5점을 맞힌 화살의 개수는 동일하다.

〈점수표〉

점수	민경의 화살 수	혜명의 화살 수
0점	3	2
3점		
5점		

나만의 접근포인트

윗글에 근거하여 점수표의 빈칸을 채울 때, 다음 중 민경과 혜명의 최종점수는?

	민경의 최종점수	혜명의 최종점수
①	25	29
②	26	29
③	27	30
④	28	31
⑤	29	31

정답　③

민경과 혜명이 5점을 맞힌 화살의 개수를 A라 하면, 다음과 같은 점수표를 만들 수 있다.

점수	민경의 화살 수	혜명의 화살 수
0점	3	2
3점	7 − A	8 − A
5점	A	A

따라서 민경의 최종점수는 21+2A가 되어 홀수임을 알 수 있고, 혜명의 최종점수는 24+2A가 되어 짝수임을 알 수 있다. 또한 둘의 최종점수의 차이는 3점임을 알 수 있다. 따라서 이를 만족하는 경우는 ③뿐이다.

- A사는 자동차 요일제를 시행하고 있으며, 각 요일별로 운행할 수 없는 자동차 번호 끝자리 숫자는 아래와 같다.

요일	월	화	수	목	금
숫자	1, 2	3, 4	5, 6	7, 8	9, 0

- 미세먼지 비상저감조치가 시행될 경우 A사는 자동차 요일제가 아닌 차량 홀짝제를 시행한다. 차량 홀짝제를 시행하는 날에는 시행일이 홀수이면 자동차 번호 끝자리 숫자가 홀수인 차량만 운행할 수 있고, 시행일이 짝수이면 자동차 번호 끝자리 숫자가 홀수가 아닌 차량만 운행할 수 있다.

〈상황〉

A사의 직원인 갑, 을, 병은 12일(월)부터 16일(금)까지 5일 모두 출근했고, 12일, 13일, 14일에는 미세먼지 비상저감조치가 시행되었다. 자동차 요일제와 차량 홀짝제로 인해 자동차를 운행할 수 없는 경우를 제외하면, 3명 모두 자신이 소유한 자동차로 출근을 했다. 다음은 갑, 을, 병이 16일에 출근한 후 나눈 대화이다.

- 갑 : 나는 12일에 내 자동차로 출근을 했어. 따져보니 이번 주에 총 4일이나 내 자동차로 출근했어.
- 을 : 저는 이번 주에 이틀만 제 자동차로 출근했어요.
- 병 : 나는 이번 주엔 13일, 15일, 16일만 내 자동차로 출근할 수 있었어.

※ 갑, 을, 병은 자동차를 각각 1대씩 소유하고 있다.

나만의 접근포인트

윗글과 상황을 근거로 판단할 때, 갑, 을, 병의 자동차 번호 끝자리 숫자의 합으로 가능한 최댓값은?

정답 20

주어진 상황을 토대로 가능한 상황을 정리하면 다음과 같다.

ⅰ) 갑 : 12일을 포함하여 총 4일을 운행하기 위해서는 홀짝제가 적용되는 3일 중 하루를 운행하지 않아야 한다. 따라서 갑은 13일을 제외하고 자동차를 운행했음을 알 수 있다. 그렇다면 갑의 차량은 짝수차량이라는 것을 알 수 있으며 15일과 16일에도 운행을 하였으므로 끝자리 숫자가 8, 0은 아니라는 것을 끌어낼 수 있다. 따라서 갑의 차량은 2, 4, 6 중 하나의 숫자로 끝나는 차량임을 알 수 있다.

ⅱ) 을 : 운행이 가능한 날은 모두 자신의 자동차로 출근했다고 하였으므로 12 ~ 14일 중 하루는 반드시 운행을 했을 것이다. 모든 숫자는 홀수와 짝수 둘 중 하나에 포함되기 때문이다. 결국 을은 13일에 운행했을 것이다. 나머지 하루는 15일 혹은 16일인데 15일에 운행을 하고 16일에 하지 않았다면 끝자리 숫자는 9일 것이며, 15일에 운행을 하지 않고 16일에 운행을 했다면 끝자리 숫자는 7이 될 것이다.

ⅲ) 병 : 13일에 운행을 했다는 부분에서 홀수차량임을 알 수 있으며 15, 16일에 운행했다는 부분에서 끝자리가 7, 9가 아님을 알 수 있다. 따라서 병의 차량은 1, 3, 5 중 하나의 숫자로 끝나는 차량임을 알 수 있다.

구분	12	13	14	15	16	끝자리
갑	○	×	○	○	○	2, 4, 6
을	×	○	×			7, 9
병	×	○	×	○	○	1, 3, 5

따라서, 끝자리 숫자의 합의 최댓값은 6+9+5=20이다.

〈재난관리 평가지침〉

□ 순위산정 기준
  • 최종순위 결정
    – 정량평가 점수(80점)와 정성평가 점수(20점)의 합으로 계산된 최종점수가 높은 순서대로 순위 결정
  • 동점기관 처리
    – 최종점수가 동점일 경우에는 정성평가 점수가 높은 순서대로 순위 결정
□ 정성평가 기준
  • 지자체 및 민간분야와의 재난안전분야 협력(10점 만점)

평가	상	중	하
선정비율	20%	60%	20%
배점	10점	6점	3점

  • 재난관리에 대한 종합평가(10점 만점)

평가	상	중	하
선정비율	20%	60%	20%
배점	10점	5점	1점

일부 훼손된 평가표는 아래와 같다. (단, 평가대상기관은 5개이다)

기관 \ 평가	정량평가 (80점 만점)	정성평가 (20점 만점)
A	71	20
B	80	11
C	69	11
D	74	
E	66	

나만의 접근포인트

재난관리 평가지침과 상황을 근거로 판단할 때, 다음 중 항상 옳은 것은?

① A기관이 2위일 수도 있다.

② B기관이 3위일 수도 있다.

③ C기관이 4위일 가능성은 없다.

④ D기관이 3위일 가능성은 없다.

⑤ E기관은 어떠한 경우에도 5위일 것이다.

정답　⑤

ⅰ) 먼저 대상 기관이 5개이므로 정성평가의 선정비율에 이를 반영하면 '상'에는 1개, '중'에는 3개, '하'에는 1개 기관이 할당됨을 알 수 있다. 이제 주어진 상황 중 훼손된 부분인 정성평가 부분만을 따로 떼어내어 살펴보자.

ⅱ) A가 20점을 얻었다는 것은 각 분야별로 B와 C가 1개 기관씩만 할당되어 있는 '상'을 모두 A가 가져갔다는 것을 의미한다. 그리고 B와 C가 11점을 얻었다는 것은 배점의 분포상 각 분야별로 모두 '중'을 가져갔다는 것을 의미한다. 따라서 남은 자리는 각 분야별로 '중' 1개, '하' 1개라는 것을 알 수 있다.

ⅲ) 그렇다면 D와 E가 얻을 수 있는 경우의 수는 '중중(11) / 하하(4)', '중하(7) / 하중(8)', '하중(8) / 중하(7)', '하하(4) / 중중(11)'의 4가지로 정리할 수 있으며 이를 반영하면 다음과 같은 평가표를 작성할 수 있다.

평가기관	정량평가	정성평가				최종점수			
A	71	20				91			
B	80	11				91			
C	69	11				80			
D	74	11	7	8	4	85	81	82	78
E	66	4	8	7	11	70	74	73	77

위의 표에서 보듯, E기관은 어떤 경우든 모두 5위를 차지하므로 옳은 내용이다.

오답분석

①·② A와 B가 91점으로 같지만, 최종점수가 동점일 경우에는 정성평가 점수가 높은 순서대로 순위를 결정하므로 A는 어떤 경우이든 1위를 차지하며, B는 2위를 차지한다.

③·④ 위의 표에서 보듯, D기관이 80점 이상을 얻는 경우가 3가지나 존재하므로 이 경우에 해당한다면 D가 3위, C는 4위를 차지하게 된다. 따라서 옳지 않다.

- 갑은 튀어나온 두더지를 뿅망치로 때리는 '두더지 게임'을 했다.
- 두더지는 총 5마리(A ~ E)이며, 이 중 1마리는 대장 두더지이고 나머지 4마리는 부하 두더지이다.
- 대장 두더지를 맞혔을 때는 2점, 부하 두더지를 맞혔을 때는 1점을 획득한다.
- 두더지 게임 결과, 갑은 총 14점을 획득하였다.
- 두더지 게임이 끝난 후 두더지들은 아래와 같은 대화를 하였다.

〈대화〉

두더지 A : 나는 맞은 두더지 중에 가장 적게 맞았고, 맞은 횟수는 짝수야.
두더지 B : 나는 두더지 C와 똑같은 횟수로 맞았어.
두더지 C : 나와 두더지 A, 두더지 D가 맞은 횟수를 모두 더하면 모든 두더지가 맞은 횟수의 3/4이야.
두더지 D : 우리 중에 한 번도 맞지 않은 두더지가 1마리 있지만 나는 아니야.
두더지 E : 우리가 맞은 횟수를 모두 더하면 12번이야.

나만의 접근포인트

윗글을 근거로 판단할 때, 대장 두더지는?

정답 두더지 A

ⅰ) 게임 결과 총 14점을 획득하였고 두더지를 맞힌 횟수를 모두 더하면 12번이므로 대장 두더지 2번, 부하 두더지 10번을 맞혔음을 알 수 있다.

ⅱ) 먼저 A는 대장이든 부하든 상관없이 2번 맞았다고밖에 볼 수 없다. 왜냐하면, 대장 두더지가 2번 맞은 것이 확정된 상황에서 만약 A가 2번이 아닌 다른 짝수 횟수만큼(4번) 맞았다고 한다면 A는 맞은 두더지 중에 가장 적게 맞은 것이 아니기 때문이다. 또한 A는 '맞은 두더지 중'에 가장 적게 '맞았다'는 부분을 통해 0이 될 수도 없다.

ⅲ) 또한 한 번도 맞지 않은 두더지가 1마리라는 점에서 B와 C는 모두 0이 아님을 알 수 있으며 D 역시 자신의 발언을 통해 0이 아님을 확정할 수 있다. 따라서 한 번도 맞지 않은 두더지는 E이다.

ⅳ) 다음으로 A, C, D가 맞은 횟수의 합이 9이면서, C, D가 A보다 큰 경우를 고려하면 다음과 같다.

A	B	C	D	E	합
2		3	4	0	
2		4	3	0	

ⅴ) 또한, B와 C가 같다는 조건과 전체 맞은 횟수의 합이 12라는 점을 고려하면 아래의 표와 같이 정리할 수 있다.

A	B	C	D	E	합
2	3	3	4	0	12
2	4	4	3	0	13(×)

ⅵ) 위의 표에서 첫 번째 경우만 모든 조건을 충족하며 이 중 2번 맞은 것은 A뿐이므로 A가 대장 두더지임을 알 수 있다.

A부서와 B부서에 소속된 직원 수는 각각 100명이고, 모두 소속된 부서에 있었다. 그런데 A부서는 외부 행사를 담당하게 되어 B부서에 9명의 인력 지원을 요청하였다. B부서는 소속 직원 100명 중 9명을 무작위로 선정해서 A부서에 지원 인력으로 보냈다. 얼마 후 B부서 역시 또 다른 외부 행사를 담당하게 되어 A부서에 인력 지원을 요청하였다. A부서는 B부서로부터 지원받았던 인력을 포함한 109명 중 9명을 무작위로 선정해서 B부서에 지원 인력으로 보냈다.

나만의 접근포인트

윗글을 근거로 판단할 때, 다음 〈보기〉의 각 빈칸 안에 들어갈 숫자의 합은?

――――〈 **보기** 〉――――

ㄱ. A부서와 B부서 간 인력지원이 한 차례씩 이루어진 후, A부서에 B부서 소속 직원이 3명 남아있다면 B부서에는 A부서 소속 직원이 (　　　)명 있다.

ㄴ. A부서와 B부서 간 인력지원이 한 차례씩 이루어진 후, B부서에 A부서 소속 직원이 2명 남아있다면 A부서에는 B부서 소속 직원이 (　　　)명 있다.

정답 5

먼저, 제시문의 첫 번째 인원변동 후 각 부처의 인원 구성을 살펴보면 다음과 같다.

A부서	B부서
109명	91명
A소속 : 100명	A소속 : 0명
B소속 : 9명	B소속 : 91명

ㄱ. 첫 번째의 인원변동 후 A부서의 인원은 109명(A부서 소속 100명, B부서 소속 9명)이며, B부서의 인원은 91명(A부서 소속 0명, B부서 소속 91명)이 된다. 이 상태에서 두 번째 인원변동이 진행되면 두 부서의 인원은 모두 100명으로 동일해지는데, 〈보기〉 ㄱ에서 A부서에 B부서 소속 직원이 3명 남아있다고 하였으므로 A부서는 A부서 소속 97명, B부서 소속 3명으로 구성되어 있음을 알 수 있으며, 이는 A부서에서 B부서로 보낸 9명 중 3명은 A부서 소속이었다는 것을 알 수 있다. 따라서 B부서의 인원구성은 A부서 소속 3명, B부서 소속 97명임을 알 수 있다.

A부서	B부서
100명	100명
A소속 : 97명	A소속 : 3명
B소속 : 3명	B소속 : 97명

ㄴ. 첫 번째의 인원변동 후 A부서의 인원은 109명(A부서 소속 100명, B부서 소속 9명)이며, B부서의 인원은 91명(A부서 소속 0명, B부서 소속 91명)이 된다. 이 상태에서 두 번째 인원변동이 진행되면 두 부서의 인원은 모두 100명으로 동일해지는데, 〈보기〉 ㄴ에서 B부서에 A부서 소속 직원이 2명 남아있다고 하였으므로 B부서는 A부서 소속 2명, B부서 소속 98명으로 구성되어 있음을 알 수 있으며, 이는 A부서에서 B부서로 보낸 9명 중 2명은 A부서 소속이었다는 것을 의미한다. 따라서 A부서의 인원구성은 A부서 소속 98명, B부서 소속 2명임을 알 수 있다.

A부서	B부서
100명	100명
A소속 : 98명	A소속 : 2명
B소속 : 2명	B소속 : 98명

따라서 빈칸 안에 들어갈 숫자의 합은 5이다.

05 규칙의 단순적용

1 대표자료

〈K시 버스정류소 명칭 관리 및 운영계획〉

□ 정류소 명칭 부여기준
- 글자 수 : 15자 이내로 제한
- 명칭 수 : 2개 이내로 제한
  - 정류소 명칭은 지역대표성 명칭을 우선으로 부여
  - 2개를 병기할 경우 우선순위대로 하되, 중점(·)으로 구분

우선순위	지역대표성 명칭			특정법인(개인) 명칭	
	1	2	3	4	5
명칭	고유지명	공공기관, 공공시설	관광지	시장, 아파트, 상가, 빌딩	기타 (회사, 상점 등)

□ 정류소 명칭 변경 절차
- 자치구에서 명칭 부여기준에 맞게 홀수달 1일에 신청
  - 홀수달 1일에 하지 않은 신청은 그 다음 홀수달 1일 신청으로 간주
- 부여기준에 적합한지를 판단하여 시장이 승인 여부를 결정
- 관련기관은 정류소 명칭 변경에 따른 정비를 수행
- 관련기관은 정비결과를 시장에게 보고

명칭 변경 신청 (자치구)	▶	명칭 변경 승인 (시장)	▶	명칭 변경에 따른 정비(관련기관)	▶	정비결과 보고 (관련기관)
홀수달 1일 신청		신청일로부터 5일 이내		승인일로부터 7일 이내		정비완료일로부터 3일 이내

※ 단, 주말 및 공휴일도 일수(日數)에 산입하며, 당일(신청일, 승인일, 정비완료일)은 일수에 산입하지 않는다.

나만의 접근포인트

각주에서 당일은 일수에 산입하지 않는다는 조건이 주어져 있다. 이를 '초일불산입'이라고 하는데, 이런 조건이 주어질 경우에는 복잡하게 생각하지 말고 그냥 기간을 더해주면 된다.

적중예상문제 ⏱ 제한시간 : 80초 ⧗ 소요시간 :   초

다음 중 K시의 버스정류소 명칭 관리 및 운영계획을 근거로 판단할 때, 옳은 것은?(단, 모든 정류소는 K시 내에 있다)

① 자치구가 7월 2일에 정류소 명칭 변경을 신청한 경우, K시의 시장은 늦어도 7월 7일까지는 승인 여부를 결정해야 한다.

② 자치구가 8월 16일에 신청한 정류소 명칭 변경이 승인될 경우, 늦어도 9월 16일까지는 정비결과가 시장에게 보고된다.

③ '가나서점 · 가나3단지아파트'라는 정류소 명칭은 부여기준에 적합하다.

④ '다라중학교 · 다라동1차아파트'라는 정류소 명칭은 글자 수가 많아 명칭 부여기준에 적합하지 않다.

⑤ 명칭을 변경하는 정류소에 '마바구도서관 · 마바시장 · 마바물산'이라는 명칭이 부여될 수 있다.

정답 ②

8월 16일에 신청한 경우 9월 1일에 신청한 것으로 간주하므로 6일까지 시장의 승인이 있어야 하며, 관련기관의 정비는 13일에 완료, 정비결과는 16일까지 시장에게 보고되어야 한다.

오답분석

① 홀수달 1일에 하지 않은 신청은 그 다음 홀수달 1일 신청한 것으로 간주하므로 7월 2일에 정류소 명칭 변경을 신청한 경우 9월 6일까지는 승인 여부를 결정해야 한다.

③ 아파트 명칭은 4순위에 해당하며, 서점 등 기타의 명칭은 5순위이므로 '가나3단지아파트 · 가나서점'으로 변경해야 한다.

④ 전체 글자 수는 15자 이내로 제한하므로 '다라중학교 · 다라동1차아파트'(13자)는 명칭 부여기준에 적합하다.

⑤ 글자 수는 15자 이내이지만 명칭 수를 2개 이내로 제한한다는 규정이 있으므로 올바르지 않은 명칭이다.

2 기본자료

| 문제 1 |

□ 증여세의 납세의무자는 누구이며 부과대상은 무엇입니까?
- 증여세는 타인으로부터 재산을 무상으로 받은 사람, 즉 수증자가 원칙적으로 납세의무를 부담합니다.
- 또한 법인 아닌 사단·재단, 비영리법인은 증여세 납세의무를 부담합니다. 다만 증여받은 재산에 대해 법인세가 과세되는 영리법인은 증여세 납부의무가 없습니다.
- 수증자가 국내거주자이면 증여받은 '국내외 모든 재산', 수증자가 국외거주자이면 증여받은 '국내소재 재산, 국외 예금과 국외 적금'이 증여세 부과대상입니다.

□ 증여자가 예외적으로 수증자와 함께 납세의무를 부담하는 경우도 있습니까?
- 수증자가 국외거주자인 경우, 증여자는 연대납세의무를 부담합니다.
- 또한 수증자가 다음 중 어느 하나에 해당하는 경우에도 증여자는 연대납세의무를 부담합니다.
  - 수증자의 주소 또는 거소가 분명하지 아니한 경우로서 조세채권의 확보가 곤란한 경우
  - 수증자가 증여세를 납부할 능력이 없다고 인정되는 경우로서 체납처분을 하여도 조세채권의 확보가 곤란한 경우

나만의 접근포인트

등장인물이 많이 나오는 문제는 많은 수험생들이 실수하기 쉬운 유형이다. 시간제한 없이 차근차근 풀 때는 당연히 틀리지 않겠지만 극도의 긴장감 속에서 치러지는 실전에서는 터무니없는 실수로 인해 당락이 뒤바뀌곤 한다. 이것은 단순히 연습만으로는 부족하며, '등장인물이 많이 나오는 문제는 실수하지 않는다.'와 같이 구체적인 목표와 유형을 머릿속에 심어놓아야 한다. 그렇지 않으면 똑같은 실수는 계속 반복된다.

적중예상문제　　　　　　　　　　　　　🕐 제한시간 : 70초　⌛ 소요시간 :　　초

윗글을 근거로 판단할 때, 다음 〈보기〉에서 옳은 것만을 모두 고르면?

───〈 **보기** 〉───

ㄱ. 갑이 국내거주자 장남에게 자신의 강릉 소재 빌딩(시가 10억 원 상당)을 증여한 경우, 갑은 원칙적으로 증여세를 납부할 의무가 있다.

ㄴ. 을이 평생 모은 재산 10억 원을 국내소재 사회복지법인 병(비영리법인)에게 기부한 경우, 병온 증여세를 납부할 의무가 있다.

ㄷ. 정이 자신의 국외 예금(10억 원 상당)을 해외에 거주하고 있는 아들에게 증여한 경우, 정은 연대납세의무를 진다.

정답 ㄴ, ㄷ

ㄴ. 비영리법인이 재산을 무상으로 받은 경우 납세의무가 있다. 따라서 병은 납세의무가 있다.

ㄷ. 수증자가 국외거주자인 경우, 증여자는 연대납세의무를 진다. 따라서 아들은 납세의무자이며 정은 이에 대한 연대납세의무를 진다.

오답분석

ㄱ. 증여세 납세의무자는 원칙적으로 수증자이므로 갑은 원칙적으로는 납세의무가 없다.

갑과장은 국제행사 개최도시를 선정하기 위해 다음과 같은 후보도시 평가표를 만들었다. 후보도시 평가표에 따른 점수와 국제기구의 의견을 모두 반영하여, 합산점수가 가장 높은 도시를 개최도시로 선정하고자 한다.

〈후보도시 평가표〉

구분	서울	인천	대전	부산	제주
1) 회의 시설 1,500명 이상 수용가능한 대회의장 보유 등	A	A	C	B	C
2) 숙박 시설 도보거리에 특급 호텔 보유 등	A	B	A	A	C
3) 교통 공항접근성 등	B	A	C	B	B
4) 개최 역량 대규모 국제행사 개최 경험 등	A	C	C	A	B

※ A : 10점, B : 7점, C : 3점

〈국제기구의 의견〉

• 외국인 참석자의 편의를 위해 '교통'에서 A를 받은 도시의 경우 추가로 5점을 부여해 줄 것
• 바다를 끼고 있는 도시의 경우 추가로 5점을 부여해 줄 것
• 예상 참석자가 2,000명 이상이므로 '회의 시설'에서 C를 받은 도시는 제외할 것

나만의 접근포인트

제시문을 살펴보면 각 도시별로 등급이 매겨져 있고 각주에 각 등급별 점수가 제시되어 있음을 확인할 수 있다. 이를 통해 A, B, C로 제시되어 있는 등급을 점수로 변환하는 문제라는 것을 유추해 볼 수 있다. 다음으로 〈의견〉에서는 예외적인 규칙들을 제시하고 있다. 결국은 이를 모두 이용해야 정답을 끌어낼 수 있다는 것을 짐작하게 한다.

이 유형이 아니더라도 다양한 변수들 중 일부를 제거할 수 있는 조건이 있다면 이를 가장 먼저 반영해야 한다. 이 문제의 경우 〈의견〉의 마지막 항목이 그것이다.

적중예상문제

제한시간 : 70초   소요시간 :   초

윗글을 근거로 판단할 때, 국제행사의 개최도시로 선정될 곳은?

정답 인천

회의 시설에서 C를 받은 도시는 후보도시에서 제외한다고 하였으므로 대전과 제주를 제외한 서울과 인천, 부산만을 놓고 판단하면 다음과 같다.

구분	서울	인천	부산
회의 시설	10	10	7
숙박 시설	10	7	10
교통	7	10	7
개최 역량	10	3	10
가산점	–	5(바다)+5(교통)	5(바다)
합산점수	37	40	39

따라서 합산점수가 가장 높은 인천이 개최도시로 선정된다.

| 문제 3 |

A국과 B국은 대기오염 정도를 측정하여 통합지수를 산정하고 이를 바탕으로 경보를 한다.

A국은 5가지 대기오염 물질 농도를 각각 측정하여 대기환경지수를 산정하고, 그 평균값을 통합지수로 한다. 통합지수의 범위에 따라 호흡 시 건강에 미치는 영향이 달라지며, 이를 기준으로 그 등급을 아래와 같이 6단계로 나눈다.

〈A국 대기오염 등급 및 경보기준〉

등급	좋음	보통	민감군에게 해로움	해로움	매우 해로움	심각함
통합지수	0 ~ 50	51 ~ 100	101 ~ 150	151 ~ 200	201 ~ 300	301 ~ 500
경보색깔	초록	노랑	주황	빨강	보라	적갈
행동지침	외부활동 가능		외부활동 자제			

※ 민감군 : 노약자, 호흡기 환자 등 대기오염에 취약한 사람

B국은 A국의 5가지 대기오염 물질을 포함한 총 6가지 대기오염 물질의 농도를 각각 측정하여 대기환경지수를 산정하고, 이 가운데 가장 높은 대기환경지수를 통합지수로 사용한다. 다만 오염물질별 대기환경지수 중 101 이상인 것이 2개 이상일 경우에는 가장 높은 대기환경지수에 20을 더하여 통합지수를 산정한다. 통합지수는 그 등급을 아래와 같이 4단계로 나눈다.

〈B국 대기오염 등급 및 경보기준〉

등급	좋음	보통	나쁨	매우 나쁨
통합지수	0 ~ 50	51 ~ 100	101 ~ 250	251 ~ 500
경보색깔	파랑	초록	노랑	빨강
행동지침	외부활동 가능		외부활동 자제	

나만의 접근포인트

선택지를 읽었을 때 이것이 무슨 의미인지 헷갈리는 경우가 종종 있다. 이 제시문에서 출제되었던 아래의 선택지 ㄹ이 바로 그것인데, 선택지 자체는 혼동하기 쉽게 되어있으나 결국은 B국의 경보 기준에 따라 판단하기만 하면 되는 것이다. 생각해보면 아무것도 아닌 것이지만 이렇게 한번 꼬아놓은 문장은 시험장에서 실수하기 좋다. 따라서 선택지를 읽었을 때 해석과정에서 약간이라도 혼동이 있었다면 곧바로 정오를 판단하지 말고 다시 한번 그 의미를 정확하게 확정지은 후에 판단하기 바란다.

적중예상문제　　　　　　　　⏱ 제한시간 : 80초　⌛ 소요시간 :　　초

윗글을 근거로 판단할 때, 다음 〈보기〉에서 옳은 설명을 모두 고르면?

〈 보기 〉

ㄱ. A국과 B국의 통합지수가 동일하더라도, 각 대기오염 물질의 농도는 다를 수 있다.
ㄴ. B국의 통합지수가 180이라면, 6가지 대기오염 물질의 대기환경지수 중 가장 높은 것은 180 이하일 수 없다.
ㄷ. A국이 대기오염 등급을 '해로움'으로 경보한 경우, 그 정보만으로는 특정 대기오염 물질 농도에 대한 정확한 수치를 알 수 없다.
ㄹ. B국 국민이 A국에 방문하여 경보색깔이 노랑인 것을 확인하고 B국의 경보기준을 따른다면, 외부활동을 자제할 것이다.

정답 ㄱ, ㄷ, ㄹ

ㄱ. A국은 대기환경지수의 평균값을 통합지수로 사용하지만, B국은 대기환경지수 중 가장 높은 값을 통합지수로 사용하며 세부적으로 들어가면 산정 방식자체가 크게 다르다. 따라서 두 나라의 통합지수가 동일하더라도 각 대기오염물질의 농도는 다를 수 있다.
ㄷ. A국은 5가지 대기오염 물질 농도를 각각 측정하여 대기환경지수를 산정하고, 그 평균값을 통합지수로 하므로 단순히 등급이 '해로움'으로 나타났다고 하더라도 그 정보만으로는 특정 물질의 농도에 대한 정확한 수치를 알 수 없다.
ㄹ. A국은 경보색깔이 노랑인 경우 외부활동이 가능하나, B국은 외부활동을 자제해야 한다. 따라서 A국에 방문하여 B국의 기준을 따른다면 외부활동을 자제할 것이므로 옳은 내용이다.

오답분석

ㄴ. B국의 경우 오염물질별 대기환경지수 중 101 이상인 것이 2개 이상일 경우에는 가장 높은 대기환경지수에 20을 더하여 통합지수를 산정한다고 하였다. 만약 B국 대기환경지수 중 101 이상인 것이 2개 이상이고 가장 높은 것이 160이라면 B국의 통합지수는 180이 되므로 옳지 않은 내용이다.

| 문제 4 |

○○군에서는 관내 임업인 중 정부 보조금 지원 대상자를 선정하기 위하여 평가 기준을 홈페이지에 게시하였다. 이에 임업인 갑, 을, 병, 정이 관련 서류를 완비하여 보조금 지원을 신청하였으며, ○○군은 평가를 거쳐 선정 결과를 발표하였다.

〈평가 기준〉

구분	평가 항목	배점 기준		배점	평가 자료
1	보조금 수급 이력	없음		40	정부 보유자료
		있음	3백만 원 미만	26	
			3백만 원 이상	10	
2	임산물 판매규모	2천만 원 이상		30	2019년 연간 판매액 증빙자료
		1천만 원 이상 2천만 원 미만		25	
		5백만 원 이상 1천만 원 미만		19	
		5백만 원 미만		12	
3	전문임업인	해당		10	군청 보유자료
		해당 없음		5	
4	임산물 관련 교육 이수	해당		10	이수증, 수료증
		해당 없음		5	
5	2019년 산림청 통계조사 표본농가	해당		10	산림청 보유자료
		해당 없음		7	

□ 선정 기준 : 평가 기준에 따른 총점이 가장 높은 임업인 1인
□ 임업인이 제출해야 할 서류
  • 2번 항목 : 2019년 임산물 판매 영수증, 세금계산서
  • 4번 항목 : 이수증 또는 수료증
□ 선정 제외 대상 : 보조금을 부당하게 사용하였거나 관련 법령을 위반한 자
□ 동점 시 우선 선정 기준
  1. 보조금 수급 이력 점수가 높은 자
  2. 임산물 판매규모 점수가 높은 자
  3. 연령이 높은 자

〈선정 결과〉

임업인 \ 항목	1	2	3	4	5	총점	선정 여부
갑	40	25	10	5	7	87	×
을	40	19	5	10	10	84	×
병	40	19	10	5	10	84	O
정	26	30	5	10	7	78	×

🔍 **고수의 접근포인트**

이렇게 양이 많은 자료가 주어지는 경우 함정 선택지에 주의해야 한다. 이 자료에서는 '선정 기준'부터 '동점 시 우선 선정 기준'이 함정을 파기 좋은 내용들이다. 이 자료에서는 내용들이 본문 내용으로 들어있어서 어느 정도 예측을 할 수 있지만, 이것이 각주의 형식으로 주어졌다면 상당히 많은 수험생들이 함정에 걸렸을 문제이다. 이 자료들이 각주로 되어 있었다고 가정하고 문제를 풀어 보자.

적중예상문제　　　　　　　　⏱ 제한시간 : 80초　⏳ 소요시간 :　　초

윗글을 근거로 판단할 때, 다음 중 옳지 않은 것은?

① 갑은 관련 법령을 위반한 적이 있을 것이다.
② 갑과 정은 2019년 산림청 통계조사 표본농가에 포함되지 않았을 것이다.
③ 을이 관련 법령 위반 경력이 없다면, 병은 을보다 연령이 높을 것이다.
④ 정은 300만 원 이상에 해당되는 보조금 수급 이력 서류를 제출하였을 것이다.
⑤ 을과 정은 임산물 관련 교육 이수 사실 증명을 위해 이수증이나 수료증을 제출하였을 것이다.

정답 ④

제시문에 의하면 임업인은 2번 항목인 2019년 임산물 판매 영수증과 세금계산서, 4번 항목인 교육 이수증 또는 수료증만 제출하면 된다. 따라서 1번 항목인 보조금 수급 이력 서류는 제출할 필요가 없다.

오답분석

① 총점만을 놓고 볼 때 갑이 87점으로 최고점을 기록하여 선정이 되어야 하나 그렇지 않았다는 것은 보조금을 부당하게 사용하였거나 관련 법령을 위반한 적이 있었다는 것을 의미한다. 그런데 항목 1에서 얻은 점수가 40점이라는 것은 보조금 수급 이력이 없었다는 것을 의미하므로 보조금을 부당하게 사용한 적은 없었다고 볼 수 있다. 따라서 갑은 관련 법령을 위반한 적이 있었을 것이다.
② 평가 항목 5에서 갑과 정 모두 7점을 받았다는 것은 두 명 모두 표본농가에 포함되지 않았다는 것을 의미한다.
③ 을과 병의 총점이 84점으로 동일하나 최종적으로 병이 선정되었으므로 동점 시 우선 선정 기준을 확인해 보면 다음과 같다.
　 i) 보조금 수급 이력 점수 : 두 사람 모두 40점으로 동일하여 다음 기준에 의해 판단한다.
　 ii) 임산물 판매규모 점수 : 두 사람 모두 19점으로 동일하여 다음 기준에 의해 판단한다.
　 iii) 연령 : 최종적으로 병이 선정되었으므로 병이 을보다 나이가 많음을 알 수 있다.
⑤ 을과 정은 모두 4번 항목에서 10점을 획득했기 때문에 교육을 이수했음을 알 수 있고, 이를 인정받기 위해서는 이수증 또는 수료증을 제출해야 하므로 옳은 내용임을 알 수 있다.

| 문제 5 |

제1조(여비의 종류)

여비는 운임·숙박비·식비·일비 등으로 구분한다.

1. 운임 : 여행 목적지로 이동하기 위해 교통수단을 이용함에 있어 소요되는 비용을 충당하기 위한 여비
2. 숙박비 : 여행 중 숙박에 소요되는 비용을 충당하기 위한 여비
3. 식비 : 여행 중 식사에 소요되는 비용을 충당하기 위한 여비
4. 일비 : 여행 중 출장지에서 소요되는 교통비 등 각종 비용을 충당하기 위한 여비

제2조(운임의 지급)

① 운임은 철도운임·선박운임·항공운임으로 구분한다.

② 국내 철도운임은 〈국내 여비 지급표〉에 따라 지급한다.

제3조(일비·숙박비·식비의 지급)

① 국내 여행자의 일비·숙박비·식비는 〈국내 여비 지급표〉에 따라 지급한다.

② 일비는 여행일수에 따라 지급한다.

③ 숙박비는 숙박하는 밤의 수에 따라 지급한다. 다만, 출장기간이 2일 이상인 경우에 지급액은 출장기간 전체의 총액한도 내 실비로 계산한다.

④ 식비는 여행일수에 따라 지급한다.

〈국내 여비 지급표〉

(단위 : 원)

철도운임	선박운임	항공운임	일비(1일당)	숙박비(1박당)	식비(1일당)
실비(일반실)	실비(2등급)	실비	20,000	실비 (상한액 : 40,000)	20,000

〈갑의 지출내역〉

(단위 : 원)

항목	1일차	2일차	3일차
KTX 운임(일반실)	20,000		20,000
대전 시내 버스요금	5,000	10,000	2,000
대전 시내 택시요금			10,000
식비	10,000	30,000	10,000
숙박비	45,000	30,000	

적중예상문제

⏱ 제한시간 : 80초 ⧖ 소요시간 :   초

위 규정과 서울에서 대전으로 출장을 다녀온 갑의 지출내역에 근거하였을 때, 갑이 정산 받는 여비의 총액은?

정답 235,000원

- 운임 : 철도운임은 일반실 기준으로 실비로 지급하므로 총 40,000원이 지급된다.
- 일비 : 출장지에서 소요되는 교통비 등을 일비로 지급하나 일비는 실비가 아닌 1일당 20,000원을 지급하므로 총 60,000원이 지급된다.
- 식비 : 식비는 1일당 20,000원을 일수에 따라 지급하므로 총 60,000원이 지급된다.
- 숙박비 : 2박 이상이므로 출장기간 전체의 총액한도(80,000원)내에서 실비로 지급하므로 75,000원이 지급된다.

따라서 갑은 총 235,000원을 정산받는다.

안심Touch

| 문제 1 |

- 신청 병원 중 인력 점수, 경력 점수, 행정처분 점수, 지역별 분포 점수의 총합이 가장 높은 병원을 산재보험 의료기관으로 지정한다.
- 전문의 수가 2명 이하이거나, 가장 가까이 있는 기존 산재보험 의료기관까지의 거리가 1 km 미만인 병원은 지정 대상에서 제외한다.
- 각각의 점수는 아래의 항목별 배점 기준에 따라 부여한다.

항목	배점 기준
인력 점수	전문의 수 7명 이상은 10점
	전문의 수 4명 이상 6명 이하는 8점
	전문의 수 3명 이하는 3점
경력 점수	전문의 평균 임상경력 1년당 2점(단, 평균 임상경력이 10년 이상이면 20점)
행정처분 점수	2명 이하의 의사가 행정처분을 받은 적이 있는 경우 10점
	3명 이상의 의사가 행정처분을 받은 적이 있는 경우 2점
지역별 분포 점수	가장 가까이 있는 기존 산재보험 의료기관이 8 km 이상 떨어져 있을 경우, 인력 점수와 경력 점수 합의 20 %에 해당하는 점수
	가장 가까이 있는 기존 산재보험 의료기관이 3 km 이상 8 km 미만 떨어져 있을 경우, 인력 점수와 경력 점수 합의 10 %에 해당하는 점수
	가장 가까이 있는 기존 산재보험 의료기관이 3 km 미만 떨어져 있을 경우, 인력 점수와 경력 점수 합의 20 %에 해당하는 점수 감점

〈신청 현황〉

신청 병원	전문의 수	전문의 평균 임상경력	행정처분을 받은 적이 있는 의사 수	가장 가까이 있는 기존 산재보험 의료기관까지의 거리
갑	6명	7년	4명	10 km
을	2명	17년	1명	8 km
병	8명	5년	0명	1 km
정	4명	11년	3명	2 km
무	3명	12년	2명	500 m

적중예상문제

⏳ 소요시간 : 초

위의 내용을 근거로 판단할 때, 신청 병원(갑 ~ 무) 중 산재보험 의료기관으로 지정되는 곳은?

정답 갑

먼저, 전문의 수가 2명 이하이거나, 기존 의료기관까지의 거리가 1km 미만인 을과 무를 제외한 나머지 세 곳의 점수를 계산하면 다음과 같다.

	인력	경력	행정처분	지역별 분포	총합
갑	8	14	2	$(8+14) \times 0.2 = 4.4$	28.4
병	10	10	10	$(10+10) \times (-0.2) = -4$	26
정	8	20	2	$(8+20) \times (-0.2) = -5.6$	24.4

A서비스는 공항에서 출국하는 승객이 공항 외의 지정된 곳에서 수하물을 보내고 목적지에 도착한 후 찾아가는 신개념 수하물 위탁서비스이다.

A서비스를 이용하고자 하는 승객은 ○○호텔에 마련된 체크인 카운터에서 본인 확인과 보안 절차를 거친 후 탑승권을 발급받고 수하물을 위탁하면 된다. ○○호텔 투숙객이 아니더라도 이 서비스를 이용할 수 있다.

○○호텔에 마련된 체크인 카운터는 매일 08:00 ~ 16:00에 운영된다. 또한 인천공항에서 13:00 ~ 24:00에 출발하는 국제선 이용 승객을 대상으로 A서비스가 제공된다. 단, 미주노선(괌 / 사이판 포함)은 제외된다.

나만의 접근포인트

적중예상문제

⌛ 소요시간 :   초

윗글을 근거로 판단할 때, 다음 중 A서비스를 이용할 수 있는 경우는?

	숙박 호텔	항공기 출발 시각	출발지	목적지
①	○○호텔	15:30	김포공항	제주
②	◇◇호텔	14:00	김포공항	베이징
③	○○호텔	15:30	인천공항	사이판
④	◇◇호텔	21:00	인천공항	홍콩
⑤	○○호텔	10:00	인천공항	베이징

정답 ④

숙박호텔과 무관하게 이용할 수 있으며, 인천공항에서 13:00 ~ 24:00에 출발하는 미주노선을 제외한 국제선에 해당하므로 이용할 수 있다.

오답분석

① 국제선 이용승객을 대상으로 하는 서비스이므로 이용할 수 없다.
② 인천공항에서 출발하는 항공편을 대상으로 하는 서비스이므로 이용할 수 없다.
③ 사이판을 포함한 미주노선은 제외되므로 이용할 수 없다.
⑤ 인천공항에서 13:00 ~ 24:00에 출발하는 항공편을 대상으로 하므로 이용할 수 없다.

근무지 이전에 따라 거주지를 이전하거나, 현 근무지 외의 지역으로 부임의 명을 받아 거주지를 이전하는 직원은 다음 요건에 모두 부합하는 경우 국내이전비를 지급받는다.

- 첫째, 전임지에서 신임지로 거주지를 이전하고 이사화물도 옮겨야 한다. 다만 동일한 시(특별시, 광역시 및 특별자치시 포함)·군 및 섬(제주특별자치도 제외) 안에서 거주지를 이전하는 직원에게는 국내이전비를 지급하지 않는다.
- 둘째, 거주지와 이사화물은 발령을 받은 후에 이전하여야 한다.

〈국내이전비 신청현황〉

직원	전임지	신임지	발령 일자	이전 일자	이전여부	
					거주지	이사화물
갑	울산광역시 중구	울산광역시 북구	2020. 2. 13.	2020. 2. 20.	○	○
을	경기도 고양시	세종특별자치시	2019. 12. 3.	2019. 12. 5.	○	×
병	광주광역시	대구광역시	2019. 6. 1.	2019. 6. 15.	×	○
정	제주특별자치도 서귀포시	제주특별자치도 제주시	2020. 1. 2.	2020. 1. 13.	○	○
무	서울특별시	충청북도 청주시	2019. 9. 3.	2019. 9. 8.	○	○
기	부산광역시	서울특별시	2020. 4. 25.	2020. 4. 1.	○	○

나만의 접근포인트

적중예상문제

소요시간 :   초

위의 내용을 근거로 판단할 때, 국내이전비를 지급받는 직원을 모두 고르면?

정답 정, 무

오답분석

갑 : 동일한 울산광역시 내에서의 이전이므로 국내이전비를 지급받지 못한다.
을 : 이사화물을 이전하지 않으므로 국내이전비를 지급받지 못한다.
병 : 거주지를 이전하지 않으므로 국내이전비를 지급받지 못한다.
기 : 이전일이 발령일보다 앞서므로 국내이전비를 지급받지 못한다.

〈주택청약 가점제도 개요〉

항목	세부항목	가점	가중치
청약자 연령	30세 미만	1	20
	30세 이상 35세 미만	2	
	35세 이상 40세 미만	3	
	40세 이상 45세 미만	4	
	45세 이상	5	
세대(世代) 구성	1세대	1	30
	2세대	2	
	3세대 이상	3	
자녀 수	1명	1	30
	2명	2	
	3명 이상	3	
무주택 기간 (주택소유자는 제외)	6개월 미만	1	32
	6개월 이상 3년 미만	2	
	3년 이상 5년 미만	3	
	5년 이상 10년 미만	4	
	10년 이상	5	

※ (총 청약 점수)=(항목점수의 합), (항목점수)=(가점)×(가중치)

나만의 접근포인트

제시된 주택청약가점제도 개요를 근거로 판단할 때, 다음 〈보기〉의 사람들 중에서 총 청약 점수가 높은 순서대로 두 사람을 고르면?

---〈 **보기** 〉---

- 갑 : 무주택 기간이 8개월인 35세 독신 세대주
- 을 : 부모를 부양하고 있으며 내년 결혼을 앞두고 현재 자신이 소유하고 있는 주택을 늘리고자 하는 28세 여성
- 병 : 무주택기간이 8년이고 2명의 자녀를 둔 37세 무주택자
- 정 : 부모, 아내, 아들(1명)과 같이 살고 있으며, 현재 자신이 소유하고 있는 주택을 늘리고자 하는 32세 남성

정답 정, 병

각각의 총 청약점수를 계산하면 다음과 같다.

구분	청약자 연령	세대 구성	자녀 수	무주택 기간	총 청약점수
갑	60	30	0	64	154
을	20	60	0	0	80
병	60	60	60	128	308
정	40	90	30	0	160

따라서 총 청약점수가 높은 두 사람은 정과 병이다.

- 주소 부여 원칙
  (특별시 또는 광역시·도명)+(시·군·구명)+(도로명)+(건물번호)
- 도로명 부여 원칙
  - 대로 : 폭 8차선, 길이 4km 이상
  - 로 : 폭 2～7차선, 길이 2km 이상
- 건물번호 부여 원칙
  - 도로의 시작점에서 끝점까지 20미터 간격으로 도로의 왼쪽은 홀수번호, 오른쪽은 짝수번호로 기초번호를 부여
  - 해당 건축물의 주된 출입구가 접하고 있는 도로구간 1곳에 대하여 기초번호를 기준으로 건물번호를 부여(예 기초번호 가 2면, 건물번호 2를 부여)

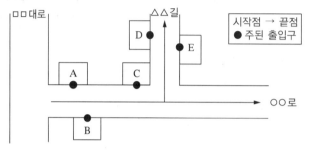

※ 1) 도로는 최대 8차선까지만 존재함
  2) 도로는 폭의 넓이에 따라 대로 → 로 → 길 순으로 구성된다.

나만의 접근포인트

위의 원칙에 따를 경우 다음 〈보기〉에서 옳은 설명을 모두 고르면?

─〈 **보기** 〉─

ㄱ. A건물과 B건물 사이의 도로폭은 D건물과 E건물 사이의 도로폭보다 넓다.

ㄴ. 건물번호가 홀수인 것은 A, C, D이다.

ㄷ. C건물과 D건물 주소상의 도로명은 다르다.

ㄹ. 출입구가 두 개 이상인 C건물은 서로 다른 두 개 이상의 주소를 사용할 수 있다.

정답 ㄱ, ㄴ, ㄷ

ㄱ. A건물과 B건물 사이의 도로는 ○○로이므로 폭 2 ~ 7차선의 도로이며, D건물과 E건물 사이의 도로는 △△길이므로 폭 1차선의 도로임을 알 수 있다. 따라서 옳은 내용이다.

ㄴ. 도로의 시작점에서 끝점까지 도로의 왼쪽은 홀수번호로 부여한다고 하였으므로 옳은 내용이다.

ㄷ. 해당 건축물의 주된 출입구가 접하고 있는 도로구간에 대하여 건물번호를 부여한다고 하였으므로 옳은 내용이다.

오답분석

ㄹ. 출입구가 여러 개라도 주된 출입구가 접하고 있는 도로구간에 대하여 건물번호를 부여하므로 옳지 않은 내용이다.

- 다음과 같이 9개의 도시(A ~ I)가 위치하고 있다.

A	B	C
D	E	F
G	H	I

- A ~ I시가 미세먼지 저감을 위해 5월부터 차량 운행 제한 정책을 시행함에 따라 제한 차량의 도시 진입 및 도시 내 운행이 금지된다.
- 모든 차량은 4개의 숫자로 된 차량번호를 부여받으며 각 도시의 제한 요건은 아래와 같다.

도시		제한 차량
A, E, F, I	홀수일	차량번호가 홀수로 끝나는 차량
	짝수일	차량번호가 짝수로 끝나는 차량
B, G, H	홀수일	차량번호가 짝수로 끝나는 차량
	짝수일	차량번호가 홀수로 끝나는 차량
C, D	월요일	차량번호가 1 또는 6으로 끝나는 차량
	화요일	차량번호가 2 또는 7로 끝나는 차량
	수요일	차량번호가 3 또는 8로 끝나는 차량
	목요일	차량번호가 4 또는 9로 끝나는 차량
	금요일	차량번호가 0 또는 5로 끝나는 차량
	토·일요일	없음

※ 단, 0은 짝수로 간주한다.

- 도시 간 이동 시에는 도시 경계선이 서로 맞닿아 있지 않은 도시로 바로 이동할 수 없다. 예컨대 A시에서 E시로 이동하기 위해서는 반드시 B시나 D시를 거쳐야 한다.

나만의 접근포인트

위의 글을 근거로 판단할 때, 다음 〈보기〉에서 옳은 것만을 모두 고르면?

〈 **보기** 〉

ㄱ. 갑은 5월 1일(토)에 E시에서 차량번호가 1234인 차량을 운행할 수 있다.
ㄴ. 을은 5월 6일(목)에 차량번호가 5639인 차량으로 A시에서 D시로 이동할 수 있다.
ㄷ. 병은 5월 중 어느 하루에 동일한 차량으로 A시에서 H시로 이동할 수 있다.
ㄹ. 정은 5월 15일(토)에 차량번호가 9790인 차량으로 D시에서 F시로 이동할 수 있다.

정답 ㄱ, ㄹ

ㄱ. E시에서 홀수일에는 차량번호가 홀수로 끝나는 차량의 운행이 제한되므로 1234인 차량은 운행 가능하다.
ㄹ. D시에서 토요일에는 차량 운행에 제한이 없으며, E, F시에서는 홀수일에 차량번호가 홀수로 끝나는 차량의 운행이 제한되므로 9790인 차량이 운행 가능하다. 따라서 D시에서 F시로 이동할 수 있다.

오답분석

ㄴ. A시에서 짝수일에는 차량번호가 짝수로 끝나는 차량의 운행이 제한되므로 5639인 차량은 운행 가능하다. 하지만, D시의 경우 목요일에는 차량번호가 4 또는 9로 끝나는 차량의 운행이 제한되므로 5639인 차량은 운행이 불가능하다.
ㄷ. A시와 H시는 제한 대상에 있어서 서로 역의 관계에 있으므로 동일한 날에 두 도시를 동시에 방문하는 것은 불가능하다.

'AD카드'란 올림픽 및 패럴림픽에서 정해진 구역을 출입하거나 차량을 탑승하기 위한 권한을 증명하는 일종의 신분증이다. 모든 관계자들은 반드시 AD카드를 패용해야 해당 구역에 출입하거나 차량을 탑승할 수 있다. 아래는 AD카드에 담긴 정보에 대한 설명이다.

〈AD카드 예시〉

대회구분	• 올림픽 AD카드에는 다섯 개의 원이 겹쳐진 '오륜기'가, 패럴림픽 AD카드에는 세 개의 반달이 나열된 '아지토스'가 부착된다. • 올림픽 기간 동안에는 올림픽 AD카드만이, 패럴림픽 기간 동안에는 패럴림픽 AD카드만이 유효하다. • 두 대회의 기간은 겹치지 않는다.
탑승권한	• AD카드 소지자가 탑승 가능한 교통서비스를 나타낸다. 탑승권한 코드는 복수로 부여될 수 있다. <table><tr><th>코드</th><th>탑승 가능 교통서비스</th></tr><tr><td>T1</td><td>VIP용 지정차량</td></tr><tr><td>TA</td><td>선수단 셔틀버스</td></tr><tr><td>TM</td><td>미디어 셔틀버스</td></tr></table>
시설입장 권한	• AD카드 소지자가 입장 가능한 시설을 나타낸다. 시설입장권한 코드는 복수로 부여될 수 있다. <table><tr><th>코드</th><th>입장 가능 시설</th></tr><tr><td>IBC</td><td>국제 방송센터</td></tr><tr><td>HAL</td><td>알파인 경기장</td></tr><tr><td>HCC</td><td>컬링센터</td></tr><tr><td>OFH</td><td>올림픽 패밀리 호텔</td></tr><tr><td>ALL</td><td>모든 시설</td></tr></table>
특수구역 접근권한	• AD카드 소지자가 시설 내부에서 접근 가능한 특수구역을 나타낸다. 특수구역 접근권한 코드는 복수로 부여될 수 있다. <table><tr><th>코드</th><th>접근 가능 구역</th></tr><tr><td>2</td><td>선수준비 구역</td></tr><tr><td>4</td><td>프레스 구역</td></tr><tr><td>6</td><td>VIP 구역</td></tr></table>

적중예상문제   ⧖ 소요시간 :   초

윗글과 아래 상황을 근거로 판단할 때, 다음 중 갑돌이가 할 수 없는 행위는?

<상황>

갑돌이는 올림픽 및 패럴림픽 관계자이다. 다음은 갑돌이가 패용한 AD카드이다.

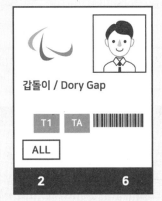

① 패럴림픽 기간 동안 알파인 경기장에 들어간다.
② 패럴림픽 기간 동안 VIP용 지정차량에 탑승한다.
③ 올림픽 기간 동안 올림픽 패밀리 호텔에 들어간다.
④ 올림픽 기간 동안 컬링센터 내부에 있는 선수준비 구역에 들어간다.
⑤ 올림픽 기간 동안 미디어 셔틀버스를 타고 이동한 후 국제 방송센터에 들어간다.

정답 ④

올림픽 AD카드에 '2'가 표시되어 있지 않으므로 선수준비 구역에는 출입이 불가능하다.

[오답분석]
① 패럴림픽 AD카드에 'ALL'표시가 되어 있으므로 모든 시설에 출입이 가능하다.
② 패럴림픽 AD카드에 'T1'표시가 되어 있으므로 VIP용 지정차량에 탑승이 가능하다.
③ 올림픽 AD카드에 'OFH'표시가 되어 있으므로 올림픽 패밀리 호텔에 입장이 가능하다.
⑤ 올림픽 AD카드에 'TM'표시가 되어 있으므로 미디어 셔틀버스에 탑승가능하며, 'IBC'표시도 되어 있으므로 국제 방송센터에 입장이 가능하다.

- 납부번호 구성

납부번호는 4자리의 분류기호, 3자리의 기관코드, 4자리의 납부연월(납부기한 포함), 1자리의 결정구분코드, 2자리의 세목으로 구성된다. 납부연월은 납세의무자가 실제 납부하는 연도와 달을, 납부기한은 납세의무자가 납부하여야 할 연도와 달을 의미한다.

예 0000(분류기호) – 000(기관코드) – 0000(납부연월) – 0(결정구분코드) – 00(세목)

- 결정구분코드

항목	코드	내용
확정분 자진납부	1	확정신고, 전기신고 등 정기기간(예정, 중간예납기간 제외)이 있는 모든 세목으로서 정상적인 자진신고납부분(수정신고분 제외)의 본세 및 그 부가가치세(코드 4의 원천분 자진납부 제외)
수시분 자진납부	2	코드 1의 확정분 자진납부, 코드 3의 예정신고 자진납부 및 코드 4의 원천분 자진납부 이외 모든 자진납부
중간예납 및 예정신고	3	예정신고 또는 중간예납 기간이 있는 모든 세목으로서 정상적인 자진신고납부분(수정신고분 제외)의 본세 및 그 부가가치세
원천분 자진납부	4	모든 원천세 자진납부분
정기분 고지	5	양도소득세 정기결정고지, 코드 1의 확정분 자진납부에 대한 무(과소)납부 고지
수시분 고지	6	코드 5의 정기분 고지, 코드 7의 중간예납 및 예정고지를 제외한 모든 고지
중간예납 및 예정고지	7	법인세 및 종합소득세 중간예납고지, 부가가치세 예정고지, 코드 3의 중간예납 및 예정신고 자진납부에 대한 무(과소)납부고지

※ 신고는 납세의무자가 법에서 정한 기한 내에 과세표준과 세액을 세무서에 알리는 것
※ 고지는 세무서장이 세액, 세목, 납부기한과 납부장소 등을 납세의무자에게 알리는 것

- 세목코드

세목	코드	세목	코드
종합소득세	10	양도소득세	22
사업소득세	13	법인세	31
근로소득세(갑종)	14	부가가치세	41
근로소득세(을종)	15	특별소비세	42
퇴직소득세	21	개별소비세	47

나만의 접근포인트

윗글을 근거로 판단할 때, 다음 중 옳지 않은 것은?

① 수정신고 자진납부분은 결정구분코드 2에 해당한다.

② 2020년 3월 확정분 개별소비세를 4월에 자진신고 납부한 경우, 납부번호는 ××××－×××－2004－1－47이다.

③ 2019년 제1기 확정신고분 부가가치세를 당해 9월에 무납부 고지한 경우, 납부번호는 ××××－×××－1909－6－41이다.

④ 2019년 10월에 양도소득세를 예정신고 자진납부하는 경우, 납부번호의 마지막 7자리는 1910－3－22이다.

⑤ 2020년 2월에 2019년 갑종근로소득세를 연말정산하여 원천징수한 부분을 자진납부한 경우, 납부번호의 마지막 7자리는 2002－4－14이다.

정답 ③

확정신고분(코드 1)의 자진납부에 대한 무납부고지의 결정구분코드는 '5'이므로 옳지 않은 내용이다.

오답분석

① 코드 1~4가 납부에 대한 것인데, 코드 1과 코드 3에서는 수정신고분을 명시적으로 제외하고 있으며 코드 4는 원천세에 해당하는 것이므로 남은 코드 2가 수정신고 자진납부분에 해당한다. 따라서 옳은 내용이다.

② 납세의무자가 실제 납부하는 연도와 달이 2020년 4월이므로 납부연월은 '2004'이고, 확정분 자진납부에 해당하므로 결정구분코드는 '1', 세목은 개별소비세이므로 '47'이다. 따라서 옳은 내용이다.

④ 납부연월은 '1910'이고, 예정신고 자진신고납부분의 결정구분코드는 '3', 세목은 양도소득세이므로 '22'이다. 따라서 옳은 내용이다.

⑤ 납부연월은 '2002'이고 원천세 자진납부분의 결정구분코드는 '4', 세목은 갑종근로소득세이므로 '14'이다. 따라서 옳은 내용이다.

| 문제 9 |

- 화장품 제조번호 표기방식

↱ 제조일자(35번째 날)

M 2 1 0 3 5 2 0

↳ 제조 연도(2021년) ↳ 생산라인 번호(20번)

[해석] 2021년 2월 4일 20번 생산라인에서 제조된 화장품

- 화장품 사용가능기한

제품유형	사용가능기한	
	개봉 전(제조일로부터)	개봉 후(개봉일로부터)
스킨	3년	6개월
에센스	3년	6개월
로션	3년	6개월
아이크림	3년	1년
클렌저	3년	1년
립스틱	5년	1년

※ 두 가지 사용가능기한 중 어느 한 기한이 만료되면 사용가능기한이 지난 것으로 본다.

나만의 접근포인트

위의 화장품 제조번호 표기방식 및 사용가능기한을 참고할 때, 다음 매장 내 보유 중인 화장품 중 처분대상이 되는 것은 몇 개인가?(단, 2021년 8월 1일을 기준으로 하며, 2021년은 윤달이 있는 해라고 가정한다)

〈매장 내 보유 중인 화장품 현황〉

- M20250030이라고 쓰여 있고 개봉된 립스틱
- M18200030이라고 쓰여 있고 개봉되지 않은 클렌저
- M19230100이라고 쓰여 있고 개봉되지 않은 에센스
- M18120040이라고 쓰여 있고 개봉된 날짜를 알 수 없는 아이크림
- M20160030이라고 쓰여 있고 2021년 10번째 되는 날에 개봉된 로션
- M20300050이라고 쓰여 있고 2021년 50번째 되는 날에 개봉된 스킨

정답 3개

현재가 2021년 8월 1일인 것과 화장품 제조번호 표기방식 및 사용가능기한을 고려하여 매장 내 보유중인 화장품의 처분여부를 판단한다.
- M20250030이라고 쓰여 있고 개봉된 립스틱
  - 제조일 : 2020년 9월 7일
  - 제조일로부터 5년 이내이며, 생산 직후에 개봉했다고 하더라도 1년이 지나지 않았으므로 처분대상에서 제외된다.
- M18200030이라고 쓰여 있고 개봉되지 않은 클렌저
  - 제조일 : 2018년 7월 19일
  - 제조일로부터 3년이 넘었으므로 개봉하지 않았더라도 처분대상에 포함된다.
- M19230100이라고 쓰여 있고 개봉되지 않은 에센스
  - 제조일 : 2019년 8월 18일
  - 제조일로부터 3년 이내이며, 개봉하지 않았으므로 처분대상에서 제외된다.
- M18120040이라고 쓰여 있고 개봉된 날짜를 알 수 없는 아이크림
  - 제조일 : 2018년 4월 30일
  - 제조일로부터 3년이 넘었으므로 개봉여부와 상관없이 처분대상에 포함된다.
- M20160030이라고 쓰여 있고 2021년 10번째 되는 날에 개봉된 로션
  - 제조일 : 2020년 6월 9일 / 개봉일 : 2021년 1월 10일
  - 제조일로부터 3년 이내이지만, 개봉일로부터 6개월이 지났으므로 처분대상에 포함된다.
- M20300050이라고 쓰여 있고 2021년 50번째 되는 날에 개봉된 스킨
  - 제조일 : 2020년 10월 27일 / 개봉일 : 2021년 2월 19일
  - 제조일로부터 3년 이내이고 개봉일로부터 6개월이 지나지 않았으므로 처분대상에서 제외된다.

따라서 매장 내 보유중인 화장품 중에서 처분대상이 되는 것은 총 3개이다.

가상의 규칙

1 대표자료

- 전시관은 A → B → C → D 순서로 배정되어 있다. 행사장 출입구는 아래 그림과 같이 두 곳이며 다른 곳으로는 출입이 불가능하다.
- 관람객은 행사장 출입구 두 곳 중 한 곳으로 들어와서 시계 반대 방향으로 돌며, 모든 관람객은 4개의 전시관 중 2개의 전시관만을 골라 관람한다.
- 자신이 원하는 2개의 전시관을 모두 관람하면 그 다음 만나게 되는 첫 번째 행사장 출입구를 통해 나가기 때문에, 관람객 중 일부는 반 바퀴를, 일부는 한 바퀴를 돌게 되지만 한 바퀴를 초과해서 도는 관람객은 없다.
- 행사장 출입구 두 곳을 통해 행사장에 입장한 관람객 수의 합은 400명이며, 이 중 한 바퀴를 돈 관람객은 200명이고 D전시관 앞을 지나가거나 관람한 인원은 350명이다.

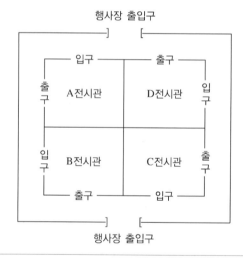

행사장 출입구

	입구	출구
출구	A전시관	D전시관	입구
입구	B전시관	C전시관	출구
	출구	입구

행사장 출입구

나만의 접근포인트

쉽게 아이디어가 떠오르지 않는 문제이다. 이런 문제를 만나게 되면 가장 먼저 해야 할 것은 경우의 수를 최소화시키는 것이다. 분명히 경우의 수를 줄일 수 있는 단서가 문제에서 주어지기 마련이다. 또한, 문제에서 제시하는 수치는 모두 활용해야 한다. 물론 극히 일부의 문제에서 허수의 자료가 주어지는 경우도 있지만 NCS 수준에서는 주어진 수치가 모두 결정적인 역할을 하게 된다.

적중예상문제　　　　　　　　　　　　　　　⏱ 제한시간 : 60초　⧗ 소요시간 :　　초

윗글을 근거로 판단할 때, 다음 중 B전시관 앞을 지나가거나 관람한 총 인원은?

① 50명　　　　　　　　　　　　　　② 100명
③ 200명　　　　　　　　　　　　　④ 250명
⑤ 350명

정답 ④

문제에서 D전시관 앞을 지나간 인원이 제시되어 있는 상태에서 B전시관 앞을 지나간 인원을 구해야 하므로 이를 같이 고려한다. 상단의 출입구를 (가)라 하고 하단의 출입구를 (나)라 부른다면 아래와 같이 정리할 수 있다.

구분	인원수(명)	D 통과여부	B 통과여부
(가) → (가)		○	○
(나) → (나)		○	○
(가) → (나)		×	○
(나) → (가)		○	×

먼저 전체 인원이 400명인데 D를 통과한 인원이 350명이라고 하였으므로 D를 통과하지 않은 (가) → (나) 코스를 이용한 인원은 50명임을 알 수 있다. 다음으로 한 바퀴를 돈 인원이 200명이라고 하였으므로 (가) → (가) 코스와 (나) → (나) 코스를 이용한 인원의 합이 200명임을 알 수 있다. 따라서 마지막 남은 (나) → (가) 코스의 인원은 전체 400명과의 차이인 150명임을 알 수 있다.

구분	인원수(명)	D 통과여부	B 통과여부
(가) → (가)	200	○	○
(나) → (나)		○	○
(가) → (나)	50	×	○
(나) → (가)	150	○	×

결과적으로 B를 통과한 인원은 전체 400명 중 B를 통과하지 않은 인원의 수를 차감한 수이므로 정답은 250명이 된다.

| 문제 1 |

갑과 을이 '사냥게임'을 한다. 1, 2, 3, 4의 번호가 매겨진 4개의 칸이 아래와 같이 있다.

| 1 | 2 | 3 | 4 |

여기에 갑은 네 칸 중 괴물이 위치할 연속된 두 칸을 정하고, 을은 네 칸 중 화살이 명중할 하나의 칸을 정한다. 갑과 을은 동시에 자신들이 정한 칸을 말한다. 그 결과 화살이 괴물이 위치하는 칸에 명중하면 을이 승리하고, 명중하지 않으면 갑이 승리한다.

예를 들면 갑이 ⎡1⎤⎡2⎤, 을이 ⎡1⎤ 또는 ⎡2⎤를 선택한 경우 괴물이 화살에 맞은 것으로 간주하여 을이 승리한다. 만약 갑이 ⎡1⎤⎡2⎤, 을이 ⎡3⎤ 또는 ⎡4⎤를 선택했다면 괴물이 화살을 피한 것으로 간주하여 갑이 승리한다.

나만의 접근포인트

Q 고수의 접근포인트

경우의 수를 따져 확률을 구하는 문제는 중요 기출 중 하나이다. 이 자료에서도 알 수 있듯이 이러한 유형은 전혀 어렵게 출제되지 않고 단순히 경우의 수를 얼마나 정확하게 나누어 내는지가 관건인 문제이다. 실제 이 자료로 출제된 아래의 선택지를 살펴보면, ㄱ과 ㄴ의 경우 '갑(을)이 무작위로 정할 경우'라는 말에 멈칫한 수험생들이 많았다. 앞서 언급했듯이 중요한 것은 '경우의 수'를 나누는 것이다. ㄱ은 문제에서 경우의 수를 2개로 나누어주었고 ㄴ도 마찬가지로 경우의 수를 제시했다. 문제의 풀이는 여기서 시작하면 된다. 앞에 쓰여 있는 말은 그 다음에 판단하자.

윗글을 근거로 판단할 때, 다음 〈보기〉에서 옳은 것만을 모두 고르면?

―――――――――――――〈 **보기** 〉―――――――――――――

ㄱ. 괴물이 위치할 칸을 갑이 무작위로 정할 경우 을은 　1　보다는 　2　를 선택하는 것이 승리할 확률이 높다.

ㄴ. 화살이 명중할 칸을 을이 무작위로 정할 경우 갑은 　2　3　보다는 　3　4　를 선택하는 것이 승리할 확률이 높다.

ㄷ. 이 게임에서 갑이 선택할 수 있는 대안은 3개이고 을이 선택할 수 있는 대안은 4개이므로 을이 이기는 경우의 수가 더 많다.

정답　ㄱ

ㄱ. 갑이 선택할 수 있는 칸의 조합은 １－２, ２－３, ３－４의 3가지인데, 을이 １을 선택할 경우 승리할 수 있는 경우는 １－２에 괴물이 위치하는 경우 하나뿐이어서 확률은 $\frac{1}{3}$이다. 하지만 ２를 선택할 경우 승리할 수 있는 경우는 １－２, ２－３에 괴물이 위치하는 경우 두 가지이므로 확률은 $\frac{2}{3}$이다. 따라서 ２를 선택할 경우에 승리할 확률이 더 높다.

오답분석

ㄴ. 갑이 ２－３을 선택했을 경우, 을이 １ 또는 ４를 선택했을 때에 갑이 승리하고, ２ 또는 ３을 선택했을 때에 을이 승리한다. 따라서 갑이 승리할 확률은 $\frac{2}{4}$이다. 이는 갑이 ３－４를 선택했을 때도 동일하게 적용되며 따라서, 갑이 ２－３을 선택하든 ３－４를 선택하든 갑이 승리할 확률은 동일하다.

ㄷ. 갑이 １－２를 선택했다고 가정할 때 을이 선택할 수 있는 경우는 １, ２, ３, ４의 총 4개다. 이 중 １ 또는 ２를 선택했다면 을이 승리하는 것이고 ３－４를 선택했다면 갑이 승리하는 것이 되어 갑이 승리하는 경우와 을이 승리하는 경우가 각각 2가지로 동일하다. 이는 갑이 ２－３을 선택하는 경우, ３－４를 선택하는 경우에도 마찬가지여서 전체적으로 갑과 을이 승리하는 경우는 6가지로 동일하다.

- '○○코드'는 아래 그림과 같이 총 25칸(5×5)으로 이루어져 있으며, 각 칸을 흰색으로 채우거나 검정색으로 채우는 조합에 따라 다른 코드가 만들어진다.

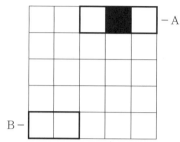

- 상단 오른쪽의 3칸(A)은 항상 '흰색 – 검정색 – 흰색'으로 ○○코드의 고유표시를 나타낸다.
- 하단 왼쪽의 2칸(B)은 코드를 제작한 지역을 표시하는 것으로 전 세계를 총 4개의 지역으로 분류하고, 갑 지역은 '흰색 – 흰색'으로 표시한다.
- ※ 코드를 회전시키는 경우는 고려하지 않는다.

나만의 접근포인트

🔍 고수의 접근포인트

이 자료를 토대로 출제된 다음 선택지를 살펴보면, ㄱ의 경우 2^{20}을 구하면 1,048,576이지만, 현실적으로 이를 실전에서 직접 구할 수는 없다. 다만, 2^{10}이 1,024라는 것을 미리 알고 있다면 이를 이용하여 100만을 넘는다는 것을 알아낼 수 있다. 따라서 이 기회에 2^{10}이 1,024라는 것과 2^{20}이 100만을 넘는다는 것은 정리해두도록 하자.

윗글을 근거로 판단할 때, 〈보기〉에서 옳은 설명을 모두 고르면?

〈 **보기** 〉

ㄱ. 갑 지역에서 만들 수 있는 코드 개수는 100만 개를 초과한다.

ㄴ. 갑 지역에서 만들 수 있는 코드와 다른 지역에서 만들 수 있는 코드는 최대 20칸이 동일하다.

ㄷ. 각 칸을 기존의 흰색과 검정색뿐만 아니라 빨간색과 파란색으로도 채울 수 있다면, 만들 수 있는 코드 개수는 기존보다 100만 배 이상 증가한다.

ㄹ. 만약 상단 오른쪽의 3칸(A)도 다른 칸과 마찬가지로 코드 만드는 것에 사용토록 개방한다면, 만들 수 있는 코드 개수는 기존의 6배로 증가한다.

정답 ㄱ, ㄷ

ㄱ. 주어진 블록에서 A와 B로 미리 할당되지 않은 칸이 총 20개이고 각 칸은 흰색이나 검정색으로 채울 수 있으므로 가능한 코드의 수는 $2^{20}=(1,024)^2$이다. 이는 100만 개를 초과하는 수치이므로 옳은 내용이다.

ㄷ. ㄱ과 같은 논리로 가능한 코드의 수는 $4^{20}(=2^{40})$으로 나타낼 수 있는데 이는 $(2^{20})^2$로 변형할 수 있다. ㄱ에서 기존에 가능한 코드의 수가 2^{20} 즉, 100만 이상이라고 하였으므로 $(2^{20})^2$은 (백만 이상)×(백만 이상)으로 나타낼 수 있다. 따라서 만들 수 있는 코드의 개수는 기존보다 백만 배 이상 증가하므로 옳은 내용이다.

오답분석

ㄴ. A와 B로 지정되지 않은 20칸은 다른 지역에서 만든 것과 동일할 수 있으며, A의 3칸 역시 코드가 같다면 같게 나타날 수 있다. 또한 B도 (검정색 – 흰색), (흰색 – 검정색)의 지역코드를 가지는 지역이 존재하며, 이 경우 1칸이 역시 흰색으로 같을 수 있으므로 최대 24칸이 동일할 수 있게 된다.

ㄹ. 오른쪽 3칸이 코드를 위해 개방된다면 추가되는 경우의 수는 8가지이다. 즉, 기존의 코드 각각에 대해 8가지의 코드가 추가되는 것이므로 새로운 경우의 수는 $2^{20} \times 8$로 나타낼 수 있다. 따라서 만들 수 있는 코드 개수는 기존의 8배로 증가하므로 옳지 않은 내용이다.

| 문제 3 |

〈비밀번호 조건〉

- 비밀번호를 구성하고 있는 어떤 숫자도 소수가 아니다.
- 6과 8 중에 단 하나만 비밀번호에 들어가는 숫자다.
- 비밀번호는 짝수로 시작한다.
- 골라낸 네 개의 숫자를 큰 수부터 차례로 나열해서 비밀번호를 만들었다.
- 같은 숫자는 두 번 이상 들어가지 않는다.

나만의 접근포인트

🔍 고수의 접근포인트

이 유형에서는 이동의 방향이나 사칙연산의 일반적인 규칙을 변형하는 경우가 많다. 하지만 풀이 시간이 부족한 경우 자신이 평소 알고 있는 사전 지식을 이용해 빠르게 풀어버리는 수험생들이 상당히 많으며 출제자 또한 그런 상황을 잘 알고 있다. 그러므로 선택지에는 이것을 노린 함정이 있기 마련이다. 평소 문제를 풀 때 자신의 점수가 예상보다 늘 낮게 나온다면 혹 이와 같은 경우에 해당하는 것은 아닌지 자문해 보기 바란다.

A는 잊어버린 네 자리 숫자의 비밀번호를 기억해 내려고 한다. 비밀번호에 대해서 가지고 있는 단서가 조건과 같을 때 다음 중 옳지 않은 것은?

① 비밀번호는 짝수이다.
② 비밀번호의 앞에서 두 번째 숫자는 4이다.
③ 위의 조건을 모두 만족시키는 번호는 모두 3개가 있다.
④ 비밀번호는 1을 포함하지만 9는 포함하지 않는다.
⑤ 위의 조건을 모두 만족시키는 번호 중 가장 작은 수는 6410이다.

정답   ③

첫 번째 조건을 통해 비밀번호를 구성하고 있는 숫자는 0, 1, 4, 6, 8, 9 중 4개임을 알 수 있으며, 두 번째 조건을 통해 이 숫자들을 0, 1, 4, (6 or 8), 9로 다시 정리할 수 있다. 그런데 세 번째 조건에서 비밀번호는 짝수로 시작한다고 하였고, 네 번째 조건에서 큰 수부터 차례로 나열했다고 하였으므로 9는 포함되지 않는다는 것을 알 수 있다. 따라서 가능한 비밀번호는 8410과 6410이다.
③ 8410과 6410 두 개의 번호가 조건을 만족시킨다고 하였으므로 옳지 않은 내용이다.

오답분석

① 8410과 6410 모두 짝수이므로 옳은 내용이다.
② 두 숫자 모두 두 번째 숫자가 4이므로 옳은 내용이다.
④ 8410과 6410 모두 1은 포함하지만 9는 포함하지 않으므로 옳은 내용이다.
⑤ 8410과 6410 중 작은 수는 6410이므로 옳은 내용이다.

| 문제 4 |

갑은 키보드를 이용해 숫자를 계산하는 과정에서 키보드의 숫자 배열을 휴대폰의 숫자 배열로 착각하고 숫자를 입력하였다.

〈휴대폰의 숫자 배열〉

1	2	3
4	5	6
7	8	9
*	0	#

〈키보드의 숫자 배열〉

7	8	9
4	5	6
1	2	3
0		.

나만의 접근포인트

🔍 고수의 접근포인트

이와 같이 어떠한 규칙이 주어지고 그 규칙에 수치를 대입하는 유형의 문제는 자주 등장하는 유형이다. 이러한 문제는 2가지의 접근법이 있다. 하나는 단순하게 직접 대입하여 수치를 구하는 것이고, 또 하나는 계산 없이 규칙의 구조를 이용하여 정오를 판별하는 것이다. 여기에 정석은 없다. 문제를 풀어가면서 '이것은 복잡하게 논리를 따질 것이 아니라 그냥 계산하는 것이 빠르겠다.'는 생각이 든다면 전자를, '주어진 규칙 등을 적절히 변형하면 계산이 필요 없을 것 같다.'는 생각이 든다면 후자를 선택하면 된다. 즉, 문제를 풀어가는 과정에서 풀이법을 변경할 수 있는 능력이 필요한 것이 바로 이러한 문제이다.

휴대폰과 키보드의 숫자 배열이 위와 같다고 할 때, 다음 〈보기〉에서 옳은 설명을 모두 고르면?

─〈 **보 기** 〉─

ㄱ. '46×5'의 계산 결과는 올바르게 산출되었다.
ㄴ. '789+123'의 계산 결과는 올바르게 산출되었다.
ㄷ. '159+753'의 계산 결과는 올바르게 산출되었다.
ㄹ. '753+951'의 계산 결과는 올바르게 산출되었다.
ㅁ. '789−123'의 계산 결과는 올바르게 산출되었다.

정답 ㄱ, ㄴ, ㄷ

ㄱ. 456은 키보드와 휴대폰 어느 배열을 선택하더라도 동일한 키가 사용된다. 따라서 옳은 내용이다.
ㄴ. 키보드의 789는 휴대폰의 123이고, 키보드의 123은 휴대폰의 789이다. 이 둘을 더하는 경우 덧셈의 전항과 후항의 순서만 달라질 뿐이므로 둘은 같은 결과를 가져온다. 따라서 옳은 내용이다.
ㄷ. 키보드의 159는 휴대폰의 753이고, 키보드의 753은 휴대폰의 159이다. 위의 ㄴ과 같은 논리로 이 둘을 합한 것은 같은 결과를 가져온다. 따라서 옳은 내용이다.

오답분석

ㄹ. 키보드의 753은 휴대폰의 159이고, 키보드의 951은 휴대폰의 357이다. 이 숫자들의 경우는 위와 달리 키보드와 휴대폰 각각의 숫자가 완전히 달라지므로 둘을 합한 결괏값은 달라지게 된다. 따라서 옳지 않은 내용이다.
ㅁ. 키보드의 789는 휴대폰의 123이고, 키보드의 123은 휴대폰의 789이다. ㄴ과 달리 이 둘을 빼는 경우 결괏값은 달라지게 되므로 옳지 않은 내용이다.

3 90초 풀이연습

| 문제 1 |

- 대회에 참가하는 팀은 총 13팀이다.
- 각 팀은 다른 모든 팀과 한 번씩 경기를 한다.
- A팀의 최종 성적은 5승 7패이다.
- A팀과의 경기를 제외한 12팀 간의 경기는 모두 무승부이다.
- 기존의 승점제는 승리 시 2점, 무승부 시 1점, 패배 시 0점을 부여한다.
- 새로운 승점제는 승리 시 3점, 무승부 시 1점, 패배 시 0점을 부여한다.

나만의 접근포인트

적중예상문제

⧗ 소요시간 :　초

기존의 승점제와 새로운 승점제를 적용할 때의 A팀의 순위는 각각 몇 위인가?

> **정답** 기존의 승점제 : 13위, 새로운 승점제 : 1위
>
> A팀의 최종 성적이 5승 7패이고, 나머지 팀들 간의 경기는 모두 무승부였다고 하였으므로 이를 토대로 팀들의 최종전적을 정리한 후 승점을 계산하면 다음과 같다.
>
> | 구분 | 최종 성적 | 기존 승점 | 새로운 승점 |
> | --- | --- | --- | --- |
> | A팀 | 5승 0무 7패 | 10 | 15 |
> | 7팀 | 1승 11무 0패 | 13 | 14 |
> | 5팀 | 0승 11무 1패 | 11 | 11 |
>
> 따라서 A팀은 기존의 승점제에 의하면 최하위인 13위이며, 새로운 승점제에 의하면 1위를 차지한다.

| 문제 2 |

숫자코드를 만드는 규칙은 다음과 같다.
• 그림과 같이 작은 정사각형 4개로 이루어진 큰 정사각형이 있고, 작은 정사각형의 꼭짓점마다 1 ~ 9의 번호가 지정되어 있다.

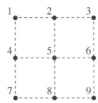

• 펜을 이용해서 9개의 점 중 임의의 하나의 점에서 시작하여(이하 시작점이라 한다) 다른 점으로 직선을 그어 나간다.
• 다른 점에 도달하면 펜을 종이 위에서 떼지 않고 또 다른 점으로 계속해서 직선을 그어 나간다. 단, 한 번 그은 직선 위에 또 다른 직선을 겹쳐서 그을 수 없다.
• 시작점을 포함하여 4개 이상의 점에 도달한 후 펜을 종이 위에서 뗄 수 있다. 단, 시작점과 동일한 점에서는 뗄 수 없다.
• 펜을 종이에서 뗀 후, 그어진 직선이 지나는 점의 번호를 순서대로 모두 나열한 것이 숫자코드가 된다. 예를 들어 1번 점에서 시작하여 6번, 5번, 8번 순으로 직선을 그었다면 숫자코드는 1658이다.

나만의 접근포인트

적중예상문제

⏳ 소요시간 :　　초

윗글을 근거로 판단할 때, 다음 중 숫자코드가 될 수 있는 것은?

① 596
② 15953
③ 53695
④ 642987
⑤ 9874126

정답 ⑤

주어진 조건을 모두 충족하고 있으므로 숫자코드로 적절하다.

[오답분석]
① 시작점을 포함하여 3개의 점만 거치게 되므로 숫자코드가 될 수 없다.
② 595의 경우는 한번 그은 직선 위에 또 다른 직선을 겹쳐서 그어야 하므로 숫자코드가 될 수 없다.
③ 시작점과 끝점이 5로 동일하므로 숫자코드가 될 수 없다.
④ 6에서 4로 이동하기 위해서는 중간에 5를 거쳐야 하는데 642987에는 5가 누락되어 있다. 따라서 숫자코드가 될 수 없다.

- 참가자는 그림과 같이 A ~ L까지 12개의 칸으로 구성된 게임판에서, A칸에 말을 놓고 시작한다.

- 참가자는 ← 또는 → 버튼을 누를 수 있다.
- 버튼을 맨 처음 누를 때, ← 버튼을 누르면 말을 반시계방향으로 1칸 이동하고 → 버튼을 누르면 말을 시계방향으로 1칸 이동한다.
- 그 다음부터는 매번 버튼을 누르면, 그 버튼을 누르기 직전에 누른 버튼에 따라 아래와 같이 말을 이동한다.

누른 버튼	직전에 누른 버튼	말의 이동
←	←	반시계방향으로 2칸 이동
	→	움직이지 않음
→	←	움직이지 않음
	→	시계방향으로 2칸 이동

- 참가자는 버튼을 총 5회 누른다.

나만의 접근포인트

윗글과 다음 상황을 근거로 판단할 때, 갑의 말이 최종적으로 위치하는 칸은?

〈상황〉

갑은 다음과 같이 버튼을 눌렀다.

누른 순서	1	2	3	4	5
누른 버튼	←	→	→	←	←

정답 L칸

버튼을 누르는 순서에 따라 갑의 말이 위치하는 칸을 나열하면 A → L → L → B → B → L이므로 최종적으로 말은 L칸에 위치하게 된다.

- 갑과 을은 다음 그림과 같이 번호가 매겨진 9개의 구역을 점령하는 게임을 한다.

1	2	3
4	5	6
7	8	9

- 게임 시작 전 제비뽑기를 통해 갑은 1구역, 을은 8구역으로 최초 점령 구역이 정해졌다.
- 갑과 을은 가위·바위·보 게임을 해서 이길 때마다, 자신이 이미 점령한 구역에 상하좌우로 변이 접한 구역 중 점령되지 않은 구역 1개를 추가로 점령하여 자신의 구역으로 만든다.
- 만약 가위·바위·보 게임에서 이겨도 더 이상 자신이 점령할 수 있는 구역이 없으면 이후의 가위·바위·보 게임은 모두 진 것으로 한다.
- 게임은 모든 구역이 점령될 때까지 계속되며, 더 많은 구역을 점령한 사람이 게임에서 승리한다.
- 갑과 을은 게임에서 승리하기 위하여 최선의 선택을 한다.

나만의 접근포인트

윗글을 근거로 판단할 때, 다음 〈보기〉에서 옳은 설명을 모두 고르면?

보기

ㄱ. 을이 첫 번째, 두 번째 가위 · 바위 · 보 게임에서 모두 이기면 승리한다.

ㄴ. 갑이 첫 번째, 두 번째 가위 · 바위 · 보 게임을 이겨서 2구역과 5구역을 점령하고, 을이 세 번째 가위 · 바위 · 보 게임을 이겨서 9구역을 점령하면, 네 번째 가위 · 바위 · 보 게임을 이긴 사람이 승리한다.

ㄷ. 갑이 첫 번째, 세 번째 가위 · 바위 · 보 게임을 이겨서 2구역과 4구역을 점령하고, 을이 두 번째 가위 · 바위 · 보 게임을 이겨서 5구역을 점령하면, 게임의 승자를 결정하기 위해서는 최소 2번 이상의 가위 · 바위 · 보 게임을 해야 한다.

정답 ㄱ, ㄷ

ㄱ. 을이 첫 번째와 두 번째 가위 · 바위 · 보 게임에서 모두 이겨 각각 5번과 2번을 점령하는 경우 이후 갑이 세 번째와 네 번째에서 모두 이겨 4번과 7번을 점령한다 하더라도 세 개의 구역을 점령하는 것이 최대이므로 을이 승리하게 된다. 따라서 옳은 설명이다.

ㄷ. 이 상황에서는 갑이 (3번, 7번) 혹은 (3번, 6번)을 점령하거나 을이 (6번, 7번) 혹은 (6번, 3번)을 점령하여야 승자가 결정되므로 최소 2번 이상의 가위 · 바위 · 보 게임을 해야 한다. 따라서 옳은 설명이다.

오답분석

ㄴ. 만약 갑이 네 번째 가위 · 바위 · 보 게임을 승리하여 6번을 점령하면 을이 최대로 점령할 수 있는 것은 총 4개의 구역을 점령하는 데 그치므로 갑이 승리하게 된다. 하지만 을이 네 번째 가위 · 바위 · 보 게임을 승리하였다고 하더라도 여전히 갑이 승리하는 길(예를 들어, 을이 6번을 점령하고 이후에 갑이 3번, 4번을 점령하는 경우)이 열려있으므로 옳지 않은 설명이다.

JK3은 출발 위치를 중심으로 주변을 격자 모양 평면으로 파악하고 있으며, 격자 모양의 경계를 넘어 한 칸 이동할 때마다 이동 방향을 나타내는 6자리 신호를 우주센터에 전송한다. 그 신호의 각 자리는 0 또는 1로 이루어진다. 전송 신호는 4개뿐이며, 각 전송 신호가 의미하는 이동 방향은 아래와 같다.

전송 신호	이동 방향
000000	북
000111	동
111000	서
111111	남

JK3이 보낸 6자리의 신호 중 한 자리는 우주잡음에 의해 오염된다. 이 경우 오염된 자리의 숫자 0은 1로, 1은 0으로 바뀐다.

※ JK3은 동서남북을 인식하고, 이 네 방향으로만 이동한다.

〈수신 신호〉

010111, 000001, 111001, 100000

나만의 접근포인트

우주센터는 화성 탐사 로봇(JK3)으로부터 다음의 수신 신호를 왼쪽부터 순서대로 받았다. 윗글을 근거로 판단할 때, 다음 중 JK3의 이동경로로 옳은 것은?

①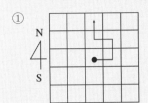

②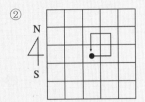

③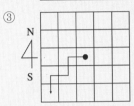

④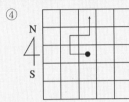

⑤

정답　①

JK3이 보낸 6자리의 신호 중 한 자리는 우주잡음에 의해 오염된다고 하였다. 이에 따라 우주센터가 받았어야 할 정확한 신호를 정리하면 000111, 000000, 111000, 000000임을 알 수 있다. 따라서 JK3는 동 – 북 – 서 – 북의 순으로 이동했으므로 이를 만족하는 ①이 옳다는 것을 알 수 있다.

다음 그림처럼 ⓟ가 1회 이동할 때는 선을 따라 한 칸 움직인 지점에서 우측으로 45도 꺾어서 한 칸 더 나아가는 방식으로 움직인다. 하지만 ⓟ가 이동하려는 경로 상에 장애물(⊠)이 있으면 움직이지 못한다.

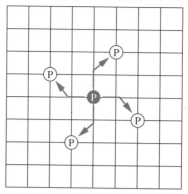

〈보기〉 A ~ E에서 ⓟ가 3회 이하로 이동해서 위치할 수 있는 곳을 모두 고르면?

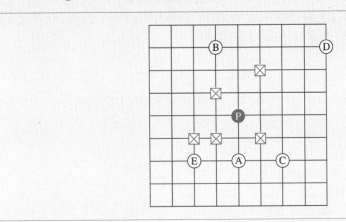

정답 B, D

A ~ E 중 ⓟ를 3회 이하로 이동해서 위치할 수 있는 곳은 B와 D뿐이며 그 경로를 그림에 표시하면 다음과 같다. 나머지 A, C, E는 주어진 조건을 따를 경우 3회 이하로 이동하여 위치할 수 없다.

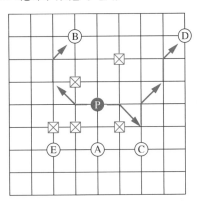

인접한 두 숫자의 크기를 비교하여 교환하는 방식으로 정렬한다. 이때 인접한 두 숫자는 수열의 맨 앞부터 뒤로 이동하며 비교된다. 맨 마지막 숫자까지 비교가 이루어져 가장 큰 수가 맨 뒷자리로 이동하게 되면 한 라운드가 종료된다. 다음 라운드는 맨 뒷자리로 이동한 수를 제외하고 같은 방식으로 비교 및 교환이 이루어진다. 더 이상 교환할 숫자가 없을 때 정렬이 완료된다. 교환은 두 개의 숫자가 서로 자리를 맞바꾸는 것을 말한다.

〈예시〉

다음은 '30 15 40 10'의 수열을 위의 방법으로 정렬한 것이다. 빈칸은 각 단계에서 비교가 이루어지는 인접한 두 숫자를 나타낸다.

• 제1라운드

　(30 15) 40 10 : 30>15이므로 첫 번째 교환

　15 (30 40) 10 : 40>30이므로 교환이 이루어지지 않음

　15 30 (40 10) : 40>10이므로 두 번째 교환

　15 30 10 40 : 가장 큰 수 40이 맨 마지막으로 이동

• 제2라운드(40은 비교 대상에서 제외)

　(15 30) 10 40 : 30>15이므로 교환이 이루어지지 않음

　15 (30 10) 40 : 30>10이므로 세 번째 교환

　15 10 30 40 : 40을 제외한 수 중 가장 큰 수 30이 40 앞으로 이동

• 제3라운드(30, 40은 비교 대상에서 제외)

　(15 10) 30 40 : 15>10이므로 네 번째 교환

　10 15 30 40 : 정렬 완료

나만의 접근포인트

위와 같은 방법으로 다음 〈보기〉에 주어진 수열을 정렬할 때, 다섯 번째 교환이 이루어진 후의 수열은?

> ─〈 **보기** 〉─
>
> 37   82   12   5   56

정답 12 5 37 56 82

- 1라운드
  (37 82) 12 5 56 : 82>37이므로 교환이 이루어지지 않음
  37 (82 12) 5 56 : 82>12이므로 첫 번째 교환
  37 12 (82 5) 56 : 82>5이므로 두 번째 교환
  37 12 5 (82 56) : 82>56이므로 세 번째 교환
  37 12 5 56 82 : 가장 큰 수 82가 맨 마지막으로 이동
- 2라운드(82는 비교대상에서 제외)
  (37 12) 5 56 82 : 37>12이므로 네 번째 교환
  12 (37 5) 56 82 : 37>5이므로 다섯 번째 교환
  12 5 37 56 82 : 다섯 번째 교환이 이루어진 후의 수열

| 문제 8 |

- 사자바둑기사단과 호랑이바둑기사단이 바둑시합을 한다.
- 시합은 일대일 대결로 총 3라운드로 진행되며, 한 명의 선수는 하나의 라운드에만 출전할 수 있다.
- 호랑이바둑기사단은 1라운드에는 갑을, 2라운드에는 을을, 3라운드에는 병을 출전시킨다.
- 사자바둑기사단은 각 라운드별로 이길 수 있는 확률이 0.6 이상이 되도록 7명의 선수(A ~ G) 중 3명을 선발한다.
- A ~ G가 갑, 을, 병에 대하여 이길 수 있는 확률은 다음 표와 같다.

선수	갑	을	병
A	0.42	0.67	0.31
B	0.35	0.82	0.49
C	0.81	0.72	0.15
D	0.13	0.19	0.76
E	0.66	0.51	0.59
F	0.54	0.28	0.99
G	0.59	0.11	0.64

나만의 접근포인트

적중예상문제

⌛ 소요시간 :   초

윗글을 근거로 판단할 때, 사자바둑기사단이 선발할 수 있는 출전선수 조합의 총 가짓수는?

정답 15가지

사자바둑기사단은 각 라운드별로 이길 수 있는 확률이 0.6 이상이 되도록 3명을 선발한다고 하였으므로 이를 기준으로 판단하면 다음과 같다.

ⅰ) 1라운드
  갑을 상대로 승률이 0.6 이상인 선수는 C와 E뿐이므로 2가지의 경우가 존재한다. 따라서 이후의 라운드는 이 2가지의 경우의 수로 나누어 판단한다.

ⅱ) 1라운드에서 C가 출전하는 경우
  2라운드에서 가능한 경우는 A와 B가 출전하는 것이며, 이 경우 각각에 대해 3라운드에서 D, F, G가 출전할 수 있으므로 6가지 경우의 수가 존재한다.

ⅲ) 1라운드에서 E가 출전하는 경우
  2라운드에서 가능한 경우는 A, B, C가 출전하는 것이며, 이 경우 각각에 대해 3라운드에서 D, F, G가 출전할 수 있으므로 9가지의 경우의 수가 존재한다.

따라서 ⅱ)와 ⅲ)의 경우의 수를 합하면 총 15가지의 경우의 수가 존재함을 알 수 있다.

- 갑과 을은 다음과 같이 시각을 표시하는 하나의 시계를 가지고 게임을 한다.

| 0 | 9 | : | 1 | 5 |

- 갑, 을 각자가 일어났을 때, 시계에 표시된 4개의 숫자를 합산하여 게임의 승패를 결정한다. 숫자의 합이 더 작은 사람이 이기고, 숫자의 합이 같을 때는 비긴다.
- 갑은 오전 6:00 ~ 오전 6:59에 일어나고, 을은 오전 7:00 ~ 오전 7:59에 일어난다.

나만의 접근포인트

적중예상문제

⧖ 소요시간 :   초

다음 중 갑과 을이 윗글에 따라 게임을 할 때 옳지 않은 것은?

① 갑이 오전 6시 정각에 일어나면, 반드시 갑이 이긴다.
② 을이 오전 7시 59분에 일어나면, 반드시 을이 진다.
③ 을이 오전 7시 30분에 일어나고, 갑이 오전 6시 30분 전에 일어나면 반드시 갑이 이긴다.
④ 갑과 을이 정확히 1시간 간격으로 일어나면, 반드시 갑이 이긴다.
⑤ 갑과 을이 정확히 50분 간격으로 일어나면, 갑과 을은 비긴다.

정답 ③

을이 오전 7시 30분에 일어나고 갑이 오전 6시 30분 전에 일어나면 갑이 이길 수도 있고 질 수도 있다.

오답분석
① 갑이 오전 6시 정각에 일어나면 을이 오전 7시 정각에 일어나도 갑의 합산 결과가 6으로 이긴다.
② 4개의 숫자를 합산하여 제일 큰 수를 만드는 경우는 을이 오전 7시 59분에 일어났을 때와 갑이 오전 6시 59분에 일어났을 때이며 합은 각각 21, 20이다. 그러므로 을이 오전 7시 59분에 일어나면 을은 반드시 진다.
④ 갑과 을이 정확히 한 시간 간격으로 일어나면 분에 해당하는 두 자리는 같게 된다. 따라서 앞의 숫자가 작은 갑이 이기게 된다.
⑤ ④에서 한 시간 차이가 났을 때는 1 차이로 갑이 이겼다. 여기에서 10분 차이가 나는 50분 간격으로 일어나면 한 시간 차이가 났을 때보다 을은 10분 빨리 일어나게 되어 1 차이가 없어진다. 따라서 갑과 을은 비기게 된다.

안심Touch

- 좀비 바이러스에 의해 갑국에 거주하던 많은 사람들이 좀비가 되었다. 건물에 갇힌 생존자들은 동, 서, 남, 북 4개의 통로를 이용해 5명씩 팀을 이루어 탈출을 시도한다. 탈출은 통로를 통해서만 가능하며, 한 쪽 통로를 선택하면 되돌아올 수 없다.
- 동쪽 통로에 11마리, 서쪽 통로에 7마리, 남쪽 통로에 11마리, 북쪽 통로에 9마리의 좀비들이 있다. 선택한 통로의 좀비를 모두 제거해야만 탈출할 수 있다.
- 남쪽 통로의 경우, 통로 끝이 막혀 탈출할 수 없지만 팀에 폭파전문가가 있다면 다이너마이트를 사용하여 막힌 통로를 뚫고 탈출할 수 있다.
- '전투'란 생존자가 좀비를 제거하는 것을 의미하며 선택한 통로에서 일시에 이루어진다.
- '전투능력'은 건강상태가 정상인 생존자가 전투에서 제거하는 좀비의 수를 의미하며, 질병이나 부상상태인 사람은 그 능력이 50% 줄어든다.
- 전투력 강화제는 건강상태가 정상인 생존자들 중 1명에게만 사용할 수 있으며, 전투능력을 50% 향상시킨다. 사용 가능한 대상은 의사 혹은 의사의 팀 내 구성원이다.
- 생존자의 직업은 다양하며, 아이(들)와 노인(들)은 전투능력과 보유품목이 없고 건강상태는 정상이다.

〈전투능력을 가진 생존자 현황〉

직업	인원	전투능력	건강상태	보유품목
경찰	1명	6	질병	–
사냥꾼	1명	4	정상	–
의사	1명	2	정상	전투력 강화제 1개
무사	1명	8	정상	–
폭파전문가	1명	4	부상	다이너마이트

나만의 접근포인트

윗글과 제시된 전투능력을 가진 생존자 현황을 근거로 판단할 때, 다음 중 생존자들이 탈출할 수 있는 경우는?(단, 다른 조건은 고려하지 않는다)

	탈출 통로	팀 구성 인원
①	동쪽 통로	폭파전문가 – 무사 – 노인(3)
②	서쪽 통로	사냥꾼 – 경찰 – 아이(2) – 노인
③	남쪽 통로	사냥꾼 – 폭파전문가 – 아이 – 노인(2)
④	남쪽 통로	폭파전문가 – 사냥꾼 – 의사 – 아이(2)
⑤	북쪽 통로	경찰 – 의사 – 아이(2) – 노인

정답 ②

사냥꾼의 전투능력은 4이고, 경찰은 질병이 있어 전투능력이 3으로 떨어지므로 전체의 전투능력은 7이다. 그런데 서쪽 통로에는 7마리의 좀비가 있으므로 탈출이 가능하다.

오답분석
① 폭파전문가는 부상 중이어서 전투능력이 2로 떨어지며, 무사의 전투능력은 8이므로 전체의 전투능력은 10이다. 그런데 동쪽 통로에는 11마리의 좀비가 있으므로 탈출이 불가능하다.
③ 사냥꾼의 전투능력은 4이고, 폭파전문가의 전투능력은 2이므로 전체의 전투능력은 6이다. 그런데 남쪽 통로에는 11마리의 좀비가 있으므로 탈출이 불가능하다.
④ 폭파전문가는 부상 중이어서 전투능력이 2로 떨어지며, 사냥꾼의 전투능력은 4이나 의사가 가진 전투력 강화제를 이용해 전투능력을 6으로 올릴 수 있다. 또한 의사의 전투능력은 2이므로 전체의 전투능력은 10이 되나, 남쪽 통로에는 11마리의 좀비가 있으므로 탈출이 불가능하다.
⑤ 경찰은 질병이 있어 전투능력이 3으로 떨어지며, 의사의 전투능력은 2이나 자신이 가진 전투력 강화제를 이용해 전투능력을 3으로 올릴 수 있으므로 전체의 전투능력은 6이 된다. 그런데 북쪽 통로에는 9마리의 좀비가 있으므로 탈출이 불가능하다.

TOPIC

07 규칙의 응용

1 대표자료

K연구소에서는 신입직원 7명을 선발하였으며, 신입직원들을 각 부서에 배치하고자 한다. 각 부서에서 요구한 인원은 다음과 같다.

정책팀	재정팀	국제팀
2명	4명	1명

신입직원들은 각자 원하는 부서를 2지망까지 지원하며, 1, 2지망을 고려하여 이들을 부서에 배치한다. 먼저 1지망 지원부서에 배치하는데, 요구인원보다 지원인원이 많은 경우에는 입사성적이 높은 신입직원을 우선적으로 배치한다. 1지망 지원부서에 배치되지 못한 신입직원은 2지망 지원부서에 배치되는데, 이때 역시 1지망에 따른 배치 후 남은 요구인원보다 지원인원이 많은 경우 입사성적이 높은 신입직원을 우선적으로 배치한다. 1, 2지망 지원부서 모두에 배치되지 못한 신입직원은 요구인원을 채우지 못한 부서에 배치된다.

신입직원 7명의 입사성적 및 1, 2지망 지원부서는 아래와 같다. A의 입사성적만 전산에 아직 입력되지 않았는데, 82점 이상이라는 것만 확인되었다. 단, 입사성적의 동점자는 없다.

신입직원	A	B	C	D	E	F	G
입사성적	?	81	84	78	96	80	93
1지망	국제	국제	재정	국제	재정	정책	국제
2지망	정책	재정	정책	정책	국제	재정	정책

나만의 접근포인트

이러한 유형의 문제에서 가장 중요한 것은 최대한 후보군을 좁히는 것이다. 만약 이러한 과정 없이 7명 모두에 대한 경우의 수를 따진다면 상당히 많은 시간이 소요될 것이며, 그 과정에서 실수할 가능성도 높다. 이 문제의 경우 C, E, F는 어떤 경우든 1지망에서 원한 부서로 배치되게 된다. 또한 국제팀에는 A 혹은 G 둘 중 한 명이 배치될 수밖에 없는 것도 후보군을 좁히는 데 큰 힌트가 될 것이다.

적중예상문제　　　　　　　　　　　　　　　⏱ 제한시간 : 70초　⌛ 소요시간 : 　초

윗글을 근거로 판단할 때, 다음 중 K연구소 신입직원 7명(A ~ G)의 부서배치 결과로 옳지 않은 것은?

① A의 입사성적이 90점이라면, A는 정책팀에 배치된다.

② A의 입사성적이 95점이라면, A는 국제팀에 배치된다.

③ B는 재정팀에 배치된다.

④ C는 재정팀에 배치된다.

⑤ D는 정책팀에 배치된다.

정답 ⑤

　정책팀이 요구한 인원은 2명이나 1지망에서 정책팀을 지원한 F가 먼저 배치된 상태이므로 남은 자리는 한 자리뿐임을 알 수 있다. 그런데 D보다 점수가 높은 A와 G가 모두 2지망으로 정책팀을 지원한 상황이어서 어느 상황에서도 D가 정책팀에 배치될 수는 없음을 알 수 있다. 따라서 옳지 않다.

오답분석

① A의 입사성적이 90점이라면 국제팀을 1지망으로 선택한 또 다른 직원인 G(93점)보다 점수가 낮으므로 국제팀에는 배치될 수 없다. 그러나 G를 제외한 나머지 직원만을 놓고 볼 때 정책팀에 지원한 직원(A, C, D, F) 중 A의 성적이 가장 높으므로 A는 2지망인 정책팀에 배치된다.

② ①과 반대로 A의 입사성적이 95점이라면 G(93점)보다 점수가 높으므로 국제팀에 배치된다.

③ B의 점수가 81점에 불과하여 1지망인 국제팀에는 배치될 수 없으나 재정팀의 요구인원과 지원인원이 4명으로 모두 동일하므로 어떤 상황이든 B는 재정팀에 배치된다.

④ 재정팀의 요구인원은 4명인데 반해 1지망에 재정팀을 지원한 직원은 2명(C와 E)뿐이어서 C는 재정팀에 배치된다.

2 기본자료

| 문제 1 |

- 아침마다 화장을 하고 출근하는 갑의 목표는 매력 지수의 합을 최대한 높이는 것이다.
- 화장 단계별 매력 지수와 소요 시간은 아래의 표와 같다.
- 20분 만에 화장을 하면 지각하지 않고 정시에 출근할 수 있다.
- 회사에 1분 지각할 때마다 매력 지수가 4점씩 깎인다.
- 화장은 반드시 '로션 바르기 → 수분크림 바르기 → 썬크림 바르기 → 피부화장 하기' 순으로 해야 하며, 이 4개 단계는 생략할 수 없다.
- 피부화장을 한 후에 눈썹 그리기, 눈화장 하기, 립스틱 바르기, 속눈썹 붙이기를 할 수 있으며, 이 중에서는 어떤 것을 선택해도 상관없다.
- 화장 단계는 반복하지 않으며, 2개 이상의 화장 단계는 동시에 할 수 없다.

화장 단계	매력 지수(점)	소요 시간(분)
로션 바르기	2	1
수분크림 바르기	2	1
썬크림 바르기	6	1.5
피부화장 하기	20	7
눈썹 그리기	12	3
눈화장 하기	25	10
립스틱 바르기	10	0.5
속눈썹 붙이기	60	15

나만의 접근포인트

간혹, 립스틱 바르기의 감점 점수가 74점이 아니냐는 질문을 받는다. 물론 비례관계를 이용한다면 0.5분 지연에 따른 2점 감점이 타당할 수 있으나 이 문제에서는 매력 지수가 비례적으로 차감된다는 언급이 주어져 있지 않다. 수리능력의 모든 문제는 주어진 자료 내에서 해결해야 함을 잊지 말기 바란다.

적중예상문제　　　　　　　　　　　　　⏱ 제한시간 : 60초　⏳ 소요시간 :　　초

윗글을 근거로 판단할 때, 표의 화장 단계 중 7개만을 선택하였을 경우, 갑의 최대 매력 지수는?

정답　76점

편의상 표의 순서대로 단계를 구분한다고 하면 1단계부터 4단계까지는 필수적으로 진행해야 하는 것이고, 4단계까지의 매력 지수는 30점, 총 10.5분이 소요된다. 그리고 전체 8단계 중 7단계만을 선택한다고 하였으므로 순차적으로 하나씩 제거하며 판단해 보면 다음과 같다.

생략단계	감점 전 점수	소요 시간	감점	매력지수
눈썹 그리기	125	36	−64	61
눈화장 하기	112	29	−36	76
립스틱 바르기	127	38.5	−72	55
속눈썹 붙이기	77	24	−16	61

| 문제 2 |

정부는 저출산 문제 해소를 위해 공무원이 안심하고 일과 출산·육아를 병행할 수 있도록 관련 제도를 정비하여 시행 중이다. 먼저 임신 12주 이내 또는 임신 36주 이상인 여성 공무원을 대상으로 하던 '모성보호시간'을 임신 기간 전체로 확대하여 임신부터 출산 시까지 근무시간을 1일에 2시간씩 단축할 수 있게 하였다.

다음으로 생후 1년 미만의 영아를 자녀로 둔 공무원을 대상으로 1주일 중 2일에 한해 1일 1시간씩 단축근무를 허용하던 '육아시간'을, 만 5세 이하 자녀를 둔 공무원을 대상으로 1주일 중 2일에 한해 1일 2시간 범위 내에서 사용할 수 있도록 하였다. 또한 부부 공동육아 실현을 위해 '배우자 출산휴가'를 10일(기존 5일)로 확대하였다.

마지막으로 어린이집, 유치원, 초·중·고등학교에서 공식적으로 주최하는 행사와 공식적인 상담에만 허용되었던 '자녀돌봄휴가(공무원 1인당 연간 최대 2일)'를 자녀의 병원진료·검진·예방접종 등에도 쓸 수 있도록 하고, 자녀가 3명 이상일 경우 1일을 가산할 수 있도록 하였다.

나만의 접근포인트

🔍 고수의 접근포인트

제시문은 크게 4단락으로 구성되어 있음을 알 수 있는데, 2 ~ 4단락의 첫 머리에 '먼저', '다음으로', '마지막으로'라는 문구가 삽입되어 있다. 따라서 개정사항은 크게 3가지임을 판단할 수 있다.

자료에서는 작은따옴표 안에 들어있는 용어들인 '육아시간', '자녀돌봄휴가', '모성보호시간'이 중요하게 다뤄지고 있음을 알 수 있다. 따라서 이 용어들에 특히 유념해야 할 것이다.

결과적으로 이 자료를 이용해서 출제된 문제에서는 변경 전의 제도를 묻는 선택지가 정답이 되었다. 하지만 그 내용을 찾는 과정을 살펴보면 결국 변경 후의 내용을 통해 역으로 변경 전의 내용을 찾아내는 방식이었다. 따라서 변경 후의 내용이 정답포인트가 된다는 원칙을 기억해두기 바란다.

윗글을 근거로 판단할 때, 다음 중 옳지 않은 것은?

① 변경된 현행 제도에서는 변경 전에 비해 '육아시간'의 적용 대상 및 시간이 확대되었다.

② 변경된 현행 제도에 따르면, 초등학생 자녀 3명을 둔 공무원은 연간 3일의 '자녀돌봄휴가'를 사용할 수 있다.

③ 변경된 현행 제도에 따르면, 임신 5개월인 여성 공무원은 산부인과 진료를 받기 위해 '모성보호시간'을 사용할 수 있다.

④ 변경 전 제도에서 공무원은 초등학교 1학년인 자녀의 병원진료를 위해 '자녀돌봄휴가'를 사용할 수 있었다.

⑤ 변경된 현행 제도에 따르면, 만 2세 자녀를 둔 공무원은 '육아시간'을 사용하여 근무시간을 1주일에 총 4시간 단축할 수 있다.

정답　④

변경 전에는 '자녀돌봄휴가'를 사용할 수 있는 사유가 초·중·고등학교에서 공식적으로 주최하는 행사와 공식적인 상담에 국한되었던 반면, 변경 후에는 자녀의 병원진료 등에도 쓸 수 있도록 하였으므로 옳지 않은 내용이다.

오답분석

① 변경 전에는 생후 1년 미만의 영아를 자녀로 둔 공무원만 대상이었으나, 변경 후에는 만 5세 이하 자녀를 둔 공무원으로 확대되었으며, 시간도 1일 1시간에서 1일 2시간으로 늘어났다.

② 변경 전에는 자녀의 수에 관계없이 공무원 1인당 연간 최대 2일의 '자녀돌봄휴가'를 사용할 수 있었지만, 변경 후에는 자녀가 3명 이상일 경우 1일을 가산한 3일까지 사용할 수 있게 하였으므로 옳은 내용이다.

③ 변경 전에는 '모성보호시간'이 적용되는 기간에 제한이 있었지만 변경 후에는 이를 임신 기간 전체로 확대하였으므로 임신 중인 여성 공무원은 임신 개월 수에 관계없이 '모성보호시간'을 사용할 수 있다.

⑤ 변경 후에는 만 5세 이하 자녀를 둔 공무원은 1주일 중 2일에 한하여 1일 2시간 범위 내에서 '육아시간'을 사용할 수 있도록 하였으므로 1주일에 총 4시간의 '육아시간'을 사용하여 근무시간을 단축할 수 있다.

| 문제 3 |

- 포럼은 개회사, 발표, 토론, 휴식으로 구성하며, 휴식은 생략할 수 있다.
- 포럼은 오전 9시에 시작하여 늦어도 당일 정오까지는 마쳐야 한다.
- 개회사는 포럼 맨 처음에 10분 또는 20분으로 한다.
- 발표는 3회까지 계획할 수 있으며, 각 발표시간은 동일하게 40분으로 하거나, 동일하게 50분으로 한다.
- 각 발표마다 토론은 10분으로 한다.
- 휴식은 최대 2회까지 가질 수 있으며, 1회 휴식은 20분으로 한다.

나만의 접근포인트

🔍 고수의 접근포인트

이러한 유형의 자료가 제시되었다면 가능한 경우를 모두 판단하는 것은 시간적으로 불가능하며 설사 가능하다고 하더라도 매우 비효율적이다. 따라서 선택지를 직접 보면서 가능한 경우를 찾아야 한다.

그린 포럼의 일정을 조정하고 있는 A행정관이 고려해야 할 사항들이 다음과 같을 때, 다음 중 반드시 참이 아닌 것은?

① 발표를 2회 계획한다면, 휴식을 2회 가질 수 있는 방법이 있다.
② 발표를 2회 계획한다면, 오전 11시 이전에 포럼을 마칠 방법이 있다.
③ 발표를 3회 계획하더라도, 휴식을 1회 가질 수 있는 방법이 있다.
④ 각 발표를 50분으로 하더라도, 발표를 3회 가질 수 있는 방법이 있다.
⑤ 각 발표를 40분으로 하고 개회사를 20분으로 하더라도, 휴식을 2회 가질 수 있는 방법이 있다.

정답 ④

기본적으로 선택지의 구성이 '~ 방법이 있다.'라고 되어 있으므로 각 절차별로 최소의 시간을 대입하여 가능한지의 여부를 따져보면 된다. 또한, 각 발표마다 토론시간이 10분으로 동일하게 주어지므로 발표시간을 50분 혹은 60분으로 놓고 계산하는 것이 좋다. 마지막으로 오전 9시부터 늦어도 정오까지 마쳐야 한다고 하였으므로 가용 시간은 총 180분이다.
발표를 3회 가지고 각 발표를 50분으로 한다면, 발표에 부가되는 토론 10분씩을 더해 총 180분이 소요되어 전체 가용 가능시간을 채우게 된다. 그러나 개회사를 최소 10분간 진행해야 하므로 결국 주어진 시간 내에 포럼을 마칠 수 없게 된다.

오답분석

① 발표를 2회 계획한다면 최소 50분씩(이하에서는 선택지에서 별다른 조건이 주어지지 않으면 최소시간인 발표에 소요되는 시간 40분에 토론 10분을 더한 50분으로 상정한다) 도합 100분이 소요되며 휴식 2회에 소요되는 시간이 40분이므로 140분이 소요된다. 여기에 개회사의 최소시간인 10분을 더하면 가능한 최소시간은 총 150분이기 때문에 180분에 미치지 못한다. 따라서 가능한 조합이다.
② 발표를 2회 계획한다면 위에서 살펴본 바와 같이 100분이 소요되며 개회사를 10분간 진행한다고 하면 총 110분이 소요된다. 여기에 휴식은 생략 가능하므로 10시 50분에 포럼을 마칠 수 있다.
③ 발표를 3회 계획한다면 총 150분이 소요되며 개회사를 10분 진행하면 총 160분이 소요된다. 여기에 휴식을 1회 가진다면 포럼 전체에 소요되는 시간은 총 180분이어서 정확히 정오에 마칠 수 있다.
⑤ 휴식을 2회 가지면서 소요시간을 최소화하려면 '개회사 – 휴식1 – 발표1 – 토론1 – 휴식2 – 발표2 – 토론2'의 과정을 거쳐야 한다(단, 휴식은 발표와 토론 사이에 위치해도 무방하다). 여기서 발표와 토론을 두 번 진행한다면 100분이 소요되며, 휴식 2회를 포함하면 총 140분이 소요된다. 선택지에서 개회사를 20분으로 한다고 하였으므로 총 소요되는 시간은 160분으로 가용 시간 내에 종료 가능하다.

| 문제 4 |

A사원은 인사과에서 인사고과를 담당하고 있다. 그는 올해 우수 직원을 선정하여 표창하기로 했으니 인사고과에서 우수한 평가를 받은 직원을 후보자로 추천하라는 과장의 지시를 받았다. 평가 항목은 대민봉사, 업무역량, 성실성, 청렴도이고 각 항목은 상(3점), 중(2점), 하(1점)로 평가한다. A사원이 추천한 표창 후보자는 갑돌, 을순, 병만, 정애 네 명이며, 이들이 받은 평가는 다음과 같다.

구분	대민봉사	업무역량	성실성	청렴도
갑돌	상	상	상	하
을순	중	상	하	상
병만	하	상	상	중
정애	중	중	중	상

A사원은 네 명의 후보자에 대한 평가표를 과장에게 제출하였다. 과장은 "평가 점수 총합이 높은 순으로 선발하고, 동점자 사이에서는 _____"라고 하였다. A사원은 과장과의 면담 후 이들 중 세 명이 표창을 받게 된다고 추론하였다.

나만의 접근포인트

🔍 고수의 접근포인트

이 자료는 외형과 달리 결국은 동점자 처리기준을 묻고 있다. 그런데 만약 이를 놓치고 전체에서 3명을 선발하는 조건을 찾는 것으로 판단한다면 함정에 그대로 걸려들게 된다. 이러한 유형은 여러 가지 변종으로 출제되곤 한다. 즉, 하나의 항목은 이미 초반에 고정이 된 상태로 두고 나머지 항목들을 기준으로 판단해야 하는데 문제의 길이가 길어져 초반에 고정된 사항을 놓치게 하는 유형이 바로 그것이다.

A사원의 추론이 올바를 때, 윗글의 빈칸에 들어갈 진술로 적절한 것을 다음 〈보기〉에서 모두 고르면?

〈 보기 〉

ㄱ. 두 개 이상의 항목에서 상의 평가를 받은 후보자를 선발한다.
ㄴ. 청렴도에서 하의 평가를 받은 후보자를 제외한 나머지 후보자를 선발한다.
ㄷ. 하의 평가를 받은 항목이 있는 후보자를 제외한 나머지 후보자를 선발한다.

정답 ㄱ

각 표창 후보자의 평가결과를 정리하면 다음과 같다.

구분	대민봉사	업무역량	성실성	청렴도	총점
갑돌	3	3	3	1	10
을순	2	3	1	3	9
병만	1	3	3	2	9
정애	2	2	2	3	9

갑돌은 총점에서 제일 앞서므로 반드시 선발되지만, 나머지 3명은 모두 9점으로 동일하므로 동점자 처리기준에 의해 선발여부가 결정된다. 최종적으로 3명이 선발되었다고 하였으므로 3명 중 2명이 선발될 수 있는 기준을 판단해야 한다.
ㄱ. 두 개 이상의 항목에서 상의 평가를 받은 후보자는 을순(2), 병만(2) 2명이므로 적절한 기준이다.

오답분석
ㄴ. 3명 중 청렴도에서 하의 평가를 받은 후보자가 한 명도 없으므로 적절하지 않은 기준이다.
ㄷ. 3명 중 하의 평가를 받은 항목이 있는 후보자를 제외하면 정애 한명만 남게 되므로 적절하지 않은 기준이다.

- 첫차는 06:00에 출발하며, 24:00 이내에 모든 버스가 운행을 마치고 종착지에 들어온다.
- 버스의 출발지와 종착지는 같고 한 방향으로만 운행되며, 한 대의 버스가 1회 운행하는 데 소요되는 총 시간은 2시간이다. 이때 교통체증 등의 도로사정은 고려하지 않는다.
- 출발지를 기준으로 시간대별 배차 간격은 아래와 같다. 예를 들면 평일의 경우 버스 출발지를 기준으로 한 버스 출발 시간 은 …, 11:40, 12:00, 12:30, … 순이다.

구분	A시간대(06:00 ~ 12:00)	B시간대(12:00 ~ 14:00)	C시간대(14:00 ~ 24:00)
평일	20분	30분	40분
토요일	30분	40분	60분
일요일 (공휴일)	40분	60분	75분

나만의 접근포인트

고수의 접근포인트

이와 같이 시간단위와 분단위가 같이 등장하는 경우는 모든 데이터를 분단위로 변환하여 판단하는 것이 효율적이다. 시간을 따질 때 소수점이 나타나는 경우 혼동이 올 수 있기 때문이다. 따라서 A시간대는 360분, B시간대는 120분, C시간대는 600분으로 변환한 이후에 문제를 푸는 것이 좋다.

윗글을 근거로 판단할 때, 다음 〈보기〉에서 옳은 것을 모두 고르면?

─〈 **보기** 〉─

ㄱ. 공휴일인 어린이날에는 출발지에서 13:00에 버스가 출발한다.

ㄴ. 막차는 출발지에서 반드시 22:00 이전에 출발한다.

ㄷ. 일요일에 막차가 종착지에 도착하는 시간은 23:20이다.

ㄹ. 출발지에서 09:30에 버스가 출발한다면, 이 날은 토요일이다.

[정답] ㄱ, ㄴ, ㄹ

ㄱ. 공휴일의 경우 A시간대가 총 360분이므로 이는 40분×9로 나타낼 수 있다. 따라서 A시간대의 막차는 12:00에 출발하게 되며, B시간대의 배차간격이 60분이므로 다음 버스는 13:00에 출발하게 된다.

ㄴ. 요일에 관계없이 막차는 24:00 이전에 종착지에 도착해야 하므로 2시간의 총 운행 소요시간을 감안할 때 막차가 출발지에서 출발하는 시간은 22:00 이전이어야 한다.

ㄹ. 06:00부터 09:30까지의 시간간격이 3시간 30분이고 이를 분단위로 환산하면 210분이다. 그리고 각각의 배차간격인 20, 30, 40분 중 210의 약수가 되는 것은 토요일의 배차간격인 30분 하나뿐이기 때문에 출발지에서 9시 30분에 버스가 출발한다면 이 날은 토요일이다.

[오답분석]

ㄷ. 일요일의 경우 A시간대는 ㄱ과 동일한 논리가 적용되어 A시간대의 막차는 12:00에 출발하게 되며, B시간대는 총 120분인데 배차간격이 60분이므로 B시간대의 막차는 14:00에 출발하게 된다. 이제 C시간대를 살펴보면, 배차간격이 75분이므로 6번째 출발하는 버스가 450분 후, 즉 21시 30분에 출발하게 되며 이 차량이 종착지에 들어오는 시간은 23시 30분이 되므로 남은 시간과 배차 간격을 감안한다면 이 버스가 막차가 될 수밖에 없다.

3 90초 풀이연습

| 문제 1 |

〈배드민턴 복식 경기방식〉

• 점수를 획득한 팀이 서브권을 갖는다. 다만 서브권이 상대팀으로 넘어가기 전까지는 팀 내에서 같은 선수가 연속해서 서브권을 갖는다.
• 서브하는 팀은 자신의 팀 점수가 0이거나 짝수인 경우는 우측에서, 점수가 홀수인 경우는 좌측에서 서브한다.
• 서브하는 선수로부터 코트의 대각선 위치에 선 선수가 서브를 받는다.
• 서브를 받는 팀은 자신의 팀으로 서브권이 넘어오기 전까지는 팀 내에서 선수끼리 서로 코트 위치를 바꾸지 않는다.
※ 좌측, 우측은 각 팀이 네트를 바라보고 인식하는 좌, 우이다.

〈경기상황〉

• 갑팀(A · B)과 을팀(C · D)간 복식 경기 진행
• 3 : 3 동점 상황에서 A가 C에 서브하고 갑팀(A · B)이 1점 득점

점수	서브 방향 및 선수 위치	득점한 팀
3 : 3	D C ↗ A B	갑

나만의 접근포인트

위의 배드민턴 복식 경기방식을 따를 때, 다음 중 경기상황에 이어질 서브 방향 및 선수 위치로 가능한 것은?

①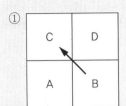

②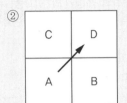

③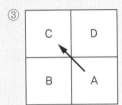

④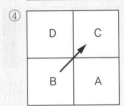

⑤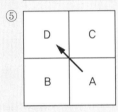

정답 ⑤

A가 서브를 하고 득점하였으므로 A가 계속 서브한다. 그리고 서브를 받는 팀은 자신의 팀으로 서브권이 넘어오기 전까지는 팀 내에서 선수끼리 서로 코트 위치를 바꾸지 않는다고 하였으므로 C와 D의 위치는 변하지 않는다. 또 팀 점수가 0이거나 짝수인 경우는 우측에서 서브한다고 하였는데, 갑팀의 점수가 4점이므로 우측에서 서브한다.

| 문제 2 |

〈연주 규칙〉

1 ~ 2구간의 흰 건반 10개만을 사용하여 '비행기'와 '학교종' 두 곡을 연주한다. 왼손과 오른손을 나란히 놓고, 엄지, 검지, 중지, 약지, 새끼 다섯 종류의 손가락을 사용한다. 손가락 번호와 일치하는 건반 한 개만 칠 수 있으며, 각 노래에 사용되는 음은 아래와 같다.

• 비행기 : 한 구간 내의 '도, 레, 미' 음만 사용
• 학교종 : 한 구간 내의 '도, 레, 미, 솔, 라' 음만 사용

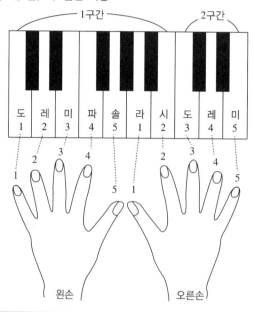

나만의 접근포인트

위의 연주 규칙에 근거할 때, 다음 중 옳지 않은 것은?

① '비행기'는 어느 구간에서 연주하든 같은 종류의 손가락을 사용한다.

② '비행기'는 어느 구간에서 연주하든 같은 번호의 손가락을 사용한다.

③ '학교종'을 연주할 때는 검지 손가락을 사용하지 않는다.

④ '비행기'는 한 손만으로도 연주할 수 있다.

⑤ '학교종'은 한 손만으로 연주할 수 없다.

정답 ②

① · ② 1구간에서 '비행기'를 연주할 경우 새끼(1), 약지(2), 중지(3) 손가락을 사용하고, 2구간에서 연주할 경우 중지(3), 약지(4), 새끼(5) 손가락을 사용한다.

오답분석

③ · ⑤ '학교종'은 '솔'과 '라'로 인해 1구간에서만 연주가 가능한데, 이 경우 새끼(1), 약지(2), 중지(3), 왼쪽 엄지(5), 오른쪽 엄지(1)을 사용하므로 검지는 사용하지 않는다. 따라서 옳은 내용이다.

④ '비행기'는 왼손 1, 2, 3번 손가락만으로도 연주가 가능하고, 오른손 3, 4, 5번 손가락만으로도 연주가 가능하므로 옳은 내용이다.

| 문제 3 |

- 갑은 선박으로 '포항 → 울릉도 → 독도 → 울릉도 → 포항' 순으로 여행을 다녀왔다.
- '포항 → 울릉도' 선박은 매일 오전 10시, '울릉도 → 포항' 선박은 매일 오후 3시에 출발하며, 편도 운항에 3시간이 소요된다.
- 울릉도에서 출발해 독도를 돌아보는 선박은 매주 화요일과 목요일 오전 8시에 출발하여 당일 오전 11시에 돌아온다.
- 최대 파고가 3m 이상인 날은 모든 노선의 선박이 운항되지 않는다.
- 갑은 매주 금요일에 술을 마시는데, 술을 마신 다음날은 멀미가 심해 선박을 탈 수 없다.
- 이번 여행 중 갑은 울릉도에서 호박엿 만들기 체험을 했는데, 호박엿 만들기 체험은 매주 월·금요일 오후 6시에만 할 수 있다.

〈파고 수치〉

(파) : 최대 파고(단위 : m)

일	월	화	수	목	금	토
16	17	18	19	20	21	22
(파) 1.0	(파) 1.4	(파) 3.2	(파) 2.7	(파) 2.8	(파) 3.7	(파) 2.0
23	24	25	26	27	28	29
(파) 0.7	(파) 3.3	(파) 2.8	(파) 2.7	(파) 0.5	(파) 3.7	(파) 3.3

나만의 접근포인트

윗글과 날짜에 따른 파고 수치를 근거로 판단할 때, 갑이 여행을 다녀온 시기로 가능한 것은?

① 16일(일) ~ 19일(수)
② 19일(수) ~ 22일(토)
③ 20일(목) ~ 23일(일)
④ 23일(일) ~ 26일(수)
⑤ 25일(화) ~ 28일(금)

정답   ④

23일(일) 오전 10시에 포항을 출발하여 오후 1시에 울릉도에 도착한 후, 24일(월) 오후 6시에 호박엿 만들기 체험에 참여한다. 그리고 25일(화) 오전 8시부터 오전 11시까지 독도 여행을 진행한 후 26일(수) 오후 3시에 울릉도를 출발 오후 6시에 포항에 도착하는 일정의 여행이 가능하다.

오답분석

① 이 기간 중 독도 여행이 가능한 날은 18일(화)뿐인데 이날은 파고가 3.2m이어서 모든 노선의 선박이 운행되지 않는다. 따라서 불가능한 일정이다.
② 21일(금)에 술을 마신 관계로 22일(토)에 선박을 탈 수 없어 포항으로 귀환이 불가능하다.
③ 이 기간 중 독도 여행이 가능한 날은 20일(목)뿐인데 해당 시간대에는 포항에서 울릉도로 가는 선박에 있는 상황이므로 불가능한 일정이다.
⑤ 28일(금)에 파고가 3.7m이어서 모든 노선의 선박이 운행되지 않는다. 따라서 포항으로 귀환이 불가능하다.

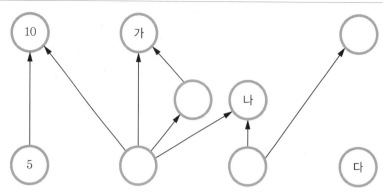

- 그림에서 2에서 10까지의 자연수는 ◯ 안에 한 개씩만 사용되고, 사용되지 않는 자연수는 없다.

- 2에서 10까지의 서로 다른 임의의 자연수 3개를 x, y, z라고 할 때,

  - x ──▶ y 는 y가 x의 배수임을 나타낸다.

  - 화살표로 연결되지 않은 z 는 z가 x, y와 약수나 배수 관계가 없음을 나타낸다.

나만의 접근포인트

위 자료를 근거로 판단할 때, 가, 나, 다에 해당하는 수의 합은?

정답 21

아래와 같이 빈 동그라미들을 각각 A ~ D라 하면 다음과 같다.

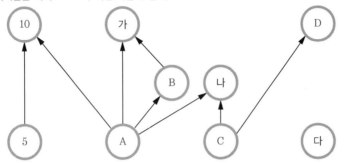

먼저 2부터 10까지의 숫자 중에서 배수관계가 없는 숫자는 7이 유일하므로 '다'는 7임을 알 수 있다. 다음으로 10의 약수는 2와 5이므로 A에는 2가 들어가야 하며, B에는 2(A)의 배수가, '가'에는 2(A)의 '배수의 배수'가 들어가야 한다. 그런데 2부터 10까지의 숫자 중에서 2와 이러한 관계를 가질 수 있는 조합은 2, 4, 8뿐이다. 따라서 B는 4가 되고 '가'는 8이 되어야 한다.

'나'에는 2의 배수 중 아직 할당이 되지 않은 유일한 숫자인 6이 들어가야 하며, C에는 6의 약수인 2와 3 중에서 3이 들어가야 한다. 마지막으로 D에는 아직까지 배정되지 않은 유일한 숫자인 9(3의 배수)가 들어가게 된다. 따라서 가, 나, 다에 해당하는 수의 합은 21이다.

A국 사람들은 아래와 같이 한 손으로 1부터 10까지의 숫자를 표현한다.

숫자	1	2	3	4	5
펼친 손가락 개수	1개	2개	3개	4개	5개
펼친 손가락 모양					
숫자	6	7	8	9	10
펼친 손가락 개수	2개	3개	2개	1개	2개
펼친 손가락 모양					

〈상황〉

A국에 출장을 간 갑은 A국의 언어를 하지 못하여 물건을 살 때 상인의 손가락을 보고 물건의 가격을 추측한다. A국 사람의 숫자 표현법을 제대로 이해하지 못한 갑은 상인이 금액을 표현하기 위해 펼친 손가락 1개당 1원씩 돈을 지불하려고 한다. (단, 갑은 하나의 물건을 구매하며, 물건의 가격은 최소 1원부터 최대 10원까지라고 가정한다)

나만의 접근포인트

적중예상문제

윗글과 상황을 근거로 판단할 때, 다음 〈보기〉에서 옳은 설명을 모두 고르면?

― 〈 **보기** 〉 ―

ㄱ. 물건의 가격과 갑이 지불하려는 금액이 일치했다면, 물건의 가격은 5원 이하이다.

ㄴ. 상인이 손가락 3개를 펼쳤다면, 물건의 가격은 최대 7원이다.

ㄷ. 물건의 가격과 갑이 지불하려는 금액이 8원 만큼 차이가 난다면, 물건의 가격은 9원이거나 10원이다.

정답 ㄱ, ㄴ, ㄷ

ㄱ. 5원까지는 펼친 손가락의 개수와 실제 가격이 동일하지만 6원부터는 둘이 일치하지 않는다. 따라서 옳은 진술이다.

ㄴ. 펼친 손가락의 개수가 3개라면 숫자는 3 혹은 7이므로 물건의 가격은 최대 7원임을 알 수 있다.

ㄷ. 물건의 가격이 최대 10원이라고 하였으므로, 물건의 가격과 갑이 지불하려는 금액이 8원만큼 차이가 나는 경우는 상인이 손가락 2개를 펼쳤을 때 지불해야 하는 금액이 10원인 경우와 손가락 1개를 펼쳤을 때 지불해야 하는 금액이 9원인 경우뿐이다.

| 문제 6 |

〈순위 결정 기준〉

• 각 종목의 1위에게는 4점, 2위에게는 3점, 3위에게는 2점, 4위에게는 1점을 준다.
• 각 종목에서 획득한 점수를 합산한 총점이 높은 순으로 종합 순위를 결정한다.
• 총점에서 동점이 나올 경우에는 1위를 한 종목이 많은 팀이 높은 순위를 차지한다.
– 만약 1위 종목의 수가 같은 경우에는 2위 종목이 많은 팀이 높은 순위를 차지한다.
– 만약 1위 종목의 수가 같고, 2위 종목의 수도 같은 경우에는 공동 순위로 결정한다.

〈득점 현황〉

종목명 \ 팀명	A	B	C	D
가	4	3	2	1
나	2	1	3	4
다	3	1	2	4
라	2	4	1	3
마	?	?	?	?
합계	?	?	?	?

※ 종목별 순위는 반드시 결정되고, 동순위는 나오지 않는다.

나만의 접근포인트

A~D 네 팀이 참여하여 체육대회를 하고 있다. 순위 결정 기준과 각 팀의 현재까지 득점 현황에 근거하여 판단할 때, 항상 옳은 추론을 다음 〈보기〉에서 모두 고르면?

〈 **보기** 〉

ㄱ. A팀이 종목 마에서 1위를 한다면 종합 순위 1위가 확정된다.
ㄴ. B팀이 종목 마에서 C팀에게 순위에서 뒤처지면 종합 순위에서도 C팀에게 뒤처지게 된다.
ㄷ. C팀은 종목 마의 결과와 관계없이 종합 순위에서 최하위가 확정되었다.
ㄹ. D팀이 종목 마에서 2위를 한다면 종합 순위 1위가 확정된다.

정답 ㄹ

종목 마를 제외한 팀별 종목별 득점의 합계는 다음과 같다.

팀명	A	B	C	D
합계	11	9	8	12

종목 가, 나, 다, 라에서 팀별 1, 2위를 차지한 횟수는 다음과 같다.

순위＼팀명	A	B	C	D
1위	1	1	0	2
2위	1	1	1	1

ㄹ. A팀이 종목 마에서 1위를 차지하여 4점을 받는다면, 총점은 15점이고 1위를 차지한 횟수는 2번, 2위를 차지한 횟수는 1번이 된다. 이때 D팀이 종목 마에서 2위를 차지하면, 합계는 15점, 1위를 차지한 횟수는 2번으로 A팀과 같고 2위를 차지한 횟수는 2번이 된다. 따라서 D팀이 종합 1위, A팀이 종합 2위가 된다.

〔오답분석〕

ㄱ. D팀이 종목 마에서 2위를 한다면 D가 종합 순위 1위가 확정되므로 옳지 않은 내용이다.
ㄴ. B팀과 C팀의 가, 나, 다, 라 종목의 득점 합계의 차이는 1점이고 B팀이 C팀보다 1위를 차지한 횟수가 더 많다. 따라서 B팀이 종목 마에서 C팀에게 한 등급 차이로 순위에서 뒤처지면 득점의 합계는 같게 되지만, 순위 횟수에서 B팀이 C팀보다 우수하므로 종합 순위에서 B팀이 C팀보다 높게 된다.
ㄷ. C팀이 2위를 하고 B팀이 4위를 하거나, C팀이 1위를 하고 B팀이 3위 이하를 했을 경우에는 B팀이 최하위가 된다.

A팀과 B팀은 다음과 같이 게임을 한다. A팀과 B팀은 각각 3명으로 구성되며, 왼손잡이, 오른손잡이, 양손잡이가 각 1명씩이다. 총 5라운드에 걸쳐 가위바위보를 하며 규칙은 아래와 같다.

- 모든 선수는 1개 라운드 이상 출전하여야 한다.
- 왼손잡이는 '가위'만 내고 오른손잡이는 '보'만 내며, 양손잡이는 '바위'만 낸다.
- 라운드마다 가위바위보를 이긴 선수의 팀이 획득하는 점수는 다음과 같다.
  - 이긴 선수가 왼손잡이인 경우 : 2점
  - 이긴 선수가 오른손잡이인 경우 : 0점
  - 이긴 선수가 양손잡이인 경우 : 3점
- 두 팀은 1라운드를 시작하기 전에 각 라운드에 출전할 선수를 결정하여 명단을 제출한다.
- 5라운드를 마쳤을 때 획득한 총 점수가 더 높은 팀이 게임에서 승리한다.

〈상황〉

다음은 3라운드를 마친 현재까지의 결과이다.

구분	1라운드	2라운드	3라운드	4라운드	5라운드
A팀	왼손잡이	왼손잡이	양손잡이		
B팀	오른손잡이	오른손잡이	오른손잡이		

※ 각 라운드에서 가위바위보가 비긴 경우는 없다.

나만의 접근포인트

윗글과 상황을 근거로 판단할 때, 〈보기〉에서 옳은 것만을 고르면?

⟨ **보기** ⟩

ㄱ. 3라운드까지 A팀이 획득한 점수와 B팀이 획득한 점수의 합은 4점이다.
ㄴ. A팀이 잔여 라운드에서 모두 오른손잡이를 출전시킨다면 B팀이 게임에서 승리한다.
ㄷ. B팀이 게임에서 승리하는 경우가 있다.

정답 ㄱ, ㄷ

ㄱ. 3라운드까지의 결과를 정리하면 다음과 같다.

구분	1라운드	2라운드	3라운드	합계
A팀	가위(승:2점)	가위(승:2점)	바위	4점
B팀	보	보	보(승:0점)	0점

따라서 두 팀의 점수의 합은 4점이므로 옳은 내용이다.

ㄷ. 4라운드와 5라운드의 선수배치가 다음과 같다면 최종점수 4 : 5로 B팀이 승리할 수 있으므로 옳은 내용이다.

	4라운드	5라운드
A팀	가위	보
B팀	바위(승:3점)	가위(승:2점)

[오답분석]

ㄴ. A팀이 잔여 라운드에서 모두 오른손잡이(보)를 출전시키는 경우, 가능한 경우를 정리하면 다음과 같다.

구분	4라운드		5라운드	
	경우 1	경우 2	경우 1	경우 2
A팀	보(승:0점)	보	보	보(승:0점)
B팀	바위	가위(승:2점)	가위(승:2점)	바위

경우 1에서는 A팀이 추가점을 얻지 못한 반면, B팀은 2점을 얻어 최종점수 4 : 2로 A팀이 승리한다. 그리고 경우 2에서도 A팀이 추가점을 얻지 못한 반면, B팀은 2점을 얻는데 그쳐 최종점수 4 : 2로 A팀이 승리한다. 따라서 옳지 않은 내용이다.

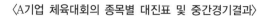

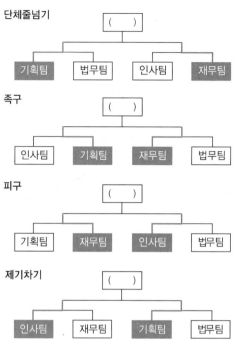

〈A기업 체육대회의 종목별 대진표 및 중간경기결과〉

단체줄넘기

족구

피구

제기차기

※ 굵은 선과 음영(■■)으로 표시된 팀은 이긴 팀을 의미하며, 결승전만을 남긴 상황임

〈종목별 승점 배점표〉

순위 \ 종목	단체줄넘기	족구	피구	제기차기
1위	120	90	90	60
2위	80	60	60	40
3 · 4위	40	30	30	20

※ 1) 최종 대회성적은 종목별 승점합계가 가장 높은 팀이 종합 우승, 두 번째로 높은 팀이 종합 준우승임
2) 승점합계가 동일한 팀이 나올 경우, 단체줄넘기 종목의 순위가 높은 팀이 최종 순위가 높음
3) 모든 경기에 무승부는 없음

나만의 접근포인트

다음 중 윗글에 근거하여 남은 경기결과에 따른 최종 대회성적에 대한 설명으로 옳지 않은 것은?

① 남은 경기결과와 상관없이 법무팀은 종합 우승을 할 수 없다.

② 재무팀이 남은 경기 중 2종목에서 이기더라도 기획팀이 종합 우승을 할 수 있다.

③ 기획팀이 남은 경기에서 모두 지면, 재무팀이 종합 우승을 한다.

④ 재무팀이 남은 경기에서 모두 지더라도 재무팀은 종합 준우승을 한다.

⑤ 인사팀이 남은 경기에서 모두 이기더라도 인사팀은 종합 우승을 할 수 없다.

정답 ②

재무팀이 남은 경기 중 2종목에서 이겼을 때, 기획팀이 최대의 승점을 얻을 수 있는 경우는 다음과 같다.
ⅰ) 재무팀과의 맞대결을 펼친 단체줄넘기에서 승리
ⅱ) 족구에서 재무팀이 기획팀에 승리
ⅲ) 피구에서 재무팀이 인사팀에 승리
ⅳ) 제기차기에서는 기획팀이 인사팀에 승리
그런데 이 경우 재무팀이 얻은 승점은 280점인데 반해 기획팀은 270점에 그치므로 기획팀이 종합우승을 할 수 없다.

오답분석

① 법무팀은 모든 종목에서 결승에 진출하지 못했으므로 현재까지 얻은 120점이 최종 획득점수이다. 그런데 기획팀의 경우 진출한 3종목의 결승전에서 모두 패하더라도 210점을 획득하므로 법무팀보다 승점이 높게 된다. 따라서 법무팀은 남은 경기결과에 상관없이 종합 우승을 할 수 없다.

③ 기획팀이 남은 경기에서 모두 지면 얻게 되는 승점은 210점이며, 피구에서 인사팀이 재무팀을 이겼다고 가정하더라도 재무팀의 승점은 290점이 된다. 한편 이 경우 인사팀이 얻게 되는 승점은 220점에 불과하므로 결국 재무팀이 종합우승을 차지하게 된다.

④ 재무팀이 남은 경기에서 모두 패하면 얻게 되는 승점은 220점이며, 기획팀과 인사팀의 승점은 마지막 제기차기의 결승결과에 따라 달라지게 된다. 만약 인사팀이 승리하게 되면 인사팀은 220점, 기획팀은 280점을 얻게 되고, 기획팀이 승리하게 되면 인사팀은 200점, 기획팀은 300점을 얻게 된다. 이를 정리하면 다음과 같다.
ⅰ) 인사팀 승리 : 기획팀(280점), 재무팀(220점), 인사팀(220점)
ⅱ) 기획팀 승리 : 기획팀(300점), 재무팀(220점), 인사팀(200점)
따라서 인사팀이 승리하는 경우도 각주 2)에 따라 재무팀이 종합 준우승을 차지하게 되며, 기획팀이 승리하는 경우는 재무팀이 종합 준우승을 차지하게 되므로 옳은 내용임을 알 수 있다.

⑤ 인사팀이 남은 경기인 피구와 제기차기에서 모두 이긴다면 인사팀이 얻을 수 있는 승점 합계는 220점이며 이 두 종목에서 재무팀은 80점, 기획팀은 70점을 확보하게 된다. 그런데 단체줄넘기와 족구는 모두 기획팀과 재무팀이 결승에 진출한 상태이므로 어느 조합의 결과가 나오더라도 두 팀의 종합승점은 220점을 넘게 된다. 따라서 인사팀은 종합 우승을 할 수 없다.

- 갑은 A → B → C, 을은 B → C → E로 이동하였다.
- A → B는 A지점에서 출발하여 다른 지점을 경유하지 않고 B지점에 도착하는 이동을 의미한다.
- 이동 시 왔던 길은 되돌아갈 수 없다.
- 평균속력은 출발지점부터 도착지점까지의 이동거리를 소요시간으로 나눈 값이다.
- 자동차의 최고속력은 200km/h이다.

〈지점 간 주행 가능한 도로 현황〉

(단위 : km)

출발지점 \ 도착지점	B	C	D	E
A	200	×	×	×
B	–	400	200	×
C	×	–	×	200
D	×	×	–	400

※ 1) '×'는 출발지점에서 도착지점까지 주행 가능한 도로가 없음을 의미함
2) 지점 간 주행 가능한 도로는 1개씩만 존재함

〈자동차 갑과 을의 지점 간 이동정보〉

자동차	출발		도착	
	지점	시각	지점	시각
갑	A	10:00	B	( )
	B	( )	C	16:00
을	B	12:00	C	16:00
	C	16:00	E	18:00

※ 최초 출발지점에서 최종 도착지점까지 24시간 이내에 이동함을 가정함.

나만의 접근포인트

다음 중 위 자료에 근거한 설명으로 옳은 것은?

① 갑은 B지점에서 13:00 이전에 출발하였다.

② 갑이 B지점에서 1시간 이상 머물렀다면 A → B 또는 B → C 구간에서 속력이 120km/h 이상인 적이 있다.

③ 을의 경우, B → C 구간의 평균속력보다 C → E 구간의 평균속력이 빠르다.

④ B → C 구간의 평균속력은 갑이 을보다 빠르다.

⑤ B → C → E 구간보다 B → D → E 구간의 거리가 더 짧다.

정답 ②

갑이 B지점에서 1시간 이상 머물렀다면 전체 구간인 600km를 최소 5시간 이내에 이동해야 하는데 그렇다면 이때의 평균속력은 120km/h가 되어야 한다. 따라서 A → B 또는 B → C 구간에서 속력이 120km/h 이상인 적이 있다.

오답분석

① B지점에서 C지점까지의 거리가 400km이고 자동차의 최고속력이 200km/h이므로 소요시간은 최소 2시간이다. 최고속력을 고려할 때 A지점에서 B지점까지의 이동시간은 충분하므로 B지점에서 최소 14시 이전에만 출발하면 된다.

③ 을은 B지점에서 C지점까지의 400km를 4시간 동안 주행하였으며 C지점에서 E지점까지의 200km를 2시간 동안 주행하였으므로 두 구간의 평균속력은 모두 시속 100km로 동일하다.

④ B지점에서 C지점까지의 거리가 400km이고 4시간이 소요되었으므로 을의 평균속력은 시속 100km이다. 그러나 갑의 경우는 B지점에서의 출발시간이 12시 이전인지 이후인지에 따라 평균속력이 100km/h에서 높아질 수도 낮아질 수도 있다. 따라서 둘 간의 평균속력은 비교가 불가능하다.

⑤ B → C의 거리는 400km이고 C → E의 거리는 200km이므로, B → C → E의 거리는 600km이다. 또 B → D의 거리는 200km이고 D → E의 거리는 400km이므로 B → D → E의 거리 역시 600km이다. 따라서 두 구간의 거리는 동일하므로 옳지 않다.

- 하루에 4개 관광지를 모두 한 번씩 관광한다.
- 궁궐에서는 가이드투어만 가능하다. 가이드투어는 10시와 14시에 시작하며, 시작 시각까지 도착하지 못하면 가이드투어를 할 수 없다.
- 각 관광에 소요되는 시간은 2시간이며, 관광지 운영시간 외에는 관광할 수 없다.

〈관광지 운영시간 및 이동시간〉

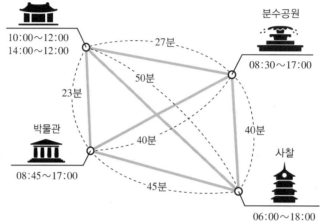

궁궐
10:00~12:00
14:00~12:00

분수공원
08:30~17:00

박물관
08:45~17:00

사찰
06:00~18:00

27분
50분
23분
40분
40분
45분

나만의 접근포인트

위의 자료를 근거로 판단할 때, 다음 〈보기〉에서 옳은 설명을 모두 고르면?

────────〈 보기 〉────────

ㄱ. 사찰에서부터 관광을 시작해야 한다.
ㄴ. 마지막 관광을 종료하는 시각은 16시 30분 이후이다.
ㄷ. 박물관과 분수공원의 관광 순서가 바뀌어도 무방하다.

───────────────────────────

정답 ㄱ, ㄷ

궁궐의 가이드투어 시작 시간이 10시와 14시이므로 이 두 가지의 경우는 다음과 같다.
i) 10시에 궁궐 관광을 시작하는 경우 – 불가능
　분수공원과 박물관의 운영 시작 시간이 각각 8시 30분과 8시 45분이어서 해당 시설의 관광을 마치고 나면 10시를 넘어선다. 따라서 이들 어느 곳도 궁궐보다 먼저 일정을 시작할 수 없다. 그렇다면 남은 경우는 사찰을 가장 먼저 방문하고 10시에 궁궐 관광을 시작하여 12시에 마치는 것인데, 이 경우 박물관과 분수공원 중 어느 곳을 먼저 방문하더라도 총 이동시간(63분 혹은 67분)을 감안하면 마지막 방문지의 관광을 17시 이전에 마치는 것이 불가능하다. 따라서 10시에 궁궐 관광을 시작하는 경우는 가능하지 않다.
ii) 14시에 궁궐 관광을 시작하는 경우 – 가능
　이 경우는 16시에 궁궐 관광을 마치게 되어 이동시간을 감안하면 이 이후에는 다른 관광을 할 수 없다. 따라서 궁궐 관광 이전에 나머지 3곳의 관광을 마쳐야 하는데 분수공원 혹은 박물관을 첫 일정으로 잡는 경우는 이동시간과 소요시간을 고려할 때 14시까지 궁궐에 도착하는 것이 불가능하게 된다. 따라서 첫 일정은 사찰이 되어야 하며 마지막 일정은 궁궐 관광이 되어야 한다. 이 경우 두 번째와 세 번째 일정에 포함되는 분수공원과 박물관 관광은 어느 곳을 먼저 방문해도 무방하다.
ㄱ. 위에서 살펴본 것과 같이 사찰을 가장 첫 방문지로 선택해야 시간 내에 모든 일정을 소화할 수 있으므로 옳은 내용이다.
ㄷ. 박물관과 분수공원은 두 번째와 세 번째 일정에 포함되나 방문 순서가 바뀌어도 14시에 궁궐 관광을 시작하는 데 무리가 없으므로 관광 순서는 바뀌어도 무방하다.

오답분석

ㄴ. 마지막 관광은 궁궐 관광이 되어야 하므로 16시 정각에 모든 일정이 마무리 된다.

1 대표자료

A국은 신재생에너지 보급 사업 활성화를 위하여 신재생에너지 설비에 대한 지원 내용을 공고하였다. 지원 기준과 지원 신청 현황은 아래와 같다.

〈지원 기준〉

구분		용량(성능)	지원금 단가
태양광	단독주택	2kW 이하	kW당 80만 원
		2kW 초과 3kW 이하	kW당 60만 원
	공동주택	30kW 이하	kW당 80만 원
태양열	평판형·진공관형	$10m^2$ 이하	m^2당 50만 원
		$10m^2$ 초과 $20m^2$ 이하	m^2당 30만 원
지열	수직밀폐형	10kW 이하	kW당 60만 원
		10kW 초과	kW당 50만 원
연료전지	인산형 등	1kW 이하	kW당 2,100만 원

※ 1) 지원금은 [용량(성능)]×(지원금 단가)로 산정
   2) 국가 및 지방자치단체 소유 건물은 지원 대상에서 제외
   3) 전월 전력사용량이 450kWh 이상인 건물은 태양열 설비 지원 대상에서 제외
   4) 용량(성능)이 지원 기준의 범위를 벗어나는 신청은 지원 대상에서 제외

〈지원 신청 현황〉

신청자	설비 종류	용량(성능)	건물 소유자	전월 전력사용량	비고
갑	태양광	8kW	개인	350kWh	공동주택
을	태양열	$15m^2$	개인	550kWh	진공관형
병	태양열	$5m^2$	국가	400kWh	평판형
정	지열	15kW	개인	200kWh	수직밀폐형
무	연료전지	3kW	개인	400kWh	인산형

Q 고수의 접근포인트

문제해결능력이나 자원관리능력에서 가장 많이 볼 수 있는 유형으로 심한 경우는 전체 문제의 절반 이상을 차지하기도 하는 형태이다. 유형은 매우 단순하다. 어떠한 기준이 제시된 이후 그 아래에는 각 대상들의 실제 데이터들이 주어진다.

그런데 문제는 제시되는 기준의 분량이 많다는 것이다. 이를 해결하기 위해서는 주어진 자료들을 최대한 압축해서 정리할 필요가 있는데, 이때 가장 좋은 방법은 2단계 이하로 들어간 세부 항목들은 패스하는 것이다. 위 자료에서는 (태양광 ~ 연료전지), (단독주택 ~ 인산형 등)의 분류만 정리해놓고 그 아래의 내용은 일단 넘기는 것이다. 어차피 이 내용들은 문제를 보지 않은 상황에서는 아무리 들여다봤자 단서를 찾기도 어렵고 또 기억에 남지도 않는다.

다음으로 중요한 것은 각주의 내용인데, 각주에서는 어떠한 사항을 '제외'하는 부분에 집중해야 한다. 다만, 주의할 것은 이 제외되는 항목들은 각주에 교묘하게 숨어있는 경우가 많으므로 각주를 읽을 때에는 이 부분을 어떻게 해서든지 찾아내려고 노력해야 한다.

적중예상문제   ⏱ 제한시간 : 70초   ⧗ 소요시간 :   초

윗글을 근거로 판단할 때, 갑 ~ 무 중 가장 많은 지원금을 받는 신청자는?

정답 정

먼저 국가 및 지방자치단체 소유 건물은 지원 대상에서 제외한다고 하였으므로 병은 지원대상에서 제외되며, 전월 전력사용량이 450kWh 이상인 건물은 태양열 설비 지원 대상에서 제외하므로 을 역시 제외된다. 마지막으로 용량(성능)이 지원 기준의 범위를 벗어나는 신청은 지원 대상에서 제외한다고 하였으므로 무도 제외된다.

따라서, 지원금을 받을 수 있는 것은 갑과 정이며 이들의 지원금을 계산하면 다음과 같다.

- 갑 : 8kW×80만 원=640만 원
- 정 : 15kW×50만 원=750만 원

2 기본자료

| 문제 1 |

- 준석이는 같은 온실에서 5가지 식물(A ~ E)을 하나씩 동시에 재배하고자 한다.
- A ~ E의 재배 가능 온도와 각각의 상품가치는 다음과 같다.

식물 종류	재배 가능 온도(℃)	상품가치(원)
A	0 이상 20 이하	10,000
B	5 이상 15 이하	25,000
C	25 이상 55 이하	50,000
D	15 이상 30 이하	15,000
E	15 이상 25 이하	35,000

- 준석이는 온도만 조절할 수 있으며, 식물의 상품가치를 결정하는 유일한 것은 온도이다.
- 온실의 온도는 0℃를 기준으로 5℃ 간격으로 조절할 수 있고, 한 번 설정하면 변경할 수 없다.

나만의 접근포인트

🔍 고수의 접근포인트

상품가치의 총합을 구하는 두 번째 항목의 경우 센스가 있는 수험생이라면 가장 상품가치가 큰 C와 E를 포함시키는 온도를 선택했을 것이다. 이것에는 어떤 이론적인 근거가 있지는 않지만 문제를 출제하는 입장에서는 가장 큰 값을 가지는 것들을 포함시키게끔 출제하는 경향이 있다. 실전에서 문제 풀이 시간이 부족한 막판에는 이런 감각을 이용해 푸는 것도 실력이다.

적중예상문제

⏱ 제한시간 : 50초   ⏳ 소요시간 :   초

위의 자료를 근거로 판단할 때, 준석이가 가장 많은 식물을 재배할 수 있는 온도와 상품가치의 총합이 가장 큰 온도는?(단, 주어진 조건 외에 다른 조건은 고려하지 않는다)

정답 가장 많은 식물을 재배할 수 있는 온도 : 15℃, 상품가치의 총합이 가장 큰 온도 : 25℃

선택지에서 가능한 범위의 수들을 제시하고 있으므로 제시된 수치들을 직접 이용해 풀이하도록 한다.
ⅰ) 가장 많은 식물을 재배할 수 있는 온도 : 15℃에서는 A, B, D, E 네 종류의 식물을 재배할 수 있으며, 20℃에서는 A, D, E 세 종류의 식물을 재배할 수 있으므로 가장 많은 식물을 재배할 수 있는 온도는 15℃이다.
ⅱ) 상품가치의 총합이 가장 큰 온도 : 15℃에서는 A, B, D, E 네 종류의 식물을 재배할 수 있어 상품가치는 85,000원이고, 20℃에서는 A, D, E 세 종류의 식물을 재배할 수 있어 상품가치는 60,000원이다. 마지막으로 25℃에서는 C, D, E 세 종류의 식물만 재배할 수 있으나 이때의 상품가치는 100,000원에 달해 상품가치의 총합이 가장 큰 온도임을 알 수 있다.

〈정책에 대한 평가결과〉

정책＼심사위원	A	B	C	D
가	●	●	◐	○
나	●	●	◐	●
다	◐	○	●	◐
라	( )	●	◐	( )
마	●	( )	●	◐
바	◐	◐	◐	●
사	◐	◐	◐	●
아	◐	◐	●	( )
자	◐	◐	( )	●
차	( )	●	◐	○
평균(점)	0.55	0.70	0.70	0.50

※ 정책은 ○(0점), ◐(0.5점), ●(1.0점)으로만 평가됨

나만의 접근포인트

고수의 접근포인트

이런 유형의 자료를 접하고 체크해야 할 것은 두 가지이다. 하나는 빈칸을 직접 계산해서 채울 것인가이다. 간혹 빈칸을 채워 넣지 않고 점수가 낮아 보이는 것부터 역으로 찾아가는 방법을 제시하는 경우가 있는데 그러한 방법은 오히려 더 위험하기 때문에 추천하지 않는다. 따라서 별다른 단서가 주어져 있지 않은 상황에서는 일단 빈칸을 직접 채운다고 생각하고 접근하기 바란다. 다음으로는 전체 항목의 개수가 문제에 주어지는 경우가 대부분이라는 것이다. 정말 어처구니없다고 생각할지 모르지만 주어진 평균을 총점으로 바꾸는 과정에서 전체 정책의 수를 직접 세면서 풀이한 수험생이 분명히 존재한다. 시험장에서는 정신없이 문제를 읽어나가기 바쁘다. 따라서 평소 연습을 할 때 문제의 키워드에는 자신만의 표시를 해두는 등의 전략을 체화시키도록 하자.

적중예상문제

제한시간 : 50초   소요시간 :   초

다음은 '갑' 기관의 10개 정책(가 ~ 차)에 대한 평가결과이다. '갑' 기관은 정책별로 심사위원 A ~ D의 점수를 합산하여 총점이 낮은 정책부터 순서대로 4개 정책을 폐기할 계획이다. 다음 중 폐기할 정책만을 모두 고르면?

정답 다, 라, 아, 차

주어진 평균을 이용하여 빈칸을 채우면 심사위원 A의 '라'와 '차' 정책에 대한 점수는 모두 0점이고, 심사위원 B의 '마' 정책에 대한 점수는 1점, 심사위원 C의 '자' 정책에 대한 점수는 1점, 마지막으로 심사위원 D의 '라', '아' 정책에 대한 점수는 모두 0점으로 계산할 수 있다. 이에 따라 각 정책별 평가점수를 정리하면 다음과 같다.

가	나	다	라	마	바	사	아	자	차
2.5	3.5	2	1.5	3.5	2.5	2.5	2	3	1.5

총점이 낮은 순서대로 4개 정책을 폐기한다고 하였으므로 라(1.5), 차(1.5), 다(2), 아(2) 정책이 폐기된다.

〈가입자 A ~ D의 에너지 사용량 감축률 현황〉

(단위 : %)

에너지 사용유형 \ 가입자	A	B	C	D
전기	2.9	15.0	14.3	6.3
수도	16.0	15.0	5.7	21.1
가스	28.6	26.1	11.1	5.9

〈탄소포인트 지급 기준〉

(단위 : 포인트)

에너지 사용유형 \ 에너지 사용량 감축률	5% 미만	5% 이상 10% 미만	10% 이상
전기	0	5,000	10,000
수도	0	1,250	2,500
가스	0	2,500	5,000

※ (가입자가 지급받는 탄소포인트)=(전기 탄소포인트)+(수도 탄소포인트)+(가스 탄소포인트)

예 (가입자 D가 지급받는 탄소포인트)=5,000+2,500+2,500=10,000

나만의 접근포인트

지급 기준의 사례를 보면 D가입자의 탄소포인트를 직접 계산해주고 있음을 알 수 있다. 그런데, 시험장에서는 이것이 보이지 않는다. 물론 문제를 읽을 때에는 이 사례를 통해 구체적으로 탄소포인트를 어떻게 구하는지를 파악했을 것이다. 그런데 문제를 푸는 단계에서 또 다시 D의 탄소포인트를 구하는 수험생이 분명히 존재한다. 앞의 문제와 동일한 논리로 절대로 이런 것에 불필요한 시간을 허비하지 말자.

적중예상문제   ⏱ 제한시간 : 60초   ⧗ 소요시간 :   초

지급 기준에 따라 가입자 A ~ D가 탄소포인트를 지급받을 때, 탄소포인트를 가장 많이 지급받는 가입자와 가장 적게 지급받는 가입자는?

정답 가장 많이 지급받는 가입자 : B, 가장 적게 지급받는 가입자 : A

지급 기준에 따라 가입자 A ~ D의 탄소포인트를 계산하면 다음과 같다.

구분	A	B	C	D
전기	0	10,000	10,000	5,000
수도	2,500	2,500	1,250	2,500
가스	5,000	5,000	5,000	2,500
총합	7,500	17,500	16,250	10,000

갑은 결혼 준비를 위해 스튜디오 업체(A, B), 드레스 업체(C, D), 메이크업 업체(E, F)의 견적서를 각각 받았는데, 최근 생긴 B업체만 정가에서 10 % 할인한 가격을 제시하였다. 아래 표는 각 업체가 제시한 가격의 총액을 계산한 결과이다. (단, A ~ F 각 업체의 가격은 모두 상이하다)

스튜디오	드레스	메이크업	총액
A	C	E	76만 원
이용 안함	C	F	58만 원
A	D	E	100만 원
이용 안함	D	F	82만 원
B	D	F	127만 원

나만의 접근포인트

연립방정식을 응용한 문제로서, 두 식을 서로 차감하여 변숫값을 찾아내는 유형이다. 최근에는 연립방정식 자체를 풀이하는 경우보다 이와 같이 식과 식의 관계를 통해 문제를 풀어야 하는 경우가 종종 출제된다. 가장 중요한 것은 변수의 수를 최소화시키는 것이며 이 문제가 가장 전형적인 형태라고 할 수 있다. 유형 자체를 익혀두도록 하자.

적중예상문제   ⏱ 제한시간 : 60초   ⧗ 소요시간 :   초

윗글을 근거로 판단할 때, 다음 〈보기〉에서 옳은 것만을 모두 고르면?

─〈 **보기** 〉─

ㄱ. A업체 가격이 26만 원이라면, E업체 가격이 F업체 가격보다 18만 원 비싸다.
ㄴ. B업체의 할인 전 가격은 50만 원이다.
ㄷ. C업체 가격이 30만 원이라면, E업체 가격은 28만 원이다.
ㄹ. D업체 가격이 C업체 가격보다 26만 원 비싸다.

정답 ㄴ

ㄴ. 네 번째와 다섯 번째의 조합에서, D+F=82만 원, B+D+F=127만 원임을 알 수 있으며 두 식을 차감하면 B=45만 원임을 알 수 있다. B업체는 정가에서 10% 할인한 가격이므로 원래의 가격은 50만 원이었음을 알 수 있다.

오답분석

ㄱ. 첫 번째와 두 번째의 조합에서, A업체의 가격이 26만 원이라면 C+E=50만 원, C+F=58만 원임을 알 수 있으며 두 식을 차감하면 E−F=8만 원임을 알 수 있다. 즉, E업체의 가격이 F업체의 가격보다 8만 원 비싸므로 옳지 않다.

ㄷ. 두 번째의 조합에서, C업체의 가격이 30만 원이라면 F업체의 가격은 28만 원임을 알 수 있다. 그런데 문제의 단서에서 각 업체의 가격이 모두 상이하다고 하였으므로 E업체의 가격은 28만 원은 아니라는 것을 알 수 있다. 따라서 옳지 않다.

ㄹ. 첫 번째와 세 번째의 조합에서, A+C+E=76만 원, A+D+E=100만 원임을 알 수 있으며 두 식을 차감하면 C−D=−24만 원임을 알 수 있다. 즉, D업체의 가격이 C업체의 가격보다 24만 원 비싸므로 옳지 않다.

〈소득세 결정기준〉

· 5천만 원 이하의 금융소득에 대해서는 15 %의 '금융소득세'를 부과함.
· 과세표준은 금융소득 중 5천만 원을 초과하는 부분과 근로소득의 합이고, 〈과세표준에 따른 근로소득세율〉에 따라 '근로소득세'를 부과함.
· 소득세 산출액은 '금융소득세'와 '근로소득세'의 합임.

〈과세표준에 따른 근로소득세율〉

(단위 : %)

과세표준	세율
1,000만 원 이하분	5
1,000만 원 초과 5,000만 원 이하분	10
5,000만 원 초과 1억 원 이하분	15
1억 원 초과 2억 원 이하분	20
2억 원 초과분	25

· 예를 들어, 과세표준이 2,500만 원인 사람의 '근로소득세'는 다음과 같음.
 1,000만 원 × 5 % + (2,500만 원 − 1,000만 원) × 10 % = 200만 원

〈개인별 연소득 현황〉

(단위 : 만 원)

개인	근로소득	금융소득
A	15,000	5,000
B	25,000	0
C	20,000	0
D	0	30,000

※ 1) 근로소득과 금융소득 이외의 소득은 존재하지 않음.
  2) 모든 소득은 과세대상이고, 어떤 종류의 공제·감면도 존재하지 않음.

나만의 접근포인트

대소비교 시 공통되는 수치가 있을 경우 굳이 그 부분을 계산하지 말고 차이가 발생하는 부분만 계산하여 비교하는 것이 효율적이다. 이는 1,001과 1,002의 대소를 비교할 때 공통적인 부분인 1,000을 제외하고 1과 2의 대소비교를 하는 것과 같은 논리이다.

적중예상문제

⏱ 제한시간 : 90초　⏳ 소요시간 :　　초

위의 자료를 근거로 A ~ D 중 소득세 산출액이 가장 많은 사람과 가장 적은 사람을 찾으면?

정답 가장 많은 사람 : D, 가장 적은 사람 : A

4명 모두의 과세표준이 최소 15,000만 원 이상(D의 과세표준은 25,000만 원임)이므로 공통적으로 해당되는 1억 원 이하분의 근로소득세(구체적으로 계산하면 1,200만 원)는 제외하고 나머지 부분에 대해서만 판단한다.

구분	근로소득세	금융소득세	소득세 산출액
A	1,000만 원	750만 원	1,750만 원
B	3,250만 원	–	3,250만 원
C	2,000만 원	–	2,000만 원
D	3,250만 원*	750만 원	4,000만 원

* D의 근로소득세는 금융소득 중 5천만 원을 초과하는 부분에 대한 세액임. 따라서 소득세 산출액이 가장 많은 사람은 D이고, 가장 적은 사람은 A이다.

| 문제 1 |

△△회사는 직원 교육에 사용할 교재를 외부 업체에 위탁하여 제작하려 한다. 업체가 제출한 시안을 5개의 항목으로 평가하고, 평가 점수의 총합이 가장 높은 시안을 채택한다. 평가 점수의 총합이 동점일 경우, 평가 항목 중 학습내용 점수가 가장 높은 시안을 채택한다. 5개의 업체가 제출한 시안(A ~ E)의 평가 결과는 다음과 같다.

(단위 : 점)

평가 항목(배점)	A	B	C	D	E
학습내용(30)	25	30	20	25	20
학습체계(30)	25	(㉠)	30	25	20
교수법(20)	20	17	(㉡)	20	15
학습평가(10)	10	10	10	5	10
학습매체(10)	10	10	10	10	10

나만의 접근포인트

윗글을 근거로 판단할 때, 다음 〈보기〉에서 옳은 설명을 모두 고르면?

─〈 보기 〉─

ㄱ. D와 E는 채택되지 않는다.
ㄴ. ⓛ의 점수와 상관없이 C는 채택되지 않는다.
ㄷ. ㉠이 23점이라면 B가 채택된다.

정답 ㄱ, ㄴ, ㄷ

각 시안별 가능한 총합을 정리하면 다음과 같다.

A	B	C	D	E
90	67 ~ 97	70 ~ 90	85	75

ㄱ. D와 E의 총합은 A보다 작으므로 B와 C의 총합과 무관하게 채택될 수 없다. 따라서 옳은 내용이다.
ㄴ. 만약 C가 90점을 얻고 B가 그보다 작은 점수를 얻는다면 A와 동점이 되지만, 총합이 동점일 경우 학습내용 점수가 높은 시안을
　　채택한다는 조건에 따라 A가 채택되게 된다. 따라서 옳은 내용이다.
ㄷ. ㉠이 23점이라면 B의 총합은 90점이 된다. 만약 C가 가능한 최고점인 90점을 받고 총합이 90점으로 확정된 A까지 고려하더라도
　　B의 학습내용 점수가 이들보다 높은 30점이므로 B가 채택되게 된다. 따라서 옳은 내용이다.

키가 서로 다른 6명의 어린이를 다음 그림과 같이 한 방향을 바라보도록 일렬로 세우려고 한다. 그림은 일렬로 세운 하나의 예이다. 한 어린이(이하 갑이라 한다)의 등 뒤에 갑보다 키가 큰 어린이가 1명이라도 있으면 A방향에서 갑의 뒤통수는 보이지 않고, 1명도 없으면 A방향에서 갑의 뒤통수는 보인다. 반대로 갑의 앞에 갑보다 키가 큰 어린이가 1명이라도 있으면 B방향에서 갑의 얼굴은 보이지 않고, 1명도 없으면 B방향에서 갑의 얼굴은 보인다.

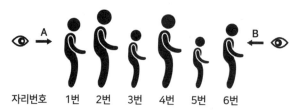

나만의 접근포인트

윗글을 근거로 판단할 때, 다음 〈보기〉에서 옳은 것만을 모두 고르면?

> ──〈 **보기** 〉──
>
> ㄱ. A방향에서 보았을 때 모든 어린이의 뒤통수가 다 보이게 세우는 방법은 1가지뿐이다.
> ㄴ. 키가 세 번째로 큰 어린이를 5번 자리에 세운다면, A방향에서 보았을 때 그 어린이의 뒤통수는 보이지 않는다.
> ㄷ. B방향에서 2명의 얼굴만 보이도록 어린이들을 세웠을 때, A방향에서 6번 자리에 서 있는 어린이의 뒤통수는 보이지 않는다.
> ㄹ. B방향에서 3명의 얼굴이 보인다면, A방향에서 4명의 뒤통수가 보일 수 없다.

[정답] ㄱ, ㄴ, ㄷ

ㄱ. 키가 제일 작은 사람이 1번, 그다음으로 작은 사람이 2번...의 순으로 6명을 나열하는 방법일 때만 모든 어린이의 뒤통수가 다 보이게 되므로 옳은 내용이다.

ㄴ. 세 번째로 큰 어린이가 5번 자리에 서 있다면, 더 키가 큰 2명의 어린이가 다른 곳에 서 있어야 한다. 그런데 어떤 경우가 되더라도 5번 자리의 어린이보다 키가 큰 어린이 중 최소 1명은 1번 ~ 4번에 서 있어야 하므로 A방향에서 보았을 때 이 어린이의 뒤통수는 보이지 않게 된다. 따라서 옳은 내용이다.

ㄷ. 만약 A방향에서 6번 자리에 서 있는 어린이의 뒤통수가 보인다면 이는 1번부터 5번까지의 자리에 서 있는 어린이들이 모두 6번 어린이보다 키가 작다는 것이 된다. 하지만, 이 경우에는 B방향에서 오로지 6번 어린이의 얼굴만 보이게 되므로 모순이 발생한다. 따라서 옳은 내용이다.

[오답분석]

ㄹ. 만약 A방향에서 4명의 뒤통수가 보인다면 1번부터 4번까지는 우측으로 갈수록 키가 커지게 서 있다는 것이고 나머지 5번과 6번 자리에는 4번보다 키가 작은 어린이들이 서 있다는 것이 된다. 그런데 이 경우에는 B방향에서도 3명의 얼굴이 보일 수 있다. 따라서 옳지 않은 내용이다.

〈공종의 공법별 공사기간 및 항목별 공사비〉

(단위 : 개월, 억 원)

구분 공종	공법	공사기간	항목별 공사비		
			재료비	노무비	경비
토공사	A	4	4	6	4
	B	3	7	5	3
	C	3	5	5	3
골조공사	D	12	30	20	14
	E	14	24	20	15
	F	15	24	24	16
마감공사	G	6	50	30	10
	H	7	50	24	12

- 공종, 공법, 항목별 공사비는 각각 제시된 3가지, 8종류, 3항목만 있음.
- 공사는 세 가지 공종을 모두 포함하고, 공종별로 한 종류의 공법만을 적용함.
- 항목별 공사비는 해당 공법의 공사기간 동안 소요되는 해당 항목의 총비용임.
- 총공사기간은 공종별로 적용한 공법의 공사기간의 합이고, 총공사비는 공종별로 적용한 공법의 항목별 공사비의 총합임.

나만의 접근포인트

윗글에 근거하여 총공사비를 최소화하도록 공법을 적용할 때, 총공사기간은?

정답 24개월

먼저 풀이의 편의를 위해 항목별 공사비를 합산하여 다시 정리하면 다음과 같다.

공종	공법	공사기간	공사비
토공사	A	4	14
	B	3	15
	C	3	13
골조공사	D	12	64
	E	14	59
	F	15	64
마감공사	G	6	90
	H	7	86

조건에서 각 공종별로 한 종류의 공법만을 사용한다고 하였으므로 각 공종별로 공사비가 가장 작은 것들을 선택하면 된다. 위 표에 따르면 토공사의 경우는 공법 C가, 골조공사의 경우는 공법 E가, 마감공사의 경우는 공법 H가 공사비가 가장 작으므로 이 공법들의 공사기간을 모두 더한 24개월이 총공사비를 최소화할 때의 총공사기간이다.

| 문제 4 |

〈지원계획〉

• 지원을 받기 위해서는 한 모임당 6명 이상 9명 미만으로 구성되어야 한다.
• 기본지원금
  한 모임당 1,500천 원을 기본으로 지원한다. 단, 상품개발을 위한 모임의 경우는 2,000천 원을 지원한다.
• 추가지원금
  연구 계획 사전평가결과에 따라, '상' 등급을 받은 모임에는 구성원 1인당 120천 원을, '중' 등급을 받은 모임에는 구성원 1인당 100천 원을, '하' 등급을 받은 모임에는 구성원 1인당 70천 원을 추가로 지원한다.
• 협업 장려를 위해 협업이 인정되는 모임에는 위의 두 지원금을 합한 금액의 30%를 별도로 지원한다.

〈연구모임 현황 및 평가결과〉

모임	상품개발 여부	구성원 수	연구 계획 사전평가결과	협업 인정 여부
A	○	5	상	○
B	×	6	중	×
C	×	8	상	○
D	○	7	중	×
E	×	9	하	×

나만의 접근포인트

적중예상문제

⏳ 소요시간 :   초

연구모임 A~E 중 두 번째로 많은 총 지원금을 받는 모임은?

정답 D

모임당 구성원 수가 6명 이상 9명 미만인 경우에 해당하지 않는 A모임과 E모임을 제외하고 나머지 모임을 판단해 보자.
• B모임 : 1,500천 원+(100천 원×6)=2,100천 원
• C모임 : [1,500천 원+(120천 원×8)]×1.3=3,198천 원
• D모임 : 2,000천 원+(100천 원×7)=2,700천 원
따라서 두 번째로 많은 총 지원금을 받는 모임은 D모임이다.

| 문제 5 |

인희 : 다음 달 셋째 주에 연휴던데, 그때 여행갈 계획 있어?

세훈 : 응, 이번에는 꼭 가야지. 월요일, 수요일, 금요일이 공휴일이잖아. 그래서 우리 회사에서는 화요일과 목요일에만 연가를 쓰면 앞뒤 주말 포함해서 최대 9일 연휴가 되더라고. 그런데 난 연가가 하루밖에 남지 않아서 그렇게 길게는 안 돼. 그래도 이번엔 꼭 해외여행을 갈 거야.

인희 : 어디로 갈 생각이야?

세훈 : 나는 어디로 가든 상관없는데 여행지에 도착할 때까지 비행기를 오래 타면 너무 힘들더라고. 그래서 편도로 총 비행시간이 8시간 이내면서 직항 노선이 있는 곳으로 가려고.

인희 : 여행기간은 어느 정도로 할 거야?

세훈 : 남은 연가를 잘 활용해서 주어진 기간 내에서 최대한 길게 다녀오려고 해. A여행사 해외여행 상품 중에 하나를 정해서 다녀올 거야.

〈A여행사 해외여행 상품〉

여행지	여행기간(한국시각 기준)	총 비행시간(편도)	비행기 환승 여부
두바이	4박 5일	8시간	직항
모스크바	6박 8일	8시간	직항
방콕	4박 5일	7시간	1회 환승
홍콩	3박 4일	5시간	직항
뉴욕	4박 5일	14시간	직항

나만의 접근포인트

적중예상문제

소요시간 :   초

윗글과 A여행사 해외여행 상품을 근거로 판단할 때, 세훈이 선택할 여행지는?

정답 두바이

ⅰ) 먼저 편도 총비행시간이 8시간 이내이면서 직항 노선이 있는 곳을 살펴보면 두바이, 모스크바, 홍콩으로 후보군을 압축할 수 있다.

ⅱ) 다음으로 연가가 하루밖에 남지 않은 상황에서 최대한 길게 휴가를 다녀오기 위해서는 화요일 혹은 목요일 중 하루를 연가로 사용해야 하는데 어떤 경우이든 5일의 연휴가 가능하게 된다. 따라서 세훈은 두바이(4박 5일), 모스크바(6박 8일), 홍콩(3박 4일) 중 모스크바는 연휴 기간을 넘어서므로 제외하고 두바이와 홍콩 중 여행 기간이 더 긴 두바이로 여행을 다녀올 것이다.

4명으로 구성된 A팀은 해외출장을 계획하고 있다. A팀은 출장지에서의 이동수단 한 가지를 결정하려 한다. 이때 A팀은 경제성, 용이성, 안전성의 총 3가지 요소를 고려하여 최종점수가 가장 높은 이동수단을 선택한다.
- 각 고려요소의 평가결과 '상' 등급을 받으면 3점을, '중' 등급을 받으면 2점을, '하' 등급을 받으면 1점을 부여한다. 단, 안전성을 중시하여 안전성 점수는 2배로 계산한다. (예 안전성 '하' 등급 2점)
- 경제성은 각 이동수단별 최소비용이 적은 것부터 상, 중, 하로 평가한다.
- 각 고려요소의 평가점수를 합하여 최종점수를 구한다.

〈이동수단별 평가표〉

이동수단	경제성	용이성	안전성
렌터카	?	상	하
택시	?	중	중
대중교통	?	하	중

〈이동수단별 비용계산식〉

이동수단	비용계산식
렌터카	(렌트비)+(유류비)×(이용 일수) • (렌트비)=50달러/1일(4인승 차량) • (유류비)=10달러/1일(4인승 차량)
택시	[거리 당 가격(1달러/1마일)]×[이동거리(마일)] - 최대 4명까지 탑승가능
대중교통	[대중교통패스 3일권(40달러/1인)]×(인원수)

〈해외출장 일정〉

출장 일정	이동거리(마일)
11월 1일	100
11월 2일	50
11월 3일	50

나만의 접근포인트

A팀이 최종적으로 선택하게 될 이동수단의 종류와 그 비용은?

정답 대중교통, 160달러

각 이동수단별 최소비용을 계산하면 다음과 같다.
• 렌터카 : (50달러+10달러)×3일=180달러(중)
• 택시 : 1달러×200마일=200달러(하)
• 대중교통 : 40달러×4명=160달러(상)
이를 반영하여 이동수단별 평가점수표를 작성하면 다음과 같다.

구분	경제성	용이성	안전성	총점
렌터카	2	3	2	7
택시	1	2	4	7
대중교통	3	1	4	8

| 문제 7 |

갑은 관내 도장업체(A ~ C)에 사옥 바닥(면적 : 60m²) 도장공사를 의뢰하려고 한다.

〈관내 도장업체 정보〉

업체	1m²당 작업시간	시간당 비용
A	30분	10만 원
B	1시간	8만 원
C	40분	9만 원

• 개별 업체의 작업속도는 항상 일정하다.
• 여러 업체가 참여하는 경우, 각 참여 업체는 언제나 동시에 작업하며 업체당 작업시간은 동일하다. 이때 각 참여 업체가 작업하는 면은 겹치지 않는다.
• 모든 업체는 시간당 비용을 기준으로 분당 비용을 받는다(예 A가 6분 동안 작업한 경우 1만 원을 받는다).

나만의 접근포인트

윗글을 근거로 판단할 때, 다음 〈보기〉에서 옳은 설명을 모두 고르면?

─────────〈 **보기** 〉─────────

ㄱ. 작업을 가장 빠르게 끝내기 위해서는 A와 C에게만 작업을 맡겨야 한다.

ㄴ. B와 C에게 작업을 맡기는 경우, 작업 완료까지 24시간이 소요된다.

ㄷ. A, B, C에게 작업을 맡기는 경우, B와 C에게 작업을 맡기는 경우보다 많은 비용이 든다.

[정답] ㄴ

ㄴ. 각 업체의 시간당 작업면적을 계산하면 A업체는 $2m^2$, B업체는 $1m^2$, C업체는 $1.5m^2$로 계산된다. B와 C가 같이 작업을 진행할 경우 시간당 $2.5m^2$를 완료할 수 있다. 이 속도로 전체 면적인 $60m^2$를 진행한다면 24시간이 소요되므로 옳은 내용이다.

[오답분석]

ㄱ. 작업이 순차적으로 이루어지지 않고 동시에 작업하는 상황에서는 가능한 모든 업체를 모두 동원하는 경우에 가장 빠르게 작업을 마무리 할 수 있다. 이 경우 A, B, C 모든 업체가 작업을 진행할 경우 시간당 $4.5m^2$의 속도로 작업을 진행하며 다른 어떤 조합을 통해서도 이보다 더 큰 수치는 나올 수 없다.

ㄷ. ㄱ에서 살펴본 바와 같이 A, B, C가 동시에 작업을 진행하면 시간당 $4.5m^2$를 진행할 수 있어 소요되는 비용은 $(60 \div 4.5) \times 27 \fallingdotseq$ 360만 원이며, ㄴ에서 살펴본 것처럼 B와 C가 동시에 진행하면 시간당 $2.5m^2$를 진행할 수 있어 소요되는 비용은 $(60 \div 2.5) \times 17$ =408만 원으로 나타낼 수 있다. 이를 비교하면 B와 C가 동시에 진행하는 경우의 비용이 더 크므로 옳지 않은 내용이다.

〈근로 조건〉

가. S회사의 근로자는 09시에 근무를 시작해 18시에 마치며, 중간에 1시간 휴게시간을 갖는다. 근로시간은 휴게시간을 제외하고 1일 8시간, 1주 40시간이다.

나. 시간 외 근로는 1주 12시간을 초과하지 못한다. 단, 출산 이후 1년이 지나지 않은 여성에 대하여는 1일 2시간, 1주 6시간을 초과하는 시간 외 근로를 시키지 못한다.

다. 시간 외 근로를 시키기 위해서는 근로자 본인의 동의가 필요하다. 단, 여성의 경우에는 야간근로에 대해서 별도의 동의를 요한다.

※ 시간 외 근로 : 근로조건 '가.'의 근로시간을 초과하여 근로하는 것

※ 야간근로 : 22시에서 다음 날 06시 사이에 근로하는 것

※ 시간 외 근로시간에는 휴게시간 없음

〈직원 정보〉

이름	성별	이번 주 일일근로시간					A프로젝트 완수 소요시간	시간 외 근로 동의 여부	야간근로 동의 여부
		월	화	수	목	금			
김상형	남	8	8	8	8	8	5	×	–
전지연	여	–	10	10	10	8	2	○	×
차효인	여	9	8	13	9	8	3	○	○
조경은	여	8	9	9	9	8	5	○	×
심현석	남	10	11	11	11	8	1	○	–

※ 출산여부 : 전지연은 4개월 전에 둘째 아이를 출산하고 이번 주 화요일에 복귀하였고, 나머지 여성직원은 출산 경험이 없음

나만의 접근포인트

지금은 금요일 17시 50분이다. S회사 김과장이 18시부터 시작하는 시간 외 근로를 요청하면 다음 중 오늘 내로 A프로젝트를 완수할 수 있는 직원은?

① 김상형, 차효인

② 차효인, 심현석

③ 차효인, 조경은

④ 전지연, 조경은

⑤ 전지연, 심현석

정답 ②

먼저 시간 외 근로를 동의하지 않은 김상형을 제외하면 ①을 소거할 수 있으며, 출산 이후 1년이 지나지 않은 전지연은 이미 1주 동안 6시간의 시간 외 근로를 하였으므로 제외하여 ④, ⑤를 소거할 수 있다. 이제 남은 것은 ②와 ③뿐인데 조경은의 경우 A프로젝트 를 완수하기 위해 5시간이 소요되어 야간근로가 필요한 상황이지만 여성의 경우 야간근로에 대해 별도의 동의를 요한다고 하였으므로 제외한다. 따라서 답은 ②가 된다.

갑국은 국가혁신클러스터 지구를 선정하고자 한다. 산업단지를 대상으로 평가 기준에 따라 점수를 부여하고 이를 합산한다. 지방자치단체(이하 '지자체')의 육성 의지가 있는 곳 중 합산점수가 높은 4곳의 산업단지를 국가혁신클러스터 지구로 선정한다.

〈A ~ G 산업단지 정보〉

산업단지	산업단지 내 기업 수	업종	입주공간 확보	지자체 육성 의지
A	58개	자동차	가능	있음
B	9개	자동차	가능	있음
C	14개	철강	가능	있음
D	10개	운송	가능	없음
E	44개	바이오	가능	있음
F	27개	화학	불가	있음
G	35개	전기전자	가능	있음

〈평가 기준〉

• 산업단지 내 기업 집적 정도

산업단지 내 기업 수	30개 이상	10 ~ 29개	9개 이하
점수	40점	30점	20점

• 산업단지의 산업클러스터 연관성

업종	연관 업종	유사 업종	기타
점수	40점	20점	0점

※ 연관 업종 : 자동차, 철강, 운송, 화학, IT
　 유사 업종 : 소재, 전기전자

• 신규투자기업 입주공간 확보 가능 여부

입주공간 확보	가능	불가
점수	20점	0점

• 합산점수가 동일할 경우 우선순위는 다음과 같은 순서로 정한다.
  1) 산업클러스터 연관성 점수가 높은 산업단지
  2) 기업 집적 정도 점수가 높은 산업단지
  3) 신규투자기업의 입주공간 확보 가능 여부 점수가 높은 산업단지

나만의 접근포인트

평가 기준에 부합하는 산업단지를 국가혁신클러스터 지구로 선정하려고 할 때, 다음 중 옳지 않은 것은?

① B는 선정된다.
② A가 '소재' 산업단지인 경우 F가 선정된다.
③ 3곳을 선정할 경우 G는 선정되지 않는다.
④ F는 산업단지 내에 기업이 3개 더 있다면 선정된다.
⑤ D가 소재한 지역의 지자체가 육성 의지가 있을 경우 D는 선정된다.

정답 ②

먼저, 각 산업단지별로 합산점수를 구해보면 다음과 같다.

산업단지	기업 집적 정도 점수	연관성 점수	입주공간 확보 가능 여부 점수	지자체 육성의지	총점
A	40	40	20	○	100
B	20	40	20	○	80(3위)
C	30	40	20	○	90
D	30	40	20	×	–
E	40	0	20	○	60
F	30	40	0	○	70
G	40	20	20	○	80(4위)

A가 '소재' 산업단지인 경우 연관성 점수가 20점이 되어 총점이 80점으로 감소하지만 선정되는 산업단지는 A, B, C, G로 동일하므로 F는 선정되지 못한다.

오답분석

① 위 표에 따르면 A, B, C, G가 선정됨을 알 수 있다.
③ 3곳을 선정할 경우, 1위는 A, 2위는 C가 되며 3위는 총점이 80점으로 B와 동일하나 연관성 점수에서 G에 앞서는 B가 선정됨을 알 수 있다.
④ F산업단지의 기업이 3개 더 있다면 전체 기업수는 30개가 되어 기업 집적 정도 점수가 40점, 총점은 80점이 된다. 이 경우 1위는 A, 2위는 C가 되며, 총점이 80점으로 동일한 B, F, G 중 연관성 점수가 G에 앞서는 B와 F가 선정됨을 알 수 있다.
⑤ D가 소재한 지역의 지자체가 육성 의지가 있다면 D의 총점은 90점이 되어 C와 함께 공동 2위를 기록하게 된다. 따라서 D는 선정됨을 알 수 있다.

- 신규 사업 선정을 위한 각 사업의 최종 점수는 평가 항목별 원점수에 해당 평가 항목의 가중치를 곱한 값을 모두 합하여 산정함.
- A와 B사업 중 최종 점수가 더 높은 사업을 신규 사업으로 최종 선정함.

〈A와 B사업의 평가 항목별 원점수〉

(단위 : 점)

구분	평가 항목	A사업	B사업
사업적 가치	경영전략 달성 기여도	80	90
	수익창출 기여도	80	90
공적 가치	정부정책 지원 기여도	90	80
	사회적 편익 기여도	90	80
참여 여건	전문인력 확보 정도	70	70
	사내 공감대 형성 정도	70	70

※ 평가 항목별 원점수는 100점 만점임.

〈평가 항목별 가중치〉

구분	평가 항목	가중치
사업적 가치	경영전략 달성 기여도	0.2
	수익창출 기여도	0.1
공적 가치	정부정책 지원 기여도	0.3
	사회적 편익 기여도	0.2
참여 여건	전문인력 확보 정도	0.1
	사내 공감대 형성 정도	0.1
계		1.0

나만의 접근포인트

윗글을 근거로 판단할 때, 다음 〈보기〉에서 옳은 설명을 모두 고르면?

─〈 보기 〉─

ㄱ. 각 사업의 6개 평가 항목 원점수의 합은 A사업과 B사업이 같다.

ㄴ. '공적 가치'에 할당된 가중치의 합은 '참여 여건'에 할당된 가중치의 합보다 작고, '사업적 가치'에 할당된 가중치의 합보다 크다.

ㄷ. '갑' 공기업은 A사업을 신규 사업으로 최종 선정한다.

ㄹ. '정부정책 지원 기여도' 가중치와 '수익창출 기여도' 가중치를 서로 바꾸더라도 최종 선정되는 신규 사업은 동일하다.

정답   ㄱ, ㄷ

ㄱ. 평가 항목별 원점수에서 직접 합계를 계산할 필요없이 각 항목별 점수의 차이를 이용해 계산하면 간단하다. 먼저 '사업적 가치'에 속한 두 가지 항목은 모두 B사업이 10점씩 크며, '공적 가치'에 속한 두 가지 항목은 모두 A사업이 10점씩 크다. 그리고 '참여 여건'에 속한 두 가지 항목은 두 사업의 점수가 동일하므로 결과적으로 6개 항목 원점수의 합은 같다는 것을 알 수 있다.

ㄷ. '참여 여건'에 속한 두 가지 항목은 원점수가 동일하므로 이를 제외한 나머지 4가지 항목을 차이값을 이용해 판단해 보자.

평가 항목	A사업	B사업
경영전략 달성	-	+2
수익창출	-	+1
정부정책 지원	+3	-
사회적 편익	+2	-
합계	+5	+3

위 표에 따라 A사업이 신규 사업으로 최종 선정되므로 옳은 내용이다.

오답분석

ㄴ. 평가 항목별 가중치에서 '공적 가치'에 할당된 가중치의 합은 0.5이므로 '참여 여건'에 할당된 가중치의 합(0.2)과 '사업적 가치'에 할당된 가중치의 합(0.3)보다 크므로 옳지 않은 내용이다.

ㄹ. '정부정책 지원 기여도' 가중치와 '수익창출 기여도' 가중치를 서로 바꿀 경우 차이값을 정리하면 다음과 같다.

평가 항목	A사업	B사업
경영전략 달성	-	+2
수익창출	-	+3
정부정책 지원	+1	-
사회적 편익	+2	-
합계	+3	+5

위 표에 따라 B사업이 신규 사업으로 최종 선정되므로 옳지 않은 내용이다.

09 단순계산

1 대표자료

1. 자동차 유지비는 연 감가상각비, 연 자동차 보험료, 연 주유비용으로 구성되며 그 외의 비용은 고려하지 않는다.
2. 연 감가상각비 계산 공식
   (연 감가상각비)=(자동차 구매비용)−(운행가능기간 종료 시 잔존가치)÷[운행가능기간(년)]
3. 연 자동차 보험료

(단위 : 만 원)

구분		차종		
		소형차	중형차	대형차
보험 가입 시 운전 경력	1년 미만	120	150	200
	1년 이상 2년 미만	110	135	180
	2년 이상 3년 미만	100	120	160
	3년 이상	90	105	140

※ 차량 구매 시 보험 가입은 필수이며 1년 단위로 가입
※ 보험 가입 시 해당 차량에 블랙박스가 설치되어 있으면 보험료 10% 할인

4. 주유 비용
   1리터당 10km를 운행할 수 있으며, 리터당 비용은 연중 내내 1,500원이다.

〈상황〉

• 갑은 1,000만 원에 중형차 1대를 구입하여 바로 운행을 시작하였다.
• 차는 10년 동안 운행가능하며, 운행가능기간 종료 시 잔존가치는 100만 원이다.
• 자동차 보험 가입 시, 갑의 운전 경력은 2년 6개월이며 차에는 블랙박스가 설치되어 있다.
• 갑은 매달 500km씩 차를 운행한다.

고수의 접근포인트

애초에 NCS라는 것이 답을 정확하게 맞힌다거나 고득점을 받는 것을 목표로 하기보다는, 주어진 시간 안에 내가 이 문제를 풀수 있는지 혹은 풀지 못하는지를 빠르게 판단하는 것이 더 효과적인 시험이다. 그런데 이러한 단순 계산문제는 사칙연산에 약한 수험생에게는 시간을 잡아먹는 문제가 될 수 있고, 평소에 조건이나 단서를 놓치는 등의 실수가 잦은 수험생에게는 오답을 체크할 확률이 높은 문제이다. 따라서 평소 기출문제를 최대한 많이 풀어 자신의 강점과 약점을 파악한 후, 풀 수 없는 문제는 패스하고 풀 수 있는 문제에 집중하여 정답률을 높이는 것이 핵심 전략이라고 할 수 있다.

적중예상문제

⏱ 제한시간 : 70초   ⏳ 소요시간 :   초

윗글을 근거로 판단할 때, 갑이 향후 1년간 자동차를 유지하는 데 소요될 총비용은?

정답   288만 원

갑이 향후 1년간 자동차를 유지하는 데 소요될 총비용을 세분화하면 다음과 같다.
• 감가상각비 : (1,000만 원－100만 원)÷10년＝90만 원
• 자동차보험료 : 120만 원×90%＝108만 원(블랙박스 설치로 인한 10% 할인 반영)
• 주유비용 : 매달 500km를 운행하므로 매월 50리터의 기름이 소모된다. 따라서 주유비용은 50리터×1,500원×12개월＝90만 원으로 계산된다.
• 1년간 총 유지비용 : 90만 원＋108만 원＋90만 원＝288만 원

안심Touch

2 기본자료

| 문제 1 |

<A사무관의 3월 출장내역>

구분	출장지	출장 시작 및 종료 시각	비고
출장 1	세종시	09시 ~ 16시	관용차량 사용
출장 2	인천시	14시 ~ 18시	
출장 3	서울시	09시 ~ 16시	업무추진비 사용

- 출장여비 기준
  출장여비는 출장수당과 교통비의 합이다.
  1) 세종시 출장
     - 출장수당 : 1만 원
     - 교통비 : 2만 원
  2) 세종시 이외 출장
     - 출장수당 : 2만 원(13시 이후 출장 시작 또는 15시 이전 출장 종료 시 1만 원 차감)
     - 교통비 : 3만 원
- 출장수당의 경우 업무추진비 사용 시 1만 원이 차감되며, 교통비의 경우 관용차량 사용 시 1만 원이 차감된다.

나만의 접근포인트

'출장비, 여행경비' 등을 계산하는 문제는 문제해결능력 내지는 자원관리능력에서 반드시 출제되는데, 비슷한 유형으로 '놀이공원이나 박물관 입장료 계산, 식당이나 카페의 메뉴 가격 계산' 등이 출제되고 있다. 이러한 유형은 계산하는 데 시간이 오래 걸릴 뿐만 아니라 장소, 시간, 추가비용, 예외조건 등이 항목별로 모두 다르고 복잡해서 조금만 방심해도 실수하기 쉽다. 따라서 효율적인 시간 관리를 위해 이러한 유형의 문제는 일단 패스하고 시간이 남는다면 마지막에 풀이하는 것이 좋다.

적중예상문제　　　　　　　　　　　　　　　⏱ 제한시간 : 60초　⧗ 소요시간 :　　초

윗글을 근거로 판단할 때, A사무관이 3월 출장여비로 받을 수 있는 총액은?

정답 10만 원

각각의 출장별로 나누어 출장여비를 계산하면 다음과 같다.

구분	출장수당	교통비	차감	출장여비
출장 1	1만 원	2만 원	1만 원(관용차량 사용)	2만 원
출장 2	2만 원	3만 원	1만 원(13시 이후 시작)	4만 원
출장 3	2만 원	3만 원	1만 원(업무추진비 사용)	4만 원

| 문제 2 |

특허에 관한 절차를 밟는 사람은 다음 각 호의 수수료를 내야 한다.

1. 특허출원료
    가. 특허출원을 국어로 작성된 전자문서로 제출하는 경우 : 매건 46,000원. 다만 전자문서를 특허청에서 제공하지 아니
        한 소프트웨어로 작성하여 제출한 경우에는 매건 56,000원으로 한다.
    나. 특허출원을 국어로 작성된 서면으로 제출하는 경우 : 매건 66,000원에 서면이 20면을 초과하는 경우 초과하는 1면
        마다 1,000원을 가산한 금액
    다. 특허출원을 외국어로 작성된 전자문서로 제출하는 경우 : 매건 73,000원
    라. 특허출원을 외국어로 작성된 서면으로 제출하는 경우 : 매건 93,000원에 서면이 20면을 초과하는 경우 초과하는
        1면마다 1,000원을 가산한 금액
2. 특허심사청구료 : 매건 143,000원에 청구범위의 1항마다 44,000원을 가산한 금액

〈상황〉

갑은 청구범위가 3개 항으로 구성된 총 27면의 서면을 작성하여 1건의 특허출원을 하면서, 이에 대한 특허심사도 함께 청구
한다.

나만의 접근포인트

제시문을 살펴보면 크게 특허출원료와 특허심사청구료로 나누어져 있다는 것을 알 수 있다. 특히 첫 번째 항목인 특허출원료는 국어 / 외국어, 전자문서 / 서면의 각각의 경우에 따라 4가지로 나뉘어 있음을 알 수 있다. 따라서 해당 단어들에 표시를 해두고 넘어가도록 한다.

특허출원은 국어로 작성한 경우와 외국어로 작성한 경우로 나누어져 있다. 위의 제시문 스캐닝 과정을 통해서 국어와 외국어 각각에 대해 전자문서와 서면 제출로 나뉘어 있다는 점을 이미 확인하였다. 따라서 위의 상황을 다시 확인하여 어느 것에 해당하는지를 파악한다. 주어진 상황은 '서면'으로 제출하는 경우임을 확인하고 해당하는 항목인 나, 라 항목만 검토하도록 하자.

위의 스캐닝 과정에서는 흔히 'Up & Down'이라고 불리는 풀이법을 이용해 분석하였다. 이는 문제를 한번 풀어본 상태에서 다시 분석한 것이 아니라 필자가 이 문제를 처음 접했을 때 사용했던 방법이다. 즉, 문제를 효율적으로 풀기 위해서는 위에서부터 순차적으로 묵묵히 내려와서는 안 된다. 물론, 그렇게 해도 문제는 풀 수 있다. 하지만 '가'와 '다'의 세부항목을 읽기 위해 불필요하게 소모되었던 시간은 다시 되돌릴 수 없다는 점을 명심하자.

적중예상문제   ⏱ 제한시간 : 70초   ⏳ 소요시간 :   초

윗글과 상황을 근거로 판단할 때, 갑이 국어와 외국어로 작성한 경우 납부해야 할 수수료는?

정답 국어로 작성한 경우 : 348,000원, 외국어로 작성한 경우 : 375,000원

제시된 상황에서는 전자문서가 아닌 서면으로 제출하였으므로 특허출원료 산정 시 '나'와 '라' 조항이 적용된다.
ⅰ) 국어로 작성한 경우
 • 특허출원료 : 66,000원+(7×1,000원)=73,000원
 • 특허심사청구료 : 143,000원+(44,000×3)=275,000원
 • 수수료 총액 : 348,000원
ⅱ) 외국어로 작성한 경우
 • 특허출원료 : 93,000원+(7×1,000원)=100,000원
 • 특허심사청구료 : 275,000원
 • 수수료 총액 : 375,000원

- LOFI(Little Out From Inside)는 한 지역 내에서 생산된 제품이 그 지역 내에서 소비된 비율을 의미한다. LOFI가 75% 이상이면 해당 지역은 독립적인 시장으로 본다.
- A도, B도, C도, D도에는 각각 자도(自道)소주인 a소주, b소주, c소주, d소주를 생산하는 회사가 도별로 1개씩만 있다. 각 회사는 소주를 해당 도 내에서만 생산하지만, 판매는 다른 도에서도 할 수 있다.
- 다음 그림은 전체 지역의 지난 1년 간 도별 소주 생산량과 각 도 사이의 물류량을 표시한 것이다. 동그라미 안의 숫자는 각 도별 소주 생산량을 의미하고, 화살표는 이동의 방향을 나타낸다. 그리고 화살표 옆의 숫자는 소주의 이동량을 의미한다. 예를 들어 A도에서 B도를 향한 화살표의 40은 a소주의 이동량을 나타낸다.

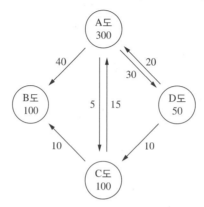

- 다만 D도의 d소주가 A도를 거쳐 B도에서 판매되는 것과 같이 2번 이상의 이동은 일어날 수 없다. 또한 1년 간 생산된 소주는 그 해에 모두 소비된다고 가정한다. 이 경우 자도소주의 LOFI를 구하는 공식은 다음과 같다.

$$[\text{LOFI}_{\text{자도소주}}(\%)] = \frac{(\text{해당 도내 자도소주 소비량})}{(\text{해당 도의 자도소주 생산량})} \times 100$$

나만의 접근포인트

고수의 접근포인트

이 문제는 문제해결능력으로 분류하여 수록하였지만 전체적인 아이디어는 수리능력에서도 얼마든지 활용 가능한 문제이다. 특히 자도소주 소비량을 구하는 부분은 혼동하기 쉬우므로 이번 기회에 계산이 진행되는 과정을 확실하게 정리해두기 바란다. 주어지는 자료의 양을 늘려 수리능력에서도 출제될 수 있는 유형이다.

적중예상문제　　　　　　　　　　　⏱ 제한시간 : 70초　⏳ 소요시간 :　　초

윗글에 근거할 때, 다음 〈보기〉에서 올바르게 추론한 설명을 모두 고르면?

──────〈 보기 〉──────

ㄱ. A도에서는 소주의 생산량보다 소비량이 더 많다.
ㄴ. A도와 B도가 하나의 도라면, 그 도는 독립적인 시장으로 볼 수 있다.
ㄷ. C도는 독립적인 시장으로 볼 수 없다.

────────────────────

정답 ㄴ

ㄴ. A도와 B도가 하나의 도라면 이 도의 총 소주 생산량은 400이 된다. 또한 외부 유출량은 35, 외부 유입량은 45이므로 총 소비량은 410이 되는데 이 중 45는 다른 도에서 생산된 소주이므로 자도에서 생산된 소주 소비량은 365임을 알 수 있다. 따라서 이 도의 LOFI는 $\frac{365}{400} \times 100 ≒ 91.25\%$이므로 독립적인 시장으로 볼 수 있다.

오답분석

ㄱ. A도의 소주 생산량은 300이며, 외부 유출량은 75, 외부 유입량은 35이므로 총 소비량은 260임을 알 수 있다. 따라서 A도는 소주의 생산량이 소비량보다 더 많으므로 옳지 않은 내용이다.

ㄷ. C도의 소주 생산량은 100이며, 외부 유출량은 25, 외부 유입량은 15이므로 총 소비량은 90임을 알 수 있다. 그런데 이 중 15는 다른 도에서 생산된 소주이므로 자도에서 생산된 소주 소비량은 75임을 알 수 있다. 따라서 이 도의 LOFI는 $\frac{75}{100} \times 100 = 75\%$이므로 독립적인 시장으로 볼 수 있다.

| 문제 4 |

〈갑 회사 공채 지원자 평가 자료〉

(단위 : 점)

구분 지원자	창의성 점수	성실성 점수	체력 점수	최종 학위	평가 점수
가	80	90	95	박사	( )
나	90	60	80	학사	310
다	70	60	75	석사	300
라	85	( )	50	학사	255
마	95	80	60	학사	295
바	55	95	65	학사	280
사	60	95	90	석사	355
아	80	( )	85	박사	375
자	75	90	95	석사	( )
차	60	70	( )	학사	290

〈평가점수와 평가등급의 결정방식〉

- 최종학위점수는 학사 0점, 석사 1점, 박사 2점임.
- (지원자 평가점수)=(창의성점수)+(성실성점수)+[(체력점수)×2]+[(최종학위점수)×20]
- 평가등급 및 평가점수

평가등급	평가점수
S	350점 이상
A	300점 이상 350점 미만
B	300점 미만

나만의 접근포인트

적중예상문제

⏱ 제한시간 : 80초   ⧗ 소요시간 :   초

다음 중 위 자료에 근거한 설명으로 옳지 않은 것은?

① '가'의 평가점수는 400점으로 지원자 중 가장 높다.

② '라'의 성실성점수는 '다'보다 높지만 '마'보다는 낮다.

③ '아'의 성실성점수는 '라'와 같다.

④ S등급인 지원자는 4명이다.

⑤ '차'는 체력점수를 원래 점수보다 5점 더 받으면 A등급이 된다.

정답 ③

제시된 평가점수와 평가등급의 결정방식에 따라 갑 회사의 공채 지원자 평가 자료의 빈칸을 채우면 다음과 같다.

구분 지원자	창의성	성실성	체력	학위	평가점수
가	80	90	95	박사	(400)
나	90	60	80	학사	310
다	70	60	75	석사	300
라	85	(70)	50	학사	255
마	95	80	60	학사	295
바	55	95	65	학사	280
사	60	95	90	석사	355
아	80	(85)	85	박사	375
자	75	90	95	석사	(375)
차	60	70	(80)	학사	290

'아'의 성실성 점수(85점)는 '라'의 성실성 점수(70점)와 같지 않으므로 옳지 않다.

오답분석

① 위 표에 따르면 '가'의 평가점수는 400점이고 전체 지원자 중 가장 높으므로 옳은 내용이다.

② 위 표에 따르면 '라'의 성실성 점수(70점)는 '다'(60점)보다 높지만 '마'(80점)보다 낮으므로 옳은 내용이다.

④ 평가점수가 350점 이상인 지원자에게 S등급이 부여되므로 이를 충족하는 지원자는 가, 사, 아, 자의 4명이다.

⑤ '차'가 체력점수에서 5점을 더 얻는다면 2배 가중한 값인 10점만큼 전체 평가점수가 상승하게 되어 300점을 얻게 된다. 그런데 기준에 따르면 300점 이상 350점 미만인 경우 A등급이 부여된다고 하였으므로 옳은 내용이다.

| 문제 1 |

〈통역경비 산정기준〉

• 통역경비는 통역료와 출장비(교통비, 이동보상비)의 합으로 산정한다.
• 통역료(통역사 1인당)

구분	기본요금(3시간까지)	추가요금(3시간 초과 시)
영어, 아랍어, 독일어	500,000원	100,000원/시간
베트남어, 인도네시아어	600,000원	150,000원/시간

• 출장비(통역사 1인당)
 − 교통비는 왕복으로 실비 지급
 − 이동보상비는 이동 시간당 10,000원 지급

〈상황〉

A사는 2021년 3월 9일 갑시에서 설명회를 개최하였다. 통역은 영어와 인도네시아어로 진행되었고, 영어 통역사 2명과 인도네시아어 통역사 2명이 통역하였다. 설명회에서 통역사 1인당 영어 통역은 4시간, 인도네시아어 통역은 2시간 진행되었다. S시까지는 편도로 2시간이 소요되며, 개인당 교통비는 왕복으로 100,000원이 들었다.

나만의 접근포인트

적중예상문제

⏳ 소요시간 :   초

A사가 S시에서 개최한 설명회에 쓴 총 통역경비는?

정답 296만 원

통역사 1인당 통역경비를 계산하면 다음과 같다.
• 영어 통역사 : 500,000원(기본요금)+100,000(추가요금)+100,000(교통비)+40,000(이동보상비)=740,000원
• 인도네시아어 통역사 : 600,000(기본요금)+100,000(교통비)+40,000(이동보상비)=740,000원
각 언어별 통역사는 2명씩이므로 총 통역경비는 2,960,000원이다.

| 문제 2 |

A, B, C 세 국가는 서로 간에만 무역을 하고 있다. 2021년 세 국가의 수출액은 다음과 같다.

• A의 B와 C에 대한 수출액은 각각 200억 달러와 100억 달러였다.

• B의 A와 C에 대한 수출액은 각각 150억 달러와 100억 달러였다.

• C의 A와 B에 대한 수출액은 각각 150억 달러와 50억 달러였다.

A, B, C의 2019년 국내총생산은 각각 1,000억 달러, 3,000억 달러, 2,000억 달러였고, 각 국가의 무역의존도는 다음과 같이 계산한다.

$$(무역의존도) = \frac{(총\ 수출액) + (총\ 수입액)}{(국내총생산)}$$

나만의 접근포인트

적중예상문제

⏳ 소요시간 :   초

윗글을 근거로 판단할 때, 2021년의 무역의존도가 높은 순서대로 세 국가(A ~ C)를 나열하면?

정답 A, C, B

각 국가의 무역의존도를 구하면 다음과 같다.

A : $\dfrac{300+300}{1,000} = \dfrac{600}{1,000} = \dfrac{3,600}{6,000}$

B : $\dfrac{250+250}{3,000} = \dfrac{500}{3,000} = \dfrac{1,000}{6,000}$

C : $\dfrac{200+200}{2,000} = \dfrac{400}{2,000} = \dfrac{1,200}{6,000}$

따라서 무역의존도가 높은 순서대로 나열하면 A, C, B이다.

| 문제 3 |

○○국 A기관은 갑을 '지역경제 활성화 위원회'의 외부위원으로 위촉하였다. 갑은 2020년 2월 24일 오후 2시부터 5시까지 위원회에 참석해서 지역경제 활성화와 관련한 내용을 슬라이드 20면으로 발표하였다. A기관은 아래 기준에 따라 갑에게 해당 위원회 참석수당과 원고료를 지급한다.

• 참석수당 지급기준액

구분	단가
참석수당	• 기본료(2시간) : 100,000원 • 2시간 초과 후 1시간마다 50,000원

• 원고료 지급기준액

구분	단가
원고료	10,000원 / A4 1면

 ※ 슬라이드 2면을 A4 1면으로 한다.

• 위원회 참석수당 및 원고료는 기타소득이다.

• 위원회 참석수당 및 원고료는 지급기준액에서 다음과 같은 기타소득세와 주민세를 원천징수하고 지급한다.

  − (기타소득세)=[(지급기준액)−(필요경비)]×[소득세율(20 %)]

  − (주민세)=(기타소득세)×[주민세율(10 %)]

  ※ 필요경비는 지급기준액의 60 %로 한다.

나만의 접근포인트

윗글을 근거로 판단할 때, A기관이 원천징수 후 갑에게 지급하는 금액은?

> **정답** 228,000원
>
> - 참석수당 지급기준액(3시간) : $100,000+50,000=150,000$원
> - 원고료 지급기준액[(슬라이드 20면)=(A4 10면)] : $10,000 \times 10 = 100,000$원
> - 총 지급기준액 : $150,000+100,000=250,000$원
> - 기타소득세 : $(250,000 \times 40\%) \times [$소득세율(20%)$]=20,000$원
> - 주민세 : $20,000 \times [$주민세율(10%)$]=2,000$원
> - 원천징수 후 지급액 : $250,000-20,000-2,000=228,000$원

〈관세 관련 규정〉

• 물품을 수입할 경우 과세표준에 품목별 관세율을 곱한 금액을 관세로 납부해야 한다. 단, 과세표준이 15만 원 미만이고, 개인이 사용할 목적으로 수입하는 물건에 대해서는 관세를 면제한다.

• 과세표준은 판매자에게 지급한 물품가격, 미국에 납부한 세금, 미국 내 운송료, 미국에서 한국까지의 운송료를 합한 금액을 원화로 환산한 금액으로 한다. 단, 미국에서 한국까지의 운송료는 실제 지불한 운송료가 아닌 다음의 국제선편요금을 적용한다.

〈국제선편요금〉

중량	0.5kg ~ 1kg 미만	1kg ~ 1.5kg 미만
금액(원)	10,000	15,000

• 과세표준 환산 시 환율은 관세청장이 정한 '고시환율'에 따른다. (현재 고시환율 : 1,100/달러)

〈갑의 구매 내역〉

한국에서 갑은 개인이 사용할 목적으로 미국 소재 인터넷 쇼핑몰에서 물품가격과 운송료를 지불하고 전자기기를 구입했다.

• 전자기기 가격 : 120달러
• 미국에서 한국까지의 운송료 : 30달러
• 지불 시 적용된 환율 : 1,200/달러
• 전자기기 중량 : 0.9kg
• 전자기기에 적용되는 관세율 : 10%
• 미국 내 세금 및 미국 내 운송료는 없다.

나만의 접근포인트

위 관세 관련 규정에 따를 때, 갑이 전자기기의 구입으로 지출한 총 금액은?

> **정답** 180,000원
>
> ⅰ) 면세여부 확인
>   - 과세표준 : (120달러×1,100원)+10,000원=142,000원
>   - 15만 원 미만이고 개인 갑이 사용할 목적으로 수입하는 것이므로 면세이다.
> ⅱ) 나머지 지출액
>   - 전자기기 가격 : 120달러×1,200원=144,000원
>   - 운송비 : 30달러×1,200원=36,000원
> 따라서 갑이 전자기기 구입으로 지불한 총 금액은 180,000원이다.

〈지급유형별 · 아동월령별 양육수당 월 지급금액〉

(단위 : 만 원)

지급유형 \ 아동월령	12개월 이하	12개월 초과 24개월 이하	24개월 초과 36개월 이하	36개월 초과 48개월 이하	48개월 초과 60개월 이하
일반	20.0	15.0	10.0	10.0	10.0
농어촌	20.0	17.7	15.6	12.9	10.0
장애아동	22.0	20.5	18.0	16.5	15.0

〈신청가구별 아동 현황(2019년 5월 15일 기준)〉

신청 가구	자녀		지급 유형	비고
	구분	아동월령(개월)		
가	A	22	일반	
나	B	16	농어촌	
	C	2	농어촌	
다	D	23	장애아동	
라	E	40	일반	
	F	26	일반	
마	G	58	일반	2018년 1월부터 해외 체류 중
	H	35	일반	
	I	5	일반	

〈지급조건〉

- 만 5세 이하 아동을 양육하고 있는 가구를 대상으로 함.
- 양육수당 신청시점의 지급유형 및 아동월령에 따라 양육수당을 지급함.
- 양육수당 신청일 현재 90일 이상 해외에 체류하고 있는 아동은 지급대상에서 제외함.
- 가구별 양육수당은 수급가능한 모든 자녀의 양육수당을 합한 금액임.
- 양육수당은 매월 15일에 신청받아 해당 월 말일에 지급함.

나만의 접근포인트

제시된 자료와 2019년 양육수당 지급조건에 근거하여 2019년 5월분의 양육수당이 많은 가구부터 순서대로 바르게 나열한 것은?

정답 나 – 마 – 다 – 라 – 가

제시된 2019년 양육수당 지급조건과 자료의 내용을 토대로 각 신청가구별 양육수당을 계산하면 다음과 같다.

ⅰ) 가 : A(22개월, 일반) : 15만 원
ⅱ) 나 : B(16개월, 농어촌) : 17.7만 원
　　　　C(2개월, 농어촌) : 20만 원
ⅲ) 다 : D(23개월, 장애아동) : 20.5만 원
ⅳ) 라 : E(40개월, 일반) : 10만 원
　　　　F(26개월, 일반) : 10만 원
ⅴ) 마 : G(58개월, 일반) : 제외
　　　　H(35개월, 일반) : 10만 원
　　　　I(5개월, 일반) : 20만 원

이를 가구별로 정리하면 가 : 15만 원, 나 : 37.7만 원, 다 : 20.5만 원, 라 : 20만 원, 마 : 30만 원이다. 따라서 2019년 5월분의 양육수당이 많은 가구부터 순서대로 나열하면 나 – 마 – 다 – 라 – 가이다.

〈청소년 가공식품 섭취 현황〉

(단위 : g)

가공식품	1일 평균 섭취량
음료	60
사탕	3
스낵과자	40
햄버거	50

〈가공식품 첨가물 사용 현황 및 1일 섭취 허용량〉

첨가물	사용 가공식품	가공식품 1g당 사용량(mg/g)	체중 1kg당 1일 섭취 허용량(mg/kg)
바닐린	사탕	100	10
푸마르산	사탕	5	4
	햄버거	40	
글리세린	음료	10	30
	스낵과자	20	
식용색소 적색3호	사탕	4	0.1
	스낵과자	0.2	
식용색소 황색4호	음료	5	10
	스낵과자	4	

※ 1) 청소년 평균 체중 : 50kg

2) $[\text{체중 1kg당 가공식품 첨가물 1일 평균 섭취량(mg/kg)}] = \dfrac{(\text{가공식품 1g당 사용량}) \times (\text{가공식품 1일 평균 섭취량})}{(\text{청소년 평균 체중})}$

나만의 접근포인트

평균 체중을 가진 청소년의 1일 평균 섭취량이 1일 섭취 허용량을 초과하는 첨가물은?

정답 푸마르산, 식용색소 적색3호

각 첨가물별로 섭취량과 섭취 허용량을 구하면 다음과 같다.

(단위 : mg)

바닐린	섭취량	300(사탕)
	허용량	10×50=500, 따라서 허용량을 초과하지 않는다.
푸마르산	섭취량	15(사탕)+200(햄버거)=215
	허용량	4×50=200, 따라서 허용량을 초과한다.
글리세린	섭취량	600(음료)+800(스낵)=1,400
	허용량	30×50=1,500, 따라서 허용량을 초과하지 않는다.
식용색소 적색3호	섭취량	12(사탕)+8(스낵)=20
	허용량	0.1×50=5, 따라서 허용량을 초과한다.
식용색소 황색4호	섭취량	300(음료)+160(스낵)=460
	허용량	10×50=500, 따라서 허용량을 초과하지 않는다.

〈K사 갑 ~ 무 사원의 국외 출장 현황〉

출장 사원	출장 국가	출장 기간	숙박비 지급 유형	1박 실지출 비용 (달러/박)	출장 시 개인 마일리지 사용 여부
갑	A	3박 4일	실비 지급	145	미사용
을	A	3박 4일	정액 지급	130	사용
병	B	3박 5일	실비 지급	110	사용
정	C	4박 6일	정액 지급	75	미사용
무	D	5박 6일	실비 지급	75	사용

※ 각 출장자의 출장 기간 중 매박 실지출 비용은 변동 없음

〈출장 국가별 1인당 여비 지급 기준액〉

구분 출장국가	1일 숙박비 상한액(달러/박)	1일 식비(달러/일)
A	170	72
B	140	60
C	100	45
D	85	35

〈출장 여비 지급 조건〉

- [출장 여비(달러)]=(숙박비)+(식비)
- 숙박비는 숙박 실지출 비용을 지급하는 실비지급 유형과 출장국가 숙박비 상한액의 80%를 지급하는 정액지급 유형으로 구분
  - [실비 지급 숙박비(달러)]=(1박 실지출 비용)×('박' 수)
  - [정액 지급 숙박비(달러)]=(출장 국가 1일 숙박비 상한액)×('박' 수)×0.8
- 식비는 출장 시 개인 마일리지 사용 여부에 따라 출장 중 식비의 20% 추가지급
  - [개인 마일리지 미사용 시 지급 식비(달러)]=(출장 국가 1일 식비)×('일' 수)
  - [개인 마일리지 사용 시 지급 식비(달러)]=(출장 국가 1일 식비)×('일' 수)×1.2

나만의 접근포인트

제시된 자료를 근거로 출장 여비를 지급받을 때, 출장 여비를 가장 많이 지급받는 출장 사원부터 순서대로 바르게 나열한 것은?

> **정답** 을, 갑, 병, 무, 정
>
> 주어진 출장 여비 지급 조건에 의해 갑~무의 출장 여비를 계산하면 다음과 같다.
> - 갑 : $(145 \times 3) + (72 \times 4) = 723$달러
> - 을 : $(170 \times 3 \times 0.8) + (72 \times 4 \times 1.2) = 753.6$달러
> - 병 : $(110 \times 3) + (60 \times 5 \times 1.2) = 690$달러
> - 정 : $(100 \times 4 \times 0.8) + (45 \times 6) = 590$달러
> - 무 : $(75 \times 5) + (35 \times 6 \times 1.2) = 627$달러
>
> 따라서 출장 여비를 가장 많이 지급받는 출장 사원부터 순서대로 나열하면 을, 갑, 병, 무, 정이다.

- (최종심사점수)=(서면심사 최종반영점수)+(현장평가단 최종반영점수)
- 서면심사 최종반영점수

점수순위	1위	2위	3위	4위	5위
최종반영점수(점)	50	45	40	35	30

※ 점수순위는 서면심사점수가 높은 순서임.
- 현장평가단 최종반영점수

득표율	90% 이상	80% 이상 90% 미만	70% 이상 80% 미만	60% 이상 70% 미만	60% 미만
최종반영점수(점)	50	40	30	20	10

$$※ \ [득표율(\%)]=\frac{(현평가단 \ 득표수)}{(현장평가단 \ 총 \ 인원수)}\times100$$

〈부처별 정부3.0 우수사례 경진대회 심사결과〉

구분 \ 부서	A	B	C	D	E
서면심사점수(점)	73	79	83	67	70
현장평가단 득표수(표)	176	182	172	145	137
최종심사점수(점)	( )	( )	90	( )	55

※ 현장평가단 총 인원수는 200명임

나만의 접근포인트

위 자료를 근거로 할 때, 다음 설명 중 옳은 것은?

① 현장평가단 최종반영점수에서 30점을 받은 부서는 E이다.

② E가 현장평가단으로부터 3표를 더 받는다면 최종심사점수의 순위가 바뀌게 된다.

③ A가 서면심사점수를 5점 더 받는다면 최종심사점수의 순위가 바뀌게 된다.

④ 서면심사점수가 가장 낮은 부서는 최종심사점수도 가장 낮다.

⑤ 서면심사 최종반영점수와 현장평가단 최종반영점수간의 차이가 가장 큰 부서는 C이다.

정답 ②

먼저, 각 부서별 최종심사점수를 정리하면 다음과 같다.

구분	A	B	C	D	E
서면심사 최종반영점수	40	45	50	30	35
현장평가단 최종반영점수	40	50	40	30	20
최종심사점수	80	95	90	60	55

E의 현장평가단 최종반영점수가 30점이 되면, 최종심사점수가 10점 상승하여 65점이 되므로 5위에서 4위로 올라서게 된다. 따라서 옳은 내용이다.

오답분석

① 위 표에서 현장평가단 최종반영점수가 30점인 부서는 D임을 알 수 있으므로 옳지 않은 내용이다.

③ A의 서면심사점수가 5점 올라간다면 최종심사점수가 85점이 되지만 순위는 변하지 않으므로 옳지 않은 내용이다.

④ 위 표에 의하면 서면심사점수가 가장 낮은 부처는 D(30점)이고, 최종심사점수가 가장 낮은 부서는 E(55점)이므로 옳지 않은 내용이다.

⑤ 서면심사 최종반영점수와 현장평가단 최종반영점수 간의 차이가 가장 큰 부서는 E(15점)이므로 옳지 않은 내용이다.

1 대표자료

> • 책 A는 목차와 같이 구성되어 있고, 비어 있는 쪽은 없다.
> • 책 A의 각 쪽은 모두 제1절부터 제14절까지 14개의 절 중 하나의 절에 포함된다.
> • 갑은 3월 1일부터 책 A를 읽기 시작해서, 1쪽부터 마지막 쪽인 133쪽까지 순서대로 읽는다.
> • 갑은 한번 읽기 시작한 절은 그날 모두 읽되, 하루에 최대 40쪽을 읽을 수 있다.
> • 갑은 절 제목에 '과학' 또는 '정책'이 들어간 절까지 하루에 한 개 이상 읽는다.

〈목차〉

고수의 접근포인트

문제 초반에 제시된 '133쪽'이라는 정보를 놓치고 풀이한 수험생이 의외로 많았던 문제이다. 문제를 집중해서 풀다보면 시야가 좁아지기 마련인데 핵심 정보인 〈목차〉에 집중하다보니 '133쪽'이라는 정보를 놓친 것이다. 문제해결능력에서는 이렇게 정보가 분산되어 제시되는 경우가 상당히 많다. 자료가 여러 개 주어졌다면 의식적으로 초반에 중요한 정보가 하나쯤은 심어져 있다는 것을 생각하자.

적중예상문제   ⏱ 제한시간 : 80초   ⏳ 소요시간 :   초

윗글을 근거로 판단할 때, 다음 〈보기〉에서 옳은 설명을 모두 고르면?

─〈 보기 〉─

ㄱ. 3월 1일에 갑은 책 A를 20쪽 이상 읽는다.
ㄴ. 3월 3일에 갑이 제6절까지 읽었다면, 갑은 3월 5일까지 책 A를 다 읽을 수 있다.
ㄷ. 갑이 책 A를 다 읽으려면 최소 5일 걸린다.

정답 ㄱ

ㄱ. 갑은 절 제목에 '과학' 또는 '정책'이 들어간 절까지 하루에 한 개 이상 읽는다고 하였으므로 최소한 2절까지는 읽어야 한다. 2절은 20쪽까지이므로 옳은 내용임을 알 수 있다.

오답분석

ㄴ. 3월 3일에 갑이 6절까지, 즉 61쪽까지 읽었다면 4일에는 10절까지 읽을 수 있다. 왜냐하면 하루에 최대로 읽을 수 있는 분량이 40쪽인데 11절의 끝은 103쪽이므로 읽는 것이 불가능하기 때문이다. 그렇다면 5일에는 11절부터, 즉 92쪽부터 읽기 시작하는 것이 되는데 책의 마지막 쪽이 133쪽이므로 하루에 최대로 읽을 수 있는 분량을 넘어선다. 따라서 3월 5일까지 다 읽는 것은 불가능하다.

ㄷ. 1일 차에 4절(33쪽)까지, 2일 차에 8절(67쪽)까지, 3일 차에 12절(106쪽)까지, 4일 차에 133쪽까지 읽는 경우가 가능하므로 갑이 책 A를 다 읽는 데 소요되는 최소한의 시간은 4일이다.

2 기본자료

| 문제 1 |

〈규칙〉

- 이동한 거리, 채집한 과일, 사냥한 동물 각각에 점수를 부여하여 합계 점수가 높은 사람이 승리하는 게임이다.
- 게임시간은 1시간이며, 주어진 시간 동안 이동을 하면서 과일을 채집하거나 사냥을 한다.
- 이동거리 1미터당 1점을 부여한다.
- 사과는 1개당 5점, 복숭아는 1개당 10점을 부여한다.
- 토끼는 1마리당 30점, 여우는 1마리당 50점, 사슴은 1마리당 100점을 부여한다.

〈결과〉

- 갑의 합계점수는 1,590점이다. 갑은 과일을 채집하지 않고 사냥에만 집중하였으며, 총 1,400미터를 이동하는 동안 모두 4마리의 동물을 잡았다.
- 을은 총 1,250미터를 이동했으며, 사과 2개와 복숭아 5개를 채집하였다. 또한 여우를 1마리 잡고 사슴을 2마리 잡았다.

나만의 접근포인트

Q 고수의 접근포인트

'가능한' 경우를 묻는 문제의 경우 굳이 백지에서 문제를 풀어내려 하지 말고 선택지를 직접 적용해 풀이하는 것이 더 효율적이다. 수험생들 중에는 평소 복습을 할 때에는 선택지 없이 백지 상태에서 풀어보고 실전에서는 선택지를 이용하려는 경우가 종종 있는데 매우 바람직하지 못하다. 어차피 실전에서 써먹지 못하는 방법이라면 왜 그것에 시간을 허비하는가?

다음 중 갑과 을 중 승리한 사람과 갑이 사냥한 동물의 종류 및 수량으로 바르게 연결된 것은?

	승리한 사람	갑이 사냥한 동물의 종류 및 수량
①	갑	토끼 3마리와 사슴 1마리
②	갑	토끼 2마리와 여우 2마리
③	을	토끼 3마리와 여우 1마리
④	을	토끼 2마리와 여우 2마리
⑤	을	토끼 1마리와 사슴 3마리

정답 ①

갑과 을의 합계점수를 구체적으로 살펴보면, 갑의 합계점수는 1,590점인 반면, 을의 합계점수는 1,560점(=1,250+10+50+50+200)이므로 승리한 사람은 갑이다.
여기서 갑의 합계점수를 세부적으로 살펴보면, 이동거리에 따른 점수 1,400점과 사냥으로 인한 점수 190점으로 이루어졌음을 확인할 수 있는데, 선택지에서 이를 충족하는 것은 토끼 3마리와 사슴 1마리로 구성된 ①만이 가능하다. ②는 사냥으로 인한 점수가 160점에 불과하여 가능하지 않다.

| 문제 2 |

지구와 거대한 운석이 충돌할 것으로 예상되자, A국 정부는 인류의 멸망을 막기 위해 갑, 을, 병 세 사람을 각각 냉동캡슐에 넣어 보존하기로 했다. 운석 충돌 후 시간이 흘러 지구에 다시 사람이 살 수 있는 환경이 조성되자, 3개의 냉동캡슐은 각각 다른 시점에 해동이 시작되어 하루 만에 완료되었다. 그 후 갑, 을, 병 세 사람은 2120년 9월 7일 한 자리에 모여 다음과 같은 대화를 나누었다.

갑 : 나는 2086년에 태어났습니다. 19살에 냉동캡슐에 들어갔고, 캡슐에서 해동된 지는 정확히 7년이 되었어요.

을 : 나는 2075년생입니다. 26살에 냉동캡슐에 들어갔고, 캡슐에서 해동된 것은 지금으로부터 1년 5개월 전입니다.

병 : 난 2083년 5월 17일에 태어났어요. 21살이 되기 두 달 전에 냉동캡슐에 들어갔고, 해동된 건 일주일 전이에요.

※ 이들이 밝히는 나이는 만 나이이며, 냉동되어 있는 기간은 나이에 산입되지 않는다.

나만의 접근포인트

🔍 고수의 접근포인트

이 자료의 경우는 대화에서 주어진 수치들이 같은 형식으로 주어져 있었기 때문에 풀이가 간단했지만 만약 '태어난 해 – 들어갈 때의 나이 – 해동된 기간'의 형태가 아니었다면 꽤나 애를 먹었을 법한 문제이다. 오히려 실전에서는 이런 문제를 더 자주 접하게 되는데, 그럴 때에는 가장 많이 겹치는 기준으로 정리해보고 그것이 여의치 않다면 첫 번째 조건에 맞추어 표를 만드는 것이 가장 효율적이다. 어차피 문제를 한 번 읽고난 후에 위와 같은 표가 자동으로 튀어나올 수는 없다.

윗글을 근거로 할 때, 다음 〈보기〉에서 옳은 설명을 모두 고르면?

〈 **보기** 〉

ㄱ. 갑, 을, 병이 냉동되어 있던 기간은 모두 다르다.
ㄴ. 대화를 나눈 시점에 갑이 병보다 나이가 어리다.
ㄷ. 가장 이른 연도에 냉동캡슐에 들어간 사람은 갑이다.

정답 ㄱ

주어진 자료를 표로 정리하면 다음과 같다. 단, 편의상 간격은 년 혹은 년, 개월로 표기한다.

구분	태어난 때	간격 1	들어간 때	간격 2	해동된 때	간격 3
갑	2086년	19년	2105년	8년	2113년	7년
을	2075년	26년	2101년	18년 4개월	2119.4.7	1년 5개월
병	2083.5.17	20년 10개월	2104.3.17	16년 5개월	2120.8.31	1주일

ㄱ. 위의 표에서 냉동되어 있던 기간은 간격 2에 해당하며 이에 따르면 세 사람이 냉동되어 있던 기간은 모두 다르다.

오답분석

ㄴ. 조건에서 냉동되어 있던 기간은 나이에 산입되지 않는다고 하였으므로 대화시점의 나이는 간격 1과 간격 3을 더한 것이 된다. 따라서 갑은 26살임에 반해, 병은 21살이 되지 않은 상태이므로 갑이 병보다 나이가 많다.

ㄷ. 위의 표에 따르면 가장 먼저 냉동캡슐에 들어간 사람은 을(2101년)이다. 따라서 옳지 않다.

| 문제 3 |

〈규칙〉

- △△배 씨름대회는 아래와 같은 대진표에 따라 진행되며, 11명의 참가자는 추첨을 통해 동일한 확률로 A부터 K까지의 자리 중에서 하나를 배정받아 대회에 참가한다.

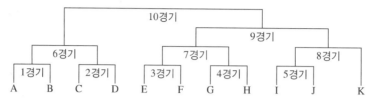

- 대회는 첫째 날에 1경기부터 시작되어 10경기까지 순서대로 매일 하루에 한 경기씩 쉬는 날 없이 진행되며, 매 경기에서는 무승부 없이 승자와 패자가 가려진다.
- 각 경기를 거듭할 때마다 패자는 제외시키면서 승자끼리 겨루어 최후에 남은 두 참가자 간에 우승을 가리는 승자 진출전 방식으로 대회를 진행한다.

나만의 접근포인트

고수의 접근포인트

제시문의 대진표는 마지막의 K가 1라운드를 건너뛰고 2라운드에 진출하는 것을 확인할 수 있다. 이것이 결국은 문제 풀이에 중요한 단서가 될 것으로 예상할 수 있다.

규칙을 분석해보면 전체 내용 중 문제 풀이에 의미가 있는 것은 대진표와 두 번째 조건뿐이라는 것을 알 수 있다. 첫 번째와 세 번째 조건은 그야말로 당연한 내용으로 전형적인 허수정보에 해당한다. 또한 대진표를 살펴보면, 나머지 경기의 진행방향과 9경기의 방향이 반대라는 점을 확인할 수 있다. 이런 부분은 반드시 출제포인트가 되므로 놓치지 말자.

위의 규칙을 근거로 판단할 때, 다음 〈보기〉에서 옳은 설명을 모두 고르면?

──〈 보 기 〉──

ㄱ. 이틀 연속 경기를 하지 않으면서 최소한의 경기로 우승할 수 있는 자리는 총 5개이다.

ㄴ. 첫 번째 경기에 승리한 경우 두 번째 경기 전까지 3일 이상을 경기 없이 쉴 수 있는 자리에 배정될 확률은 50% 미만이다.

ㄷ. 총 4번의 경기를 치러야 우승할 수 있는 자리에 배정될 확률이 총 3번의 경기를 치르고 우승할 수 있는 자리에 배정될 확률보다 높다.

정답   ㄷ

ㄷ. 총 4번의 경기를 치러야 우승할 수 있는 자리는 E ~ J까지의 6개이고, 총 3번의 경기를 치르고 우승할 수 있는 자리는 A ~ D, K의 5개이므로 전자에 배정될 확률이 더 높다.

오답분석

ㄱ. 대진표 상에서 우승을 하기 위해 최소한으로 치러야 하는 경기는 3경기이며, 이에 해당하는 자리는 A ~ D, K이다. 그러나 K는 8경기를 승리한 이후 다음 날 곧바로 9경기를 치르게 되므로 조건에 부합하지 않는다. 따라서 총 4개만 해당한다.

ㄴ. 첫 번째 경기에 승리한 경우 두 번째 경기 전까지 3일 이상을 경기 없이 쉴 수 있는 자리는 A ~ F까지의 6개로 전체 11개의 50%를 넘는다. 따라서 옳지 않다.

〈가위 · 바위 · 보 게임 기록 및 판정〉

참가자 \ 회차·구분	1 기록	1 판정	2 기록	2 판정	3 기록	3 판정	4 기록	4 판정	5 기록	5 판정
A	가위	승	바위	승	보	승	바위	( )	보	( )
B	가위	승	(가)	( )	바위	패	가위	( )	보	( )
C	보	패	가위	패	바위	패	(나)	( )	보	( )
D	보	패	가위	패	바위	패	가위	( )	(다)	( )

〈5회차 게임 종료 후 A ~ D의 위치〉

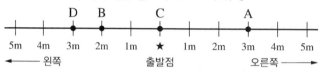

〈규칙〉

• A ~ D는 모두 출발점(★)에서 1회차 가위 · 바위 · 보 게임을 하고, 2회차부터는 직전 회차 게임 종료 후 각자의 위치에서 게임을 한다.
• 각 회차의 판정에 따라 지거나 비기면 이동하지 않고, 가위로 이긴 사람은 왼쪽으로 3m, 바위로 이긴 사람은 오른쪽으로 1m, 보로 이긴 사람은 오른쪽으로 5m를 각각 이동하여 해당 회차 게임을 종료한다.

나만의 접근포인트

🔍 **고수의** 접근포인트

보기에 따라서는 혼동을 야기할 수도 있는 자료이므로 주의가 필요하다. 이 게임은 기본적으로 A ~ D 4명이 동시에 가위바위보를 하는 것을 전제로 하고 있다. 이같은 내용은 전체의 흐름을 통해 그러한 방식임을 알아차릴 수도 있고 3회차의 판정 결과를 토대로 2×2 방식이 아니라는 점을 간접적으로 알 수 있다. 너무 깊이 생각하면 둘씩 짝을 지어 가위바위보 게임을 하는 것을 가정하고 풀이할 수 있기에 첨언해둔다.

적중예상문제

⏱ 제한시간 : 70초   ⏳ 소요시간 :   초

(가), (나), (다)에 해당하는 것을 바르게 나열한 것은?

정답 바위 – 보 – 가위

왼쪽으로의 이동을 (-), 오른쪽으로의 이동을 (+)로 표시하면 다음과 같이 설명할 수 있다.

i) 먼저 A를 살펴보면, 3회차까지의 결괏값이 +3인데 5회차까지의 결괏값도 역시 +3이므로 4회차와 5회차 모두 비기거나 졌음을 알 수 있다. 그런데 4회차를 보면 A는 바위를 낸 상태이고 B와 D가 가위를 냈으므로 질 수는 없는 상황이다. 따라서 4회차에서 A는 비겼음을 추론할 수 있으며 이를 통해 (나)에는 '보'가 들어가야 함을 알 수 있다. 그리고 이는 4회차에서는 4명의 참가자가 모두 무승부를 기록한 것까지 알 수 있게 된다.

ii) 이제 D를 살펴보면, D는 4회차까지는 3패 후 1무를 기록한 상황이므로 결괏값이 0인데 5회차의 결괏값은 -3이므로 D는 5회차에서 '가위'로 승리했음을 알 수 있다. 이를 통해 (다)에는 '가위'가 들어가야 함을 알 수 있으며, 결과적으로 5회차에서 A ~ C는 모두 패한 것이 된다.

iii) 이제 B를 살펴보면, 2회차를 제외한 나머지의 결괏값이 -3인데, 2회차를 반영한 결괏값은 -2이다. 따라서 B는 2회차에서 '바위'로 승리했음을 알 수 있다. 이를 통해 (가)에는 '바위'가 들어가야 함을 알 수 있다.

| 문제 1 |

A사의 서비스센터는 현재 각종의 A / S업무를 처리하는 데 있어서 먼저 접수된 A / S업무를 우선 처리하는 '선착순 우선 원칙'을 고수하고 있다. 그러나 일부 고객들은 처리기일이 적게 소요되는 A / S업무를 처리기일이 오래 소요되는 A / S업무 보다 우선 처리하는 '짧은 사례 우선 원칙'을 채택하여야 한다고 주장하고 있다.

〈상황〉

• 갑, 을, 병 3명의 고객이 같은 날에 순서대로 각각 A / S업무 A, B, C를 담당자에게 접수하였다.
• A / S 담당자가 업무 A, B, C를 처리하는 데 필요한 소요일수는 각각 16일, 8일, 4일이다.
• A / S 담당자는 업무 A, B, C를 동시에 처리할 수 없고 한 번에 하나씩만 처리할 수 있다.

나만의 접근포인트

윗글을 근거로 할 때, 다음 〈보기〉에서 옳은 설명을 모두 고르면?

〈 보 기 〉

ㄱ. 선착순 우선 원칙에 의할 경우보다 짧은 사례 우선 원칙에 의할 경우 B가 완료되는 데 소요되는 기간은 $\frac{1}{2}$ 로 줄어든다.

ㄴ. 선착순 우선 원칙보다 짧은 사례 우선 원칙에 의할 경우 갑, 을, 병 모두 혜택을 볼 수 있다.

ㄷ. A / S업무 담당자의 입장에서 보면 업무 A, B, C를 모두 처리하는 데 필요한 기간은 선착순 우선원칙에 의하는 것과 짧은 사례 우선 원칙에 의하는 것 사이에 차이가 없다.

ㄹ. 선착순 우선 원칙에 의할 경우와 짧은 사례 우선 원칙에 의할 경우 업무 C의 완료 기간은 총 24일 차이가 난다.

ㅁ. 고객 갑, 을, 병이 접수한 A / S업무가 처리에 들어갈 때까지 각 고객이 대기한 기간을 합한 총 대기기간은 선착 순 우선 원칙에 의할 경우와 짧은 사례 우선 원칙에 의할 경우 간에 차이가 없다.

정답 ㄱ, ㄷ, ㄹ

ㄱ. 선착순 우선 원칙에 의할 경우 업무 B가 완료되는 데 소요되는 기간은 24일인 반면, 짧은 사례 우선 원칙에 의할 경우 12일이므로 옳은 내용이다.

ㄷ. A / S업무 담당자의 입장에서는 어떤 원칙을 채택하든 전체 업무를 처리하는 데 소요되는 시간은 28일로 동일하므로 옳은 내용 이다.

ㄹ. 아래 ㄴ에서 설명한 것처럼 병의 업무 C는 24일이 단축되므로 옳은 내용이다.

오답분석

ㄴ. 짧은 사례 우선 원칙에 의할 경우 ㄱ에서 살펴본 것처럼 을은 12일이 단축되고, 병은 24일이 단축되지만 갑은 12일이 더 소요되므 로 옳지 않은 내용이다.

ㅁ. 선착순 우선 원칙에 의할 경우의 총 대기기간은 40일(=0일+16일+24일)인 반면, 짧은 사례 우선 원칙에 의할 경우는 16일(=0 일+4일+12일)이므로 옳지 않은 내용이다.

| 문제 2 |

A은행 B지점에서는 3월 11일 회계감사 관련 서류 제출을 위해 본점으로 출장을 가야 한다. 오전 08시 정각 출발이 확정되어 있으며, 출발 후 B지점에 복귀하기까지 총 8시간이 소요된다. 단, 비가 오는 경우 1시간이 추가로 소요된다.

• 출장인원 중 한 명이 직접 운전하여야 하며, '운전면허 1종 보통' 소지자만 운전할 수 있다.
• 출장시간에 사내 업무가 겹치는 경우에는 출장을 갈 수 없다.
• 출장인원 중 부상자가 포함되어 있는 경우, 서류 박스 운반 지연으로 인해 30분이 추가로 소요된다.
• 차장은 책임자로서 출장인원에 적어도 한 명 포함되어야 한다.
• 주어진 조건 외에는 고려하지 않는다.

〈상황〉

• 3월 11일은 하루 종일 비가 온다.
• 3월 11일 당직 근무는 17시 10분에 시작한다.

직원	직급	운전면허	건강상태	출장 당일 사내 업무
갑	차장	1종 보통	부상	없음
을	차장	2종 보통	건강	17시 15분 계약업체 면담
병	과장	없음	건강	17시 35분 고객 상담
정	과장	1종 보통	건강	당직 근무
무	대리	2종 보통	건강	없음

나만의 접근포인트

윗글과 상황을 근거로 판단할 때, 다음 중 출장을 함께 갈 수 있는 직원들의 조합으로 가능한 것은?

① 갑, 을, 병
② 갑, 병, 정
③ 을, 병, 무
④ 을, 정, 무
⑤ 병, 정, 무

정답 ④

• 을, 정, 무 : 정이 운전을 하고, 을이 차장이고, 부상 중인 사람이 없기 때문에 17:00에 도착하므로 정의 당직 근무에도 문제가 없다. 따라서 가능한 조합이다.

오답분석

① 갑, 을, 병 : 갑이 부상인 상태이므로 B지점에 17시 30분에 도착하는데, 을이 17시 15분에 계약업체 면담이 진행될 예정이므로 가능하지 않은 조합이다.

② 갑, 병, 정 : 갑이 부상인 상태이므로 B지점에 17시 30분에 도착하는데, 정이 17시 10분부터 당직 근무가 예정되어 있으므로 가능하지 않은 조합이다.

③ 을, 병, 무 : 1종 보통 운전면허를 소지하고 있는 사람이 없으므로 가능하지 않은 조합이다.

⑤ 병, 정, 무 : 책임자로서 차장 직급이 한 명은 포함되어야 하므로 가능하지 않은 조합이다.

- 휴대폰 제조사 A는 B국에 고객서비스를 제공하기 위해 1개의 서비스센터 설립을 추진하려고 한다.
- 설립방식에는 (가)방식과 (나)방식이 있다.
- A사는 [(고객만족도 효과의 현재 가치)−(비용의 현재 가치)]의 값이 큰 방식을 선택한다.
- 비용에는 규제 비용과 로열티 비용이 있다.

구분		(가)방식	(나)방식
고객만족도 효과의 현재가치		5억 원	4.5억 원
비용의 현재 가치	규제 비용	3억 원 (설립 당해년도만 발생)	없음
	로열티 비용	없음	− 3년간 로열티 비용을 지불함 − 로열티 비용의 현재가치 환산액 : 설립 당해년도는 2억 원, 그 다음 해부터는 직전년도 로열티 비용의 1/2씩 감액한 금액

※ 고객만족도 효과의 현재가치는 설립 당해연도를 기준으로 산정된 결과이다.

〈설립위치 선정 기준〉

- 설립위치로 B국의 갑, 을, 병 세 지역을 검토 중이며, 각 지역의 특성은 다음과 같다.

위치	유동인구(만 명)	20 ~ 30대 비율(%)	교통혼잡성
갑 지역	80	75	3
을 지역	100	50	1
병 지역	75	60	2

- A사는 [(유동인구)×(20 ~ 30대 비율)÷(교통혼잡성)]의 값이 큰 곳을 선정한다. 단, A사는 제품의 특성을 고려하여 20 ~ 30대 비율이 50% 이하인 지역은 선정대상에서 제외한다.

나만의 접근포인트

윗글과 설립위치 선정 기준을 근거로 판단할 때, A사가 서비스센터를 설립하는 방식과 위치로 옳은 것은?

> **정답**　(가)방식, 병 지역

- 설립방식
  - (가)방식 : 5억 원−3억 원＝2억 원
  - (나)방식 : 4.5억 원−(2억 원＋1억 원＋0.5억 원)＝1억 원
  - 따라서 (가)방식을 채택한다.
- 설립위치
  20 ~ 30대 비율이 50% 이하인 을 지역을 제외하고 계산하면 다음과 같으므로 병 지역을 선택한다.
  - 갑 지역 : $(80 \times 0.75) \div 3 = 20$
  - 병 지역 : $(75 \times 0.6) \div 2 = 22.5$

| 문제 4 |

아래 여섯 사람은 서울 출장을 마치고 같은 고속버스를 타고 함께 대전으로 돌아가려고 한다. 고속버스터미널에는 은행, 편의점, 화장실, 패스트푸드점, 서점이 있다.
다음은 고속버스터미널에 도착해서 나눈 대화내용이다.

가은 : 버스표를 사야 하니 저쪽 은행에 가서 현금을 찾아올게.
나중 : 그럼 그 사이에 난 잠깐 저쪽 편의점에서 간단히 먹을 김밥이라도 사올게.
다동 : 그럼 난 잠깐 화장실에 다녀올게. 그리고 저기 보이는 패스트푸드점에서 햄버거라도 사와야겠어. 너무 배고프네.
라민 : 나는 버스에서 읽을 책을 서점에서 사야지. 그리고 화장실도 들러야겠어.
마란 : 그럼 난 여기서 바솜이랑 기다리고 있을게.
바솜 : 지금이 오전 11시 50분이니까 다들 각자 볼일 마치고 빨리 돌아와.

각 시설별 이용 소요시간은 은행 30분, 편의점 10분, 화장실 20분, 패스트푸드점 25분, 서점 20분이다.

서울 출발 시각	대전 도착 예정시각	잔여좌석 수
12:00	14:00	7
12:15	14:15	12
12:30	14:30	9
12:45	14:45	5
13:00	15:00	10
13:20	15:20	15
13:40	15:40	6
14:00	16:00	8
14:15	16:15	21

나만의 접근포인트

여섯 사람이 서울을 출발하여 대전에 도착할 수 있는 가장 이른 예정시각은?(단, 여섯 사람이 버스를 탈 때까지 잔여좌석 수는 변하지 않는다)

정답 15:00

고속버스터미널에서 각자의 일정을 마치는 데 얼마의 시간이 걸리는지를 파악하여 구할 수 있다.

• 가은 : 은행(30분)
• 나중 : 편의점(10분)
• 다동 : 화장실(20분), 패스트푸드점(25분)
• 라민 : 서점(20분), 화장실(20분)

마란과 바솜은 별도의 일정이 없으므로 위 네 명 중 가장 시간이 많이 소요되는 다동(45분)이 도착할 때까지 기다려야 버스에 탑승할 수 있다. 따라서 11시 50분에서 45분이 경과한 12시 35분 이후에 출발할 수 있다. 그런데 표에 의하면 12시 45분에 출발하는 버스는 잔여좌석 수가 5석에 불과해 여섯 사람이 모두 탑승할 수 없다. 따라서 이들이 가장 이른 시간에 탑승할 수 있는 버스는 13시 정각에 출발하는 버스이므로 대전에 도착할 수 있는 가장 이른 시간은 15시 정각이다.

| 문제 5 |

- 직원이 50명인 A회사는 야유회에서 경품 추첨 행사를 한다.
- 직원들은 1명당 3장의 응모용지를 받고, 1 ~ 100 중 원하는 수 하나씩을 응모용지별로 적어서 제출한다. 한 사람당 최대 3장까지 원하는 만큼 응모할 수 있고, 모든 응모용지에 동일한 수를 적을 수 있다.
- 1 ~ 100 중 가장 좋아하는 수 하나를 고르면 해당 수를 응모한 사람이 당첨자로 결정된다. 해당 수를 응모한 사람이 없으면 사장은 당첨자가 나올 때까지 다른 수를 고른다.
- 당첨 선물은 총 100개의 사과이고, 당첨된 응모용지가 n장이면 당첨된 응모용지 1장당 사과를 $\frac{100}{n}$개씩 나누어 준다.
- 만약 한 사람이 2장의 응모용지에 똑같은 수를 써서 당첨된다면 2장 몫의 사과를 받고, 3장일 경우는 3장 몫의 사과를 받는다.

나만의 접근포인트

위의 규칙을 근거로 판단할 때, 다음 〈보기〉에서 옳은 설명을 모두 고르면?

─〈 **보기** 〉─

ㄱ. 직원 갑과 을이 함께 당첨된다면 갑은 최대 50개의 사과를 받는다.

ㄴ. 직원 중에 갑과 을 두 명만이 사과를 받는다면 갑은 최소 25개의 사과를 받는다.

ㄷ. 당첨된 수를 응모한 직원이 갑밖에 없다면, 갑이 그 수를 1장 써서 응모하거나 3장 써서 응모하거나 같은 개수의 사과를 받는다.

정답 ㄴ, ㄷ

ㄴ. 갑이 1장만 당첨되고, 을이 응모한 3장 모두가 당첨되는 경우에 갑이 받는 사과의 개수가 최소가 된다. 이 경우에 갑은 25개 $\left(=\dfrac{100}{4}\times1\right)$의 사과를 받게 되므로 옳은 내용이다.

ㄷ. 당첨된 직원이 한 명 뿐이라면 그 직원이 모든 사과(100개)를 받게 되므로 옳은 내용이다.

오답분석

ㄱ. 갑이 응모한 3장 모두가 당첨되고 을이 1장만 당첨된 경우에 갑이 받는 사과의 개수가 최대가 된다. 이 경우에 갑은 75개 $\left(=\dfrac{100}{4}\times3\right)$의 사과를 받게 되므로 옳지 않은 내용이다.

| 문제 6 |

- 어제 두 건의 교통사고가 발생하였으며 첫 번째 사건의 가해차량 번호는 다음 셋 중 하나이다.
  99★2703, 81★3325, 32★8624
- 어제 사건에 대해 진술한 목격자는 갑, 을, 병 3명이다. 이 중 두 명의 진술은 첫 번째 사건의 가해차량 번호에 대한 것이고 나머지 한 명의 진술은 두 번째 사건의 가해차량 번호에 대한 것이다.
- 첫 번째 사건의 가해차량 번호는 두 번째 사건의 목격자 진술에 부합하지 않는다.
- 편의상 차량 번호에서 ★ 앞의 두 자리 수는 A, ★ 뒤의 네 자리 수는 B라고 한다.

〈진술내용〉

- 갑 : A를 구성하는 두 숫자의 곱은 B를 구성하는 네 숫자의 곱보다 작다.
- 을 : B를 구성하는 네 숫자의 합은 A를 구성하는 두 숫자의 합보다 크다.
- 병 : B는 A의 50배 이하이다.

나만의 접근포인트

윗글을 근거로 할 때, 첫 번째 사건의 가해차량 번호와 두 번째 사건의 목격자는?

정답 첫 번째 사건의 가해차량 번호 : 32★8624, 두 번째 사건의 목격자 : 병

먼저 A와 B를 구성하는 숫자들의 곱과 합을 구해보면 다음과 같다.

구분	99	★	2703	81	★	3325	32	★	8624
곱	81		0	8		90	6		384
합	18		12	9		13	5		20

ⅰ) 갑(두 번째 사건 목격자), 을 – 병(첫 번째 사건 목격자)인 경우
    을의 진술에 부합하는 것은 81★3325, 32★8624이고, 병의 진술에 부합하는 것은 99★2703, 81★3325이므로 둘 모두에 공통
    적으로 해당하는 81★3325가 첫 번째 사건의 가해차량 번호임을 알 수 있다. 그런데 81★3325는 갑의 진술과도 부합하여 '첫
    번째 사건의 가해차량 번호는 두 번째 사건의 목격자 진술에 부합하지 않는다.'는 조건에 위배된다.
ⅱ) 을(두 번째 사건 목격자), 갑 – 병(첫 번째 사건 목격자)인 경우
    갑의 진술에 부합하는 것은 81★3325, 32★8624이고, 병의 진술에 부합하는 것은 99★2703, 81★3325이므로 둘 모두에 공통
    적으로 해당하는 81★3325가 첫 번째 사건의 가해차량 번호임을 알 수 있다. 그런데 81★3325는 을의 진술과도 부합하여 조건에
    위배된다.
ⅲ) 병(두 번째 사건 목격자), 갑 – 을(첫 번째 사건 목격자)인 경우
    갑과 을의 진술에 부합하는 것은 81★3325, 32★8624이므로 첫 번째 사건의 가해차량 번호는 이 둘 중 하나임을 알 수 있다.
    그런데 81★3325는 병의 진술과도 부합하므로 조건에 위배되며, 32★8624만이 병의 진술에 부합하지 않는다.
따라서 32★8624가 첫 번째 사건의 가해차량 번호이며, 첫 번째 사건의 목격자는 갑과 을, 두 번째 사건의 목격자는 병임을 알
수 있다.

〈신인선수 선발규정〉

구단 간의 전력 평준화를 통한 경기력 향상을 도모하기 위하여 신인선수 선발과정에서 하위구단에게 우선권을 부여한다. 구체적인 방식은 다음과 같다.

- 1순위 신인선발권 : 성적에 따라 각 구단에게 부여된 추첨표를 모두 하나의 추첨상자에 넣고, 1장을 추첨하여 당첨된 구단에게 준다.
- 2순위 신인선발권 : 1순위 당첨구단의 추첨표를 모두 제거한 후 1장을 추첨하여 당첨된 구단에게 준다.
- 3순위 신인선발권 : 1, 2순위 당첨구단의 추첨표를 모두 제거한 후 1장을 추첨하여 당첨된 구단에게 준다.
- 4순위 신인선발권 : 모든 추첨표를 제거한 후 1, 2, 3 순위 당첨구단을 제외한 나머지 구단에게 동일한 수의 추첨표를 부여하고, 1장을 추첨하여 당첨된 구단에게 준다.
- 5순위 신인선발권 : 4순위 당첨구단의 추첨표를 모두 제거하고 1장을 추첨하여 당첨된 구단에게 준다.
- 6순위 신인선발권 : 5순위까지 추첨되지 못한 구단에게 준다.
- 추첨표는 다음과 같이 부여한다.

전년순위	추첨표	금년순위	추첨표
1위	0장	1위	0장
2위	0장	2위	0장
3위	0장	3위	2장
4위	1장	4위	3장
5위	2장	5위	4장
6위	3장	6위	5장

〈리그 성적표〉

전년도		금년도	
순위	구단	순위	구단
1위	A	1위	A
2위	B	2위	C
3위	C	3위	D
4위	D	4위	B
5위	E	5위	F
6위	F	6위	E

나만의 접근포인트

다음 중 프로야구 리그의 신인선수 선발규정과 리그 성적표를 보고 추론한 것으로 옳지 않은 것은?

① A구단은 1순위 신인선발권을 얻을 수는 없지만, 4순위 신인선발권을 얻을 확률은 1/3이다.

② B구단이 1순위 신인선발권을 얻을 확률은 D구단이 1순위 신인선발권을 얻을 확률과 같다.

③ C구단은 신인선발권 확보에서 A구단보다 유리한 입장에 있다.

④ E구단이 1순위 신인선발권을 얻게 된다면 F구단이 2순위 신인선발권을 얻을 확률은 50%를 넘는다.

⑤ E구단이나 F구단은 6순위 신인선발권을 얻을 가능성이 있다.

정답 ③

C구단은 전년 3위, 금년 2위로 A구단과 마찬가지로 추첨표를 받지 못한다. 따라서 옳지 않은 내용이다.

오답분석

① A구단은 전년과 금년 모두 1위를 차지하여 1 ~ 3순위 신인선발권 추첨표를 받지 못한다. 하지만 4순위 신인선발권 추첨에는 3개팀이 참여하게 되므로 이때의 확률은 1/3이다. 따라서 옳은 내용이다.

② B구단이 받은 추첨표는 3장(금년 4위)이고, D구단이 받은 추첨표도 3장(전년 4위, 금년 3위)이므로 옳은 내용이다.

④ 전체 추첨표 20장 중 E구단이 가졌던 7장이 제거되면 2순위 신인 선발권 추첨 시 남은 추첨표는 13장이며, 그 중 F구단의 추첨표가 7장이므로 F구단이 2순위 신인선발권을 얻을 확률은 약 54%($\fallingdotseq 7 \div 13 \times 100$)이다. 따라서 옳은 내용이다.

⑤ 1 ~ 3순위 추첨에서 B구단, D구단, (E와 F 중 한 구단)이 당첨된다면 4 ~ 6순위 추첨은 A구단, C구단, (E와 F 중 한 구단)이 참여한 상황에서 진행되게 된다. 따라서 E구단이나 F구단은 6순위 신인선발권을 얻을 가능성이 있다. 따라서 옳은 내용이다.

〈공공도서관 시설 및 도서관 자료 구비 기준〉

봉사대상 인구(명)	시설		도서관 자료	
	건물면적(m²)	열람석(석)	기본장서(권)	연간증서(권)
10만 이상 ~ 30만 미만	1,650 이상	350 이상	30,000 이상	3,000 이상
30만 이상 ~ 50만 미만	3,300 이상	800 이상	90,000 이상	9,000 이상
50만 이상	4,950 이상	1,200 이상	150,000 이상	15,000 이상

1. 봉사대상 인구란 도서관이 설치되는 해당 시의 인구를 말한다. 연간증서(年間增書)는 설립 다음 해부터 매년 추가로 늘려야 하는 장서로서 기본장서에 포함된다.
2. 전체 열람석의 10% 이상을 노인과 장애인 열람석으로 할당하여야 한다.
3. 공공도서관은 기본장서 외에 다음 각 목에서 정하는 자료를 갖추어야 한다.
   가. 봉사대상 인구 1천 명당 1종 이상의 연속간행물
   나. 봉사대상 인구 1천 명당 10종 이상의 시청각자료

〈상황〉

○○부는 신도시인 A시에 2024년 상반기 개관을 목표로 공공도서관 건설을 추진 중이다. A시의 예상 인구 추계는 다음과 같다.

구분	2022년	2025년	2030년	2040년
예상 인구(명)	13만	15만	30만	50만

※ A시 도서관은 예정대로 개관한다.
※ 2022년 인구는 실제 인구이며, 인구는 해마다 증가한다고 가정한다.

윗글을 근거로 할 때, 다음 〈보기〉에서 옳은 설명을 모두 고르면?

――――――――〈 보기 〉――――――――

ㄱ. A시 도서관 개관 시 확보해야 할 최소 기본장서는 30,000권이다.

ㄴ. A시의 예상 인구 추계자료와 같이 인구가 증가한다면, 2025년에는 노인 및 장애인 열람석을 2024년에 비해 35석 추가로 더 확보해야 한다.

ㄷ. A시의 예상 인구 추계자료와 같이 인구가 증가하고, 2025년 ~ 2030년에 매년 같은 수로 인구가 늘어난다면, 2028년에는 최소 240종 이상의 연속간행물과 2,400종 이상의 시청각자료를 보유해야 한다.

ㄹ. 2030년 실제 인구가 예상 인구의 80% 수준에 불과하다면, 개관 이후 2030년 말까지 추가로 보유해야 하는 총 연간증서는 최소 18,000권이다.

정답 ㄱ, ㄷ, ㄹ

ㄱ. A시의 2022년 인구는 13만 명이고, 2025년 예상인구는 15만 명인데 각주에서 인구는 해마다 증가한다고 하였으므로 A시 도서관이 실제 개관하게 될 2024년 상반기 A시의 인구는 13만 명 이상 ~ 15만 명 미만의 범위 내에 있음을 알 수 있다. 그런데 봉사대상 인구가 10만 이상 ~ 30만 미만인 경우 기본장서는 30,000권 이상이라고 하였으므로 옳은 내용이다.

ㄷ. A시의 인구가 2025년 ~ 2030년에 매년 같은 수로 늘어난다면 2028년 A시의 인구는 24만 명이 된다. 그리고 공공도서관은 봉사대상 인구 1천 명당 1종 이상의 연속간행물, 10종 이상의 시청각자료를 보유해야 한다고 하였으므로 각각 최소 240종 이상, 2,400종 이상을 보유해야 한다. 따라서 옳은 내용이다.

ㄹ. 2030년 실제 인구가 예상 인구의 80% 수준인 24만 명이라면, 이때의 연간증서는 3,000권 이상이 된다. 따라서 6년 동안 매년 3,000권 이상씩 추가로 보유해야 하므로 총 연간증서는 최소 18,000권이다. 따라서 옳은 내용이다.

오답분석

ㄴ. 봉사대상 인구가 10민 명 이상 ~ 30만 명 미만이라면 열람석은 350석 이상이어야 하고, 이 중 10% 이상을 노인과 장애인 열람석으로 할당하여야 한다. 그런데 2024년 개관 시와 2025년 모두 인구가 이 범위 내에 존재하므로 열람석은 350석 이상만 충족하면 되며 추가로 열람석을 확보해야 할 필요는 없다. 따라서 옳지 않은 내용이다.

| 문제 9 |

〈A기업 직원의 직무역량시험 영역별 점수 상위 5명〉

(단위 : 점)

순위	논리		추리		윤리	
	이름	점수	이름	점수	이름	점수
1	하선행	94	신경은	91	양선아	97
2	성혜지	93	하선행	90	박기호	95
3	김성일	90	성혜지	88	황성필	90
4	양선아	88	황성필	82	신경은	88
5	황성필	85	양선아	76	하선행	84

※ 1) A기업 직원 중 같은 이름을 가진 직원은 없음

2) 전체 순위는 '총점(세 영역 점수의 합)'이 높은 순서대로 정함

3) A기업 직무역량시험 영역은 논리, 추리, 윤리로만 구성

나만의 접근포인트

위의 자료를 근거로 할 때, 다음 〈보기〉의 설명 중 옳은 것을 모두 고르면?

---〈 **보기** 〉---

ㄱ. A기업 직원 중 총점이 가장 높은 직원은 하선행이다.

ㄴ. 양선아는 총점을 기준으로 A기업 전체 순위 2위이다.

ㄷ. 신경은의 총점은 260점을 초과하지 못한다.

ㄹ. A기업 직무역량시험의 시험 합격 최저점이 총점 기준 251점이라면 김성일은 불합격이다.

정답   ㄱ, ㄹ

ㄱ. 직원들 각각의 총점을 판단해 보면 다음과 같다.
- 하선행 : 268점(=94+90+84)
- 성혜지, 김성일 : 3과목 모두에서 하선행보다 순위가 낮으므로 총점 역시 하선행보다 낮다.
- 양선아 : 윤리영역에서 하선행보다 13점이 높으나 논리(6점), 추리(14점)에서 하선행보다 20점이 낮으므로 총점은 하선행보다 낮다.
- 황성필 : 윤리에서 하선행보다 6점이 높으나 논리(9점), 추리(8점)에서 하선행보다 17점이 낮으므로 총점은 하선행보다 낮다.
- 신경은 : 추리(1점), 윤리(4점)에서 하선행보다 5점이 높으나 논리 점수는 황성필의 점수인 85점을 넘을 수 없어 최소 9점차 이상 하선행의 점수가 높다.
- 박기호 : 윤리에서 하선행보다 11점이 높으나 나머지 영역에서 5위안에 들지 못해 총점은 하선행보다 낮을 수밖에 없다. 따라서 하선행의 점수가 가장 높으므로 옳은 내용이다.

ㄹ. 김성일의 논리점수가 90점이고, 추리점수는 양선아의 76점을 넘을 수 없고, 윤리점수는 하선행의 84점을 넘을 수 없으므로 추리와 윤리에서 공동 5위를 차지하였다고 하더라도 총점은 250점에 머무른다. 따라서 옳은 내용이다.

오답분석

ㄴ. 양선아의 총점은 261점이나, 성혜지가 윤리 영역에서 81점 이상을 얻으면 양선아의 점수를 넘어선다. 하선행의 점수가 268점으로 가장 높고 성혜지가 양선아보다 총점이 높아지는 경우가 가능하므로 옳지 않은 내용이다.

ㄷ. 신경은이 논리영역에서 82점 이상을 얻으면 총점이 260점을 초과하므로 옳지 않은 내용이다.

〈정부미 공급 절차〉

1. 수송비용표에서 톤당 수송비가 가장 적은 경우를 골라 공급 및 수요 조건의 범위 내에서 가능한 한 많은 양을 할당한다.
2. 그 다음으로 톤당 수송비가 적은 경우를 골라 공급 및 수요 조건의 범위 내에서 가능한 한 많은 양을 할당한다.
3. 위 과정을 공급량과 수요량이 충족될 때까지 계속한다. 만일 두 개 이상의 경우에서 톤당 수송비가 같으면 더 많은 양을 할당할 수 있는 곳에 우선적으로 할당한다.

〈도시별 수요량과 보관소별 공급량〉

(단위 : 톤)

도시	수요량	보관소	공급량
A도시	140	서울보관소	120
B도시	300	대전보관소	200
C도시	60	부산보관소	180
합계	500	합계	500

〈톤당 수송비용〉

(단위 : 만 원)

구분	A도시	B도시	C도시
서울보관소	40	18	10
대전보관소	12	20	36
부산보관소	4	15	12

나만의 접근포인트

정부는 농산물 가격의 안정을 위해서 정부미를 방출할 계획이다. 윗글을 근거로 정부미를 방출할 때, 다음 중 보관소에서 도시로 공급하는 정부미의 양을 바르게 제시한 것은?

① 서울보관소는 A도시에 정부미 50톤을 공급한다.
② 서울보관소는 C도시에 정부미 60톤을 공급한다.
③ 대전보관소는 A도시에 정부미 100톤을 공급한다.
④ 대전보관소는 B도시에 정부미 140톤을 공급한다.
⑤ 부산보관소는 C도시에 정부미 10톤을 공급한다.

정답 ②

먼저 톤당 수송비가 가장 적은 경우인 부산보관소에서 A도시로 140톤의 정부미를 방출한 이후의 상황은 다음과 같다.

도시	수요량	보관소	공급량
A도시	0	서울보관소	120
B도시	300	대전보관소	200
C도시	60	부산보관소	40

그 다음으로 톤당 수송비가 적은 경우인 서울보관소에서 C도시로 60톤의 정부미를 방출한 이후의 상황은 다음과 같다.

도시	수요량	보관소	공급량
A도시	0	서울보관소	60
B도시	300	대전보관소	200
C도시	0	부산보관소	40

이제 3곳의 보관소에 남아있는 정부미가 300톤이고 B도시의 수요량이 300톤이므로 각 보관소에 남아있는 정부미를 모두 B도시로 방출하면 공급 절차가 마무리 된다.

MEMO

03

필수 모의고사

🕐 응시시간 : 30분　　📋 문항 수 : 20문항　　　　　　정답 및 해설 p.2

01 다음 글을 근거로 판단할 때, 〈보기〉에서 옳은 설명을 모두 고르면?

> 사슴은 맹수에게 계속 괴롭힘을 당하자 자신을 맹수로 바꾸어 달라고 산신령에게 빌었다. 사슴을 불쌍하게 여긴 산신령은 사슴에게 남은 수명 중 n년(n은 자연수)을 포기하면 여생을 아래 5가지의 맹수 중 하나로 살 수 있게 해주겠다고 했다.
>
> 사슴으로 살 경우의 1년당 효용은 40이며, 다른 맹수로 살 경우의 1년당 효용과 그 맹수로 살기 위해 사슴이 포기해야 하는 수명은 아래의 표와 같다. 예를 들어 사슴의 남은 수명이 12년일 경우 사슴으로 계속 산다면 12×40=480의 총 효용을 얻지만, 독수리로 사는 것을 선택한다면 (12−5)×50=350의 총 효용을 얻는다.
>
> 사슴은 여생의 총 효용이 줄어드는 선택은 하지 않으며, 포기해야 하는 수명이 사슴의 남은 수명 이상인 맹수는 선택할 수 없다. 1년당 효용이 큰 맹수일수록, 사슴은 그 맹수가 되기 위해 더 많은 수명을 포기해야 한다. 사슴은 자신의 남은 수명과 표의 '?'로 표시된 수를 알고 있다.

맹수	1년당 효용	포기해야 하는 수명(년)
사자	250	14
호랑이	200	?
곰	170	11
악어	70	?
독수리	50	5

⟨ **보기** ⟩

ㄱ. 사슴의 남은 수명이 13년이라면, 사슴은 곰을 선택할 것이다.

ㄴ. 사슴의 남은 수명이 20년이라면, 사슴은 독수리를 선택하지는 않을 것이다.

ㄷ. 호랑이로 살기 위해 포기해야 하는 수명이 13년이라면, 사슴의 남은 수명에 따라 사자를 선택했을 때와 호랑이를 선택했을 때 여생의 총 효용이 같은 경우가 있다.

① ㄴ　　　　　　　　　　　　　② ㄷ

③ ㄱ, ㄴ　　　　　　　　　　　④ ㄴ, ㄷ

⑤ ㄱ, ㄴ, ㄷ

다음 글을 근거로 판단할 때, 〈보기〉에서 옳은 설명을 모두 고르면?

- 손글씨 대회 참가자 100명을 왼손으로만 필기할 수 있는 왼손잡이, 오른손으로만 필기할 수 있는 오른손잡이, 양손으로 모두 필기할 수 있는 양손잡이로 분류하고자 한다.
- 참가자를 대상으로 아래 세 가지 질문을 차례대로 하여 해당하는 참가자는 한 번만 손을 들도록 하였다.
  [질문 1] 왼손으로만 필기할 수 있는 사람은?
  [질문 2] 오른손으로만 필기할 수 있는 사람은?
  [질문 3] 양손으로 모두 필기할 수 있는 사람은?
- 양손잡이 중 일부는 제대로 알아듣지 못해 질문 1, 2, 3에 모두 손을 들었고, 그 외 모든 참가자는 올바르게 손을 들었다.
- 질문 1에 손을 든 참가자는 16명, 질문 2에 손을 든 참가자는 80명, 질문 3에 손을 든 참가자는 10명이다.

〈 보기 〉

ㄱ. 양손잡이는 총 10명이다.
ㄴ. 왼손잡이 수는 양손잡이 수보다 많다.
ㄷ. 오른손잡이 수는 왼손잡이 수의 6배 이상이다.

---

① ㄱ   ② ㄴ
③ ㄱ, ㄴ   ④ ㄱ, ㄷ
⑤ ㄴ, ㄷ

03 다음 글과 평가 결과를 근거로 판단할 때, 〈보기〉에서 옳은 설명을 모두 고르면?

- X국에서는 현재 정부 재정지원을 받고 있는 복지시설(A ~ D)을 대상으로 다섯 가지 항목(환경개선, 복지관리, 복지지원, 복지성과, 중장기 발전계획)에 대한 종합적인 평가를 진행하였다.
- 평가점수의 총점은 각 평가항목에 대해 해당 시설이 받은 점수와 해당 평가항목별 가중치를 곱한 것을 합산하여 구하고, 총점 90점 이상은 1등급, 80점 이상 90점 미만은 2등급, 70점 이상 80점 미만은 3등급, 70점 미만은 4등급으로 한다.
- 평가 결과, 1등급 시설은 특별한 조치를 취하지 않으며, 2등급 시설은 관리 정원의 5%를, 3등급 이하 시설은 관리 정원의 10%를 감축해야 하고, 4등급을 받으면 정부의 재정지원도 받을 수 없다.

〈평가 결과〉

평가항목(가중치)	A시설	B시설	C시설	D시설
환경개선(0.2)	90	90	80	90
복지관리(0.2)	95	70	65	70
복지지원(0.2)	95	70	55	80
복지성과(0.2)	95	70	60	60
중장기 발전계획(0.2)	90	95	50	65

〈 보기 〉

ㄱ. A시설은 관리 정원을 감축하지 않아도 된다.
ㄴ. B시설은 관리 정원을 감축해야 하나 정부의 재정지원은 받을 수 있다.
ㄷ. 만약 평가항목에서 환경개선의 가중치를 0.3으로, 복지성과의 가중치를 0.1로 바꾼다면 C시설은 정부의 재정지원을 받을 수 있다.
ㄹ. D시설은 관리 정원을 감축해야 하고 정부의 재정지원도 받을 수 없다.

① ㄱ, ㄴ
② ㄴ, ㄹ
③ ㄷ, ㄹ
④ ㄱ, ㄴ, ㄷ
⑤ ㄱ, ㄷ, ㄹ

다음 글을 근거로 판단할 때, 〈보기〉에서 옳은 설명을 모두 고르면?

소아기 예방접종 프로그램에 포함된 백신(A ~ C)은 지속적인 항체 반응을 위해서 2회 이상 접종이 필요하다. 최소 접종연령(첫 접종의 최소연령) 및 최소 접종간격을 지켰을 때 적절한 예방력이 생기며, 이러한 예방접종을 유효하다고 한다. 다만 최소 접종연령 및 최소 접종간격에서 4일 이내로 앞당겨서 일찍 접종을 한 경우에도 유효한 것으로 본다. 그러나 만약 5일 이상 앞당겨서 일찍 접종했다면 무효로 간주하고 최소 접종연령 및 최소 접종간격에 맞춰 다시 접종하여야 한다.

다음은 각 백신의 최소 접종연령 및 최소 접종간격을 나타낸 표이다.

종류	최소 접종연령	최소 접종간격			
		1. 2차 사이	2. 3차 사이	3. 4차 사이	4. 5차 사이
백신 A	12개월	12개월	–	–	–
백신 B	6주	4주	4주	6개월	–
백신 C	6주	4주	4주	6개월	6개월

※ 단, 백신 B의 경우 만 4세 이후에 3차 접종을 유효하게 했다면, 4차 접종은 생략한다.

〈 보기 〉

ㄱ. 만 2세가 되기 전에 백신 A의 예방접종을 2회 모두 유효하게 실시할 수 있다.

ㄴ. 생후 45개월에 백신 B를 1차 접종했다면, 4차 접종은 반드시 생략한다.

ㄷ. 생후 40일에 백신 C를 1차 접종했다면, 생후 60일에 한 2차 접종은 유효하다.

① ㄱ   ② ㄴ

③ ㄷ   ④ ㄱ, ㄴ

⑤ ㄱ, ㄷ

05 제시된 명제가 모두 참일 때, 〈보기〉에서 반드시 참인 것만 모두 고르면?

- A, B, C, D 중 한 명의 근무지는 서울이다.
- A, B, C, D는 각기 다른 한 도시에서 근무한다.
- 갑, 을, 병 각각의 두 진술 중 하나는 참이고 다른 하나는 거짓이다.
- 갑은 "A의 근무지는 광주이다."와 "D의 근무지는 서울이다."라고 진술했다.
- 을은 "B의 근무지는 광주이다."와 "C의 근무지는 세종이다."라고 진술했다.
- 병은 "C의 근무지는 광주이다."와 "D의 근무지는 부산이다."라고 진술했다.

───〈 **보기** 〉───

ㄱ. A의 근무지는 광주이다.
ㄴ. B의 근무지는 서울이다.
ㄷ. C의 근무지는 세종이다.

① ㄱ   ② ㄷ
③ ㄱ, ㄴ   ④ ㄴ, ㄷ
⑤ ㄱ, ㄴ, ㄷ

06 다음 글을 읽고 추론한 것으로 옳지 않은 것은?

갑, 을, 병은 같은 과목을 수강하고 있다. 이 과목의 성적은 과제 점수와 기말시험 점수를 합산하여 평가한다. 과제에 대한 평가방법은 다음과 같다. 강의에 참여하는 학생은 5명으로 구성된 팀을 이루어 과제를 발표해야 한다. 교수는 과제 발표의 수준에 따라 팀 점수를 정한 후, 이 점수를 과제 수행에 대한 기여도에 따라 참여한 학생들에게 나누어준다. 이때 5명의 학생에게 모두 서로 다른 점수를 부여하되, 각 학생 간에는 2.5점의 차이를 둔다. 기말시험의 성적은 60점이 만점이고, 과제 점수는 40점이 만점이다.

과제 점수와 기말시험 점수를 합산하여 총점 95점 이상을 받은 학생은 A+등급을 받게 되고, 90점 이상 95점 미만은 A등급을 받는다. 마이너스(−) 등급은 없으며, 매 5점을 기준으로 등급은 한 단계씩 떨어진다. 예컨대 85점 이상 90점 미만은 B+, 80점 이상 85점 미만은 B등급이 되는 것이다.

갑, 을, 병은 다른 2명의 학생과 함께 팀을 이루어 발표를 했는데, 팀 점수로 150점을 받았다. 그리고 기말고사에서 갑은 53점, 을은 50점, 병은 46점을 받았다.

① 갑은 최고 B+에서 최저 C+등급까지의 성적을 받을 수 있다.
② 을은 최고 B에서 최저 C등급까지의 성적을 받을 수 있다.
③ 병은 최고 B에서 최저 C등급까지의 성적을 받을 수 있다.
④ 을의 기여도가 최상위일 경우 갑과 병은 같은 등급의 성적을 받을 수 있다.
⑤ 갑의 기여도가 최상위일 경우 을과 병은 같은 등급의 성적을 받을 수 있다.

07 다음 측량학 용어에 관한 자료를 통해 예제의 빈칸 안에 들어갈 수는?

〈측량학 용어〉

- 축척 : 실제 수평 거리를 지도상에 얼마나 축소해서 나타냈는지를 보여주는 비율. $1:50,000$, $1:25,000$, $1:10,000$, $1:5,000$ 등을 일반적으로 사용함
- 표고 : 표준 해면으로부터 지표의 어느 지점까지의 수직거리
- 등고선 : 지도에서 표고가 같은 지점들을 연결한 선. 축척 $1:50,000$ 지도에서는 표고 20m마다, $1:25,000$ 지도에서는 표고 10m마다 등고선을 그림

  예 축척 $1:50,000$ 지도에서 등고선이 그려진 모습

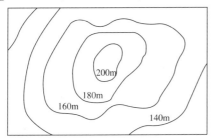

- 경사도 : 어떤 두 지점 A와 B를 잇는 사면의 경사도는 다음의 식으로 계산

$$(경사도) = \frac{(두\ 지점\ 사이의\ 표고\ 차이)}{(두\ 지점\ 사이의\ 실제\ 수평\ 거리)}$$

〈예제〉

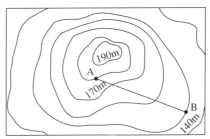

위의 지도는 축척 $1:25,000$로 제작되었다. 지도상의 지점 A와 B를 잇는 선분을 자로 재어 보니 길이가 4cm였다. 이 때 두 지점 A와 B를 잇는 사면의 경사도는 (　　　)이다.

① 0.015　　　　　　　　　　　② 0.025
③ 0.03　　　　　　　　　　　　④ 0.055
⑤ 0.075

08 다음 글을 근거로 판단할 때, 〈보기〉에서 옳은 설명을 모두 고르면?

◼ 사업개요

1. 사업목적
   - 취약계층 아동에게 맞춤형 통합서비스를 제공하여 아동의 건강한 성장과 발달을 도모하고, 공평한 출발기회를 보장함으로써 건강하고 행복한 사회구성원으로 성장할 수 있도록 지원함

2. 사업대상
   - 0세 ~ 만 12세 취약계층 아동
     ※ 1) 0세는 출생 이전의 태아와 임산부를 포함
        2) 초등학교 재학생이라면 만 13세 이상도 포함

◼ 운영계획

1. 지역별 인력구성
   - 전담공무원 : 3명
   - 아동통합서비스 전문요원 : 4명 이상
     ※ 아동통합서비스 전문요원은 대상 아동 수에 따라 최대 7명까지 배치 가능

2. 사업예산
   - 시·군·구별 최대 3억 원(국비 100%) 한도에서 사업 환경을 반영하여 차등지원
     ※ 단, 사업예산의 최대 금액은 기존사업지역 3억 원, 신규사업지역 1억 5천만 원으로 제한

〈 **보기** 〉

ㄱ. 임신 6개월째인 취약계층 임산부는 사업대상에 해당되지 않는다.

ㄴ. 내년 초등학교 졸업을 앞둔 만 14세 취약계층 학생은 사업대상에 해당한다.

ㄷ. 대상 아동 수가 많은 지역이더라도 해당 사업의 전담공무원과 아동통합서비스 전문요원을 합한 인원은 10명을 넘을 수 없다.

ㄹ. 해당 사업을 신규로 추진하고자 하는 △△시는 사업예산을 최대 3억 원까지 국비로 지원받을 수 있다.

---

① ㄱ, ㄴ   ② ㄱ, ㄹ
③ ㄴ, ㄷ   ④ ㄴ, ㄹ
⑤ ㄷ, ㄹ

다음 글을 근거로 판단할 때, 2017학년도 A대학교 B학과 입학 전형 합격자는?

- A대학교 B학과 입학 전형
  - 2017학년도 대학수학능력시험의 국어, 수학, 영어 3개 과목을 반영하여 지원자 중 1명을 선발한다.
  - 3개 과목 평균등급이 2등급(3개 과목 등급의 합이 6) 이내인 자를 선발한다. 이 조건을 만족하는 지원자가 여러 명일 경우, 3개 과목 원점수의 합산 점수가 가장 높은 자를 선발한다.
- 2017학년도 대학수학능력시험 과목별 등급 및 원점수 커트라인

(단위 : 점)

과목 \ 등급	1	2	3	4	5	6	7	8
국어	96	93	88	79	67	51	40	26
수학	89	80	71	54	42	33	22	14
영어	94	89	85	77	69	54	41	28

※ 예를 들어, 국어 1등급은 100 ~ 96점, 국어 2등급은 95 ~ 93점
- 2017학년도 A대학교 B학과 지원자 원점수 성적

(단위 : 점)

지원자	국어	수학	영어
갑	90	96	88
을	89	89	89
병	93	84	89
정	79	93	92
무	98	60	100

① 갑
② 을
③ 병
④ 정
⑤ 무

10 다음 연구용역 계약사항을 근거로 판단할 때, 〈보기〉에서 옳은 설명을 모두 고르면?

〈연구용역 계약사항〉

□ 과업수행 전체회의 및 보고
- 참석대상 : 발주기관 과업 담당자, 연구진 전원
- 착수보고 : 계약일로부터 10일 이내
- 중간보고 : 계약기간 중 2회
  - 과업 진척상황 및 중간결과 보고, 향후 연구계획 및 내용 협의
- 최종보고 : 계약만료 7일 전까지
- 수시보고 : 연구 수행상황 보고 요청 시, 긴급을 요하거나 특이사항 발생 시 등
- 전체회의 : 착수보고 전, 각 중간보고 전, 최종보고 전

□ 과업 산출물
- 중간보고서 20부, 최종보고서 50부, 연구 데이터 및 관련 자료 CD 1매

□ 연구진 구성 및 관리
- 연구진 구성 : 책임연구원, 공동연구원, 연구보조원
- 연구진 관리
  - 연구 수행기간 중 연구진은 구성원을 임의로 교체할 수 없음. 단, 부득이한 경우 사전에 변동사유와 교체될 구성원의 경력 등에 관한 서류를 발주기관에 제출하여 승인을 받은 후 교체할 수 있음.

□ 과업의 일반조건
- 연구진은 연구과제의 시작부터 종료(최종보고서 제출)까지 과업과 관련된 제반 비용의 지출행위에 대해 책임을 지고 과업을 진행해야 함.
- 연구진은 용역완료(납품) 후에라도 발주기관이 연구결과와 관련된 자료를 요청할 경우에는 관련 자료를 성실히 제출하여야 함.

〈 **보기** 〉

ㄱ. 발주기관은 연구용역이 완료된 후에도 연구결과와 관련된 자료를 요청할 수 있다.
ㄴ. 과업수행을 위한 전체회의 및 보고 횟수는 최소 8회이다.
ㄷ. 연구진은 연구 수행기간 중 책임연구원과 공동연구원을 변경할 수 없지만 연구보조원의 경우 임의로 교체할 수 있다.
ㄹ. 중간보고서의 경우 그 출력과 제본 비용의 지출행위에 대해 발주기관이 책임을 진다.

---

① ㄱ, ㄴ   ② ㄱ, ㄷ
③ ㄱ, ㄹ   ④ ㄴ, ㄷ
⑤ ㄷ, ㄹ

11 다음 기준과 현황을 근거로 판단할 때, 지방자치단체 A ~ D 중 중점관리대상만을 모두 고르면?

〈기준〉

• 지방재정위기 사전경보지표

(단위 : %)

경보구분＼지표	통합재정 수지적자 비율	예산대비 채무비율	채무상환비 비율	지방세 징수액 비율	금고잔액 비율	공기업 부채비율
주의	25 초과 50 이하	25 초과 50 이하	12 초과 25 이하	25 이상 50 미만	10 이상 20 미만	400 초과 600 이하
심각	50 초과	50 초과	25 초과	25 미만	10 미만	600 초과

• 중점관리대상 지방자치단체 지정기준
 – 6개의 사전경보지표 중 '심각'이 2개 이상이면 중점관리대상으로 지정
 – '주의' 2개는 '심각' 1개로 간주

〈현황〉

(단위 : %)

지방자치단체＼지표	통합재정 수지적자 비율	예산대비 채무비율	채무상환비 비율	지방세 징수액 비율	금고잔액 비율	공기업 부채비율
A	30	20	15	60	30	250
B	40	30	10	40	15	350
C	15	20	6	45	17	650
D	60	30	30	55	25	150

① A, C
② A, D
③ B, C
④ B, D
⑤ B, C, D

12 다음 논증에 대한 평가로 적절한 것은?

전제 1 : 절대빈곤은 모두 나쁘다.
전제 2 : 비슷하게 중요한 다른 일을 소홀히 하지 않고도 우리가 막을 수 있는 절대빈곤이 존재한다.
전제 3 : 우리가 비슷하게 중요한 다른 일을 소홀히 하지 않고도 나쁜 일을 막을 수 있다면, 우리는 그 일을 막아야
　　　　한다.
결론 : 우리가 막아야 하는 절대빈곤이 존재한다.

① 모든 전제가 참이라고 할지라도 결론은 참이 아닐 수 있다.
② 전제 1을 논증에서 뺀다고 하더라도, 전제 2와 전제 3만으로 결론이 도출될 수 있다.
③ 비슷하게 중요한 다른 일을 소홀히 해도 막을 수 없는 절대 빈곤이 있다면, 결론은 도출되지 않는다.
④ 절대빈곤을 막는 일에 비슷하게 중요한 다른 일을 소홀히 하게 되는 경우가 많다면, 결론은 도출되지 않는다.
⑤ 비슷하게 중요한 다른 일을 소홀히 하지 않고도 막을 수 있는 나쁜 일이 존재한다는 것을 전제로 추가하지 않아
도, 주어진 전제만으로 결론은 도출될 수 있다.

다음 글을 근거로 판단할 때, 계통색명을 바르게 표현한 것은?

색명은 관용색명과 계통색명으로 구분한다. 이 중 관용색명은 동식물, 광물 등으로부터 연상에 의해 떠올리는 색 표현 방법으로 병아리색, 황토색, 살구색, 장미색 등을 예로 들 수 있다. 계통색명은 유채색의 계통색명과 무채색의 계통색명으로 나뉜다. 계통색명은 기본색명 앞에 명도·채도에 관한 수식어와 색상에 관한 수식어를 붙여서 표현하는데, 다음과 같은 순서로 표기한다. 이때 사용되는 수식어는 필요에 따라 하나 혹은 둘을 기본색명 앞에 붙여 표기할 수 있고 그 순서는 바꿀 수 없다.

- 유채색의 계통색명 표기법

명도·채도에 관한 수식어	색상에 관한 수식어	기본색명

- 무채색의 계통색명 표기법

명도에 관한 수식어	색상에 관한 수식어	기본색명

- 기본색명

유채색	무채색
빨강, 주황, 노랑, 연두, 녹색, 청록, 파랑, 남색, 보라, 자주	흰색, 회색, 검정

- 유채색의 명도·채도에 관한 수식어, 무채색의 명도에 관한 수식어

수식어	구분
선명한	유채색
흐린	유채색
탁한	유채색
밝은	유채색, 무채색
(아주) 어두운	유채색, 무채색
진한	유채색
(아주) 연한	유채색

- 색상에 관한 수식어

수식어	적용하는 기본색명
빨강 띤	보라, 노랑, 흰색, 회색, 검정
노랑 띤	빨강, 녹색, 흰색, 회색, 검정
녹색 띤	노랑, 파랑, 흰색, 회색, 검정
파랑 띤	녹색, 보라, 흰색, 회색, 검정
보라 띤	파랑, 빨강, 흰색, 회색, 검정

※ 색상에 관한 수식어는 쓰임에 따라 예를 들어 '빨강 띤', '빨강 기미의', '빨강 끼의' 등으로 바꾸어 표현하거나 '빨강 빛'으로 표현할 수 있다.

① 진한 회색
② 보라 빛 노랑
③ 선명한 파랑 띤 노랑
④ 빨강 기미의 밝은 보라
⑤ 아주 연한 노랑 끼의 녹색

14 다음 축제 안내문과 〈조건〉을 근거로 판단할 때, 갑이 공연을 볼 수 있는 최대 일수는?

〈축제 안내문〉

- 공연장소 : A도시 예술의 전당
- 축제기간 : 4월 1일부터 4월 14일까지
- 공연시간 : 오후 7시(공연 시작 이후 공연장 입장은 불가합니다)
- 참고사항 : 모든 곡은 작품별 공연 개시일에 표시된 날부터 연속하여 총 3일 동안 공연되고, 브루크너의 곡은 하루만 공연됩니다.

〈작품별 공연 개시일〉

4/1(월)	4/2(화)	4/3(수)	4/4(목)	4/5(금)	4/6(토)	4/7(일)
■드보르작 - 교향곡 제9번	■쇼팽 - 즉흥환상곡	■브람스 - 바이올린 협주곡	■파가니니 - 바이올린 협주곡 제1번	■시벨리우스 - 교향시 〈핀란디아〉 서곡	■바흐 - 요한수난곡	■브람스 - 교향곡 제3번
■베르디 - 리골레토 서곡	■드보르작 - 교향곡 제8번	■생상스 - 교향곡 제1번	■베토벤 - 전원교향곡	■닐센 - 오페라 〈사울과 다윗〉	■베를리오즈 - 환상교향곡	■멘델스존 - 엘리야

4/8(월)	4/9(화)	4/10(수)	4/11(목)	4/12(금)	4/13(토)	4/14(일)
■베를리오즈 - 로마의 카니발 서곡	■비발디 - 사계 중 봄	■슈만 - 사육제	■브람스 - 교향곡 제11번	■바흐 - 브란덴브르크 협주곡	■브루크너 - 교향곡 제6번	■브루크너 - 교향곡 제9번
■라벨 - 볼레로	■바그너 - 탄호이저 서곡	■브람스 - 교향곡 제2번	■헨델 - 스페인 칸타타	■쇼팽 - 야상곡	■브루크너 - 교향곡 제3번	

〈 조 건 〉

- 갑은 매주 토요일 오후 2시에 B도시를 출발하여 주말을 A도시에서 보내고, 월요일 아침에 B도시로 돌아간다.
- 갑은 레슨이 있는 날을 제외하고 평일에는 B도시에서 오전 9시부터 오후 6시까지 수업을 듣는다.
- 레슨은 A도시에서 매주 수요일 오후 2시에 시작하여 오후 6시에 종료된다.
- 레슨 장소에서 예술의 전당까지 이동시간은 30분이며, B도시에서 예술의 전당까지 이동시간은 3시간이다.
- 갑은 베토벤 또는 브람스의 곡이 최소한 1곡이라도 공연되는 날짜에만 공연을 본다.

① 2일 ② 3일
③ 4일 ④ 5일
⑤ 6일

다음 글을 근거로 판단할 때, 〈보기〉에서 옳은 설명을 모두 고르면?

8개 국가의 장관이 회담을 위해 K국에 모였다. 각국의 장관은 자신이 사용하는 언어로 의사소통을 하려고 한다. 그런데 회담이 갑자기 개최되어 통역관을 충분히 확보하지 못한 상황이다. 따라서 의사소통을 위해서는 여러 단계의 통역을 거칠 수도 있고, 2개 이상의 언어를 사용하는 장관이 통역관의 역할을 겸할 수도 있다.

현재 회담에 참여하는 장관과 배석 가능한 통역관은 다음과 같다.

장관	사용 언어
A	네팔어
B	영어
C	우즈베크어, 러시아어
D	카자흐어, 러시아어
E	영어, 스와힐리어
F	에스파냐어
G	스와힐리어
H	한국어

통역관	통역 가능한 언어
갑	한국어, 우즈베크어
을	영어, 네팔어
병	한국어, 에스파냐어
정	한국어, 영어, 스와힐리어

〈 보기 〉

ㄱ. A장관이 F장관과 의사소통을 하기 위해서는 최소한 3명의 통역관이 배석하여야 한다.
ㄴ. 통역관이 정밖에 없다면 H장관은 최대 3명의 장관과 의사소통을 할 수 있다.
ㄷ. 통역관 정이 없으면 G장관은 어느 장관과도 의사소통을 할 수 없다.
ㄹ. 8명의 장관과 4명의 통역관이 모두 회담에 참석하면 모든 장관들은 서로 의사소통이 가능하다.

① ㄱ, ㄴ ② ㄱ, ㄷ
③ ㄱ, ㄴ, ㄹ ④ ㄱ, ㄷ, ㄹ
⑤ ㄴ, ㄷ, ㄹ

16 다음 제시된 커피의 종류, 은희의 취향 및 오늘 아침의 상황으로 판단할 때, 오늘 아침에 은희가 주문할 커피는?

〈커피의 종류〉

에스프레소		카페 아메리카노	
	• 에스프레소		• 에스프레소 • 따뜻한 물
카페 라떼		**카푸치노**	
	• 에스프레소 • 데운 우유		• 에스프레소 • 데운 우유 • 우유거품
카페 비엔나		**카페 모카**	
	• 에스프레소 • 따뜻한 물 • 휘핑크림		• 에스프레소 • 초코시럽 • 데운 우유 • 휘핑크림

〈은희의 취향〉

• 배가 고플 때에는 데운 우유가 들어간 커피를 마신다.
• 다른 음식과 함께 커피를 마실 때에는 데운 우유를 넣지 않는다.
• 스트레스를 받으면 휘핑크림이나 우유거품을 추가한다.
• 피곤하면 휘핑크림이 들어간 경우에 한하여 초코시럽을 추가한다.

〈오늘 아침의 상황〉

출근을 하기 위해 지하철을 탄 은희는 꽉 들어찬 사람들 사이에서 스트레스를 받으며 내리기만을 기다리고 있었다. 목적지에 도착한 은희는 커피를 마시며 기분을 달래기 위해 커피전문점에 들렀다. 아침식사를 하지 못해 배가 고프고 고된 출근길에 피곤하지만, 시간 여유가 없어 오늘 아침은 커피만 마실 생각이다. 그런데 은희는 요즘 체중관리를 위해 휘핑크림은 넣지 않기로 하였다.

① 카페 라떼
② 카페 아메리카노
③ 카푸치노
④ 카페 모카
⑤ 카페 비엔나

17 다음 (가) ~ (마) 각각의 논증에서 전제가 모두 참일 때, 결론이 반드시 참인 논증을 모두 고르면?

(가) 삼촌은 우리를 어린이대공원에 데리고 간다고 약속했다. 삼촌이 이 약속을 지킨다면, 우리는 어린이대공원에 갈 것이다. 우리는 어린이대공원에 갔다. 따라서 삼촌이 이 약속을 지킨 것은 확실하다.

(나) 내일 비가 오면, 우리는 박물관에 갈 것이다. 내일 날씨가 좋으면, 우리는 소풍을 갈 것이다. 내일 비가 오거나 날씨가 좋을 것이다. 따라서 우리는 박물관에 가거나 소풍을 갈 것이다.

(다) 영희는 학생이다. 그녀는 철학도이거나 과학도임이 틀림없다. 그녀는 과학도가 아니라는 것이 밝혀졌다. 따라서 그녀는 철학도이다.

(라) 그가 나를 싫어하지 않는다면, 나를 데리러 올 것이다. 그는 나를 싫어한다. 따라서 그는 나를 데리러 오지 않을 것이다.

(마) 그가 유학을 간다면, 그는 군대에 갈 수 없다. 그가 군대에 갈 수 없다면, 결혼을 미루어야 한다. 그가 결혼을 미룬다면, 그녀와 헤어지게 될 것이다. 따라서 그녀와 헤어지지 않으려면, 그는 군대에 가서는 안 된다.

① (가), (나)
② (가), (라)
③ (나), (다)
④ (나), (마)
⑤ (다), (마)

18 A부처에서 갑, 을, 병, 정 4명의 직원으로부터 국외연수 신청을 받아 선발 가능성이 가장 높은 한 명을 추천하려는 가운데, 정부가 선발 기준 개정안을 내놓았다. 현행 기준과 개정안 기준을 적용할 때, 각각 선발 가능성이 가장 높은 사람은?

〈선발 기준안 비교〉

구분	현행	개정안
외국어 성적	30점	50점
근무 경력	40점	20점
근무 성적	20점	10점
포상	10점	20점
합계	100점	100점

※ 근무 경력은 15년 이상이 만점 대비 100%, 10년 이상 15년 미만 70%, 10년 미만 50%이다. 다만 근무 경력이 최소 5년 이상인 자만 선발 자격이 있다.
※ 포상은 3회 이상이 만점 대비 100%, 1 ~ 2회 50%, 0회 0%이다.

〈A부처의 국외연수 신청자 현황〉

구분	갑	을	병	정
근무 경력	30년	20년	10년	3년
포상	2회	4회	0회	5회

※ 외국어 성적은 갑과 을이 만점 대비 50%이고, 병이 80%, 정이 100%이다.
※ 근무 성적은 을만 만점이고, 갑·병·정 셋은 서로 동점이라는 사실만 알려져 있다.

```
   현행      개정안
① 갑        을
② 갑        병
③ 을        갑
④ 을        을
⑤ 을        정
```

19 다음은 정부가 지원하는 '○○연구과제'를 수행할 연구자 선정 시의 가점 및 감점 기준이다. 고득점자 순으로 2명을 선정할 때 〈보기〉의 연구과제 신청자 중 선정될 자를 모두 고르면?

〈연구자 선정 시 가점 및 감점 기준〉

아래의 각 항목들은 중복 적용이 가능하며, 각자의 사전평가점수에서 가감된다.
1. 가점 부여항목(각 10점)
    가. 최근 2년 이내(이하 선정시점 기준)에 연구과제 최종 결과평가에서 최우수 등급을 받은 자
    나. 최근 3년 이내에 국내외 과학기술논문색인지수(이하 'SCI'라 함) 논문을 게재한 실적이 있는 자
    다. 최근 3년 이내에 기술실시계약을 체결하여 받은 기술료 총액이 2천만 원 이상인 자
2. 감점 부여항목(각 5점)
    가. 최근 2년 이내(이하 선정시점 기준)에 연구과제 최종 결과평가에서 최하위 등급을 받은 자
    나. 최근 3년 이내에 연구과제 선정 후 협약체결 포기 경력이 있는 자
    다. 최근 3년 이내에 연구과제의 연구수행 도중 연구를 포기한 경력이 있는 자

〈 **보기** 〉

ㄱ. 사전평가점수는 70점으로, 1년 전에 연구과제 최종 결과평가에서 최우수 등급을 부여받은 후, 2건의 기술실시계약을 체결하여 각각 1천 5백만 원을 받았다.
ㄴ. 사전평가점수는 80점으로, 2년 전에 연구과제를 중도 포기하였으나, 그로부터 1년 후 후속연구를 통해 SCI 논문을 게재하였다.
ㄷ. 사전평가점수는 75점으로, 1년 전에 연구과제 최종 결과평가에서 최우수 등급을 부여받았으나, 바로 그 해에 선정된 신규 연구과제의 협약체결을 포기하였다.
ㄹ. 사전평가점수는 90점으로, 3년 전에 연구과제 최종 결과평가에서 최우수 등급을 부여받았으나, 그로부터 1년 후에는 연구과제에 대한 중간평가에서 최하위 등급을 부여받았다.
※ 각 사례에서 시간은 '○○연구과제' 선정시점을 기준으로 함

① ㄱ, ㄴ   ② ㄱ, ㄷ
③ ㄱ, ㄹ   ④ ㄴ, ㄷ
⑤ ㄴ, ㄹ

20 다음은 인터넷 쇼핑몰 이용약관의 주요내용이다. 〈보기〉에서 (가), (나), (다), (라)를 구입한 쇼핑몰을 바르게 연결한 것은?

〈이용약관의 주요내용〉

쇼핑몰	주문 취소	환불	배송비	포인트 적립
A	주문 후 7일 이내 취소 가능	10% 환불수수료＋송금수수료 차감	무료	구입금액의 3%
B	주문 후 10일 이내 취소 가능	환불수수료＋송금수수료 차감	20만 원 이상 무료	구입금액의 5%
C	주문 후 7일 이내 취소 가능	환불수수료＋송금수수료 차감	1회 이용시 1만 원	없음
D	주문 후 당일에만 취소 가능	환불수수료＋송금수수료 차감	5만 원 이상 무료	없음
E	취소 불가능	고객 귀책사유에 의한 환불 시에만 10% 환불수수료	1만 원 이상 무료	구입금액의 10%
F	취소 불가능	원칙적으로 환불 불가능 (사업자 귀책사유일 때만 환불 가능)	100g당 2,500원	없음

〈 **보기** 〉

- 철수는 부모님의 선물로 (가)를 구입하였는데, 판매자의 업무착오로 배송이 지연되어 판매자에게 전화로 환불을 요구하였다. 판매자는 판매금액 그대로를 통장에 입금해 주었고 구입 시 발생한 포인트도 유지하여 주었다.
- 영희는 (나)를 구매할 때 배송료를 고려하여 한 가지씩 여러 번에 나누어 구매하기보다는 가능한 한 한꺼번에 주문하곤 하였다.
- 인터넷 사이트에서 (다)를 20,000원에 주문한 민수는 다음 날 같은 물건을 18,000원에 파는 가게를 발견하고 전날 주문한 물건을 취소하려 했지만 취소가 되지 않아 곤란을 겪은 적이 있다.
- (라)를 10만 원에 구매한 철호는 도착한 물건의 디자인이 마음에 들지 않아 환불 및 송금수수료와 배송료를 감수하는 손해를 보면서도 환불할 수밖에 없었다.

	(가)	(나)	(다)	(라)
①	E	B	C	D
②	F	E	D	B
③	E	D	F	C
④	F	C	E	B
⑤	B	A	D	C

제2회 모의고사

모바일
OMR
답안분석
서비스

정답 및 해설 p.8

⏱ 응시시간 : 30분   📋 문항 수 : 20문항

01 다음 제시문의 내용에 근거할 때, 각 가족들이 현재 경작할 수 있는 토지의 면적을 잘못 계산한 것은?

> • 모든 호주(戶主)는 국가로부터 영업전(永業田) 20무(畝)를 지급받았다. 이 영업전은 상속이 가능하였다. 단, 상속의 결과 영업전이 20무를 초과하는 경우 초과분은 국가가 환수하였다.
> • 신체 건강한 남자는 18세가 되면 구분전(口分田) 80무를 지급받았다. 상속이 가능했던 영업전과 달리 구분전은 노동력의 감퇴 또는 상실에 따라 국가의 환수 대상이 되었다. 즉 60세가 되면 국가가 구분전의 절반을 환수하였고, 사망하면 나머지 절반도 마저 환수하였다.
> • 18세 이상의 성인 남자일지라도 심각한 신체장애로 노동력의 일부를 상실한 경우에는 구분전을 40무만 지급받았다.
> • 17세 미만의 남자이지만 호주인 경우에는 구분전 40무를 지급받았다.
> • 여자는 원칙적으로 구분전의 수전(授田) 대상이 아니었지만, 남편이 사망한 과부에게만은 구분전 30무를 지급하였다.

① 작년에 화재로 부모를 잃어 호주가 된 12세의 A는 5세 위의 누나와 함께 살고 있다. → 60무
② 60세 되던 해에 전염병이 창궐한 탓에 아내와 아들 부부를 잃은 올해 70세의 호주 B는 17세 된 손자와 15세 된 손녀를 데리고 산다. → 60무
③ 작년에 동갑내기 남편을 잃어 호주가 된 40세의 C는 21세의 아들과 함께 사는데, 이 아들은 선천적인 신체장애로 남들만큼 일하지 못한다. → 70무
④ 올해 30세인 호주 D는 신체 건강한 남자로서 10년 전에 결혼하였으며 그의 부모는 모두 오래 전에 사망하였다. 그의 슬하에는 17세 미만인 아들 둘과 딸 둘이 있다. → 100무
⑤ 올해 55세인 호주 E는 아내와 장성한 아들 둘을 데리고 사는데 큰 아들은 24세, 작은 아들은 20세이다. 두 아들은 모두 신체 건강하지만 아직 결혼을 하지 못했다. → 260무

다음 글을 근거로 판단할 때, 재생된 곡의 순서로 옳은 것은?

- 찬우는 A, B, C, D 4개의 곡으로 구성된 앨범을 감상하고 있다. A는 1분 10초, B는 1분 20초, C는 1분 00초, D는 2분 10초간 재생되며, 각각의 곡 첫 30초는 전주 부분이다.
- 재생순서는 처음에 설정하여 이후 변경되지 않으며, 찬우는 자신의 선호에 따라 곡당 1회씩 포함하여 설정하였다.
- 한 곡의 재생이 끝나면 시차 없이 다음 곡이 자동적으로 재생된다.
- 마지막 곡 재생이 끝나고 나면 첫 곡부터 다시 재생된다.
- 모든 곡은 처음부터 끝까지 건너뛰지 않고 재생된다.
- 찬우는 13시 20분 00초부터 첫 곡을 듣기 시작했다.
- 13시 23분 00초에 C가 재생되고 있었다.
- A를 듣고 있던 어느 한 시점부터 3분 00초가 되는 때에는 C가 재생되고 있었다.
- 13시 45분 00초에 어떤 곡의 전주 부분이 재생되고 있었다.

① A－B－C－D

② B－A－C－D

③ C－A－D－B

④ D－C－A－B

⑤ D－C－B－A

03 다음 정렬 방법을 근거로 판단할 때, 정렬 대상에서 두 번째로 위치를 교환해야 하는 두 수는?

〈정렬 방법〉

아래는 정렬되지 않은 여러 개의 서로 다른 수를 작은 것에서 큰 것 순으로 정렬하는 방법이다.

(1) 가로로 나열된 수 중 가장 오른쪽의 수를 피벗(Pivot)이라 하며, 나열된 수에서 제외시킨다.

  예 나열된 수가 5, 3, 7, 1, 2, 6, 4라고 할 때, 4가 피벗이고 남은 수는 5, 3, 7, 1, 2, 6이다.

(2) 피벗보다 큰 수 중 가장 왼쪽의 수를 찾는다.

  예 5, 3, 7, 1, 2, 6에서는 5이다.

(3) 피벗보다 작은 수 중 가장 오른쪽의 수를 찾는다.

  예 5, 3, 7, 1, 2, 6에서는 2이다.

(4) (2)와 (3)에서 찾은 두 수의 위치를 교환한다.

  예 5와 2를 교환하여(첫 번째 위치 교환) 2, 3, 7, 1, 5, 6이 된다.

(5) 피벗보다 작은 모든 수가 피벗보다 큰 모든 수보다 왼쪽에 위치할 때까지 (2) ~ (4)의 과정을 반복한다.

  예 2, 3, 7, 1, 5, 6에서 7은 피벗 4보다 큰 수 중 가장 왼쪽의 수이며, 1은 피벗 4보다 작은 수 중 가장 오른쪽의 수이다. 이 두 수를 교환하면(두 번째 위치 교환) 2, 3, 1, 7, 5, 6이 되어, 피벗 4보다 작은 모든 수는 피벗 4보다 큰 모든 수보다 왼쪽에 있다.

… (후략) …

〈정렬 대상〉

15, 22, 13, 27, 12, 10, 25, 20

① 15와 10
② 20과 13
③ 22와 10
④ 25와 20
⑤ 27과 12

04 다음 정보를 보고 추론할 수 없는 것은?

> • 혈당이 낮아지면 혈중 L의 양이 줄어들고, 혈당이 높아지면 그 양이 늘어난다.
> • 혈중 L의 양이 늘어나면 시상하부 알파 부분에서 호르몬 A가 분비되고, 혈중 L의 양이 줄어들면 시상하부 알파 부분에서 호르몬 B가 분비된다.
> • 시상하부 알파 부분에서 호르몬 A가 분비되면, 시상하부 베타 부분에서 호르몬 C가 분비되고 시상하부 감마 부분의 호르몬 D의 분비가 억제된다.
> • 시상하부 알파 부분에서 호르몬 B가 분비되면, 시상하부 감마 부분에서 호르몬 D가 분비되고 시상하부 베타 부분의 호르몬 C의 분비가 억제된다.
> • 시상하부 베타 부분에서 분비되는 호르몬 C는 물질대사를 증가시키고, 이 호르몬의 분비가 억제될 경우 물질대사가 감소한다.
> • 시상하부 감마 부분에서 분비되는 호르몬 D는 식욕을 증가시키고, 이 호르몬의 분비가 억제될 경우 식욕이 감소한다.

① 혈당이 낮아지면, 식욕이 증가한다.
② 혈당이 높아지면, 식욕이 감소한다.
③ 혈당이 높아지면, 물질대사가 증가한다.
④ 혈당이 낮아지면, 시상하부 감마 부분에서 호르몬의 분비가 억제된다.
⑤ 혈당이 높아지면, 시상하부 알파 부분과 베타 부분에서 각각 분비되는 호르몬이 있다.

다음 중 쓰레기 분리배출 규정을 준수한 것으로 옳은 것은?

〈쓰레기 분리배출 규정〉

• 배출 시간 : 수거 전날 저녁 7시 ~ 수거 당일 새벽 3시까지(월요일 ~ 토요일에만 수거함)
• 배출 장소 : 내 집 앞, 내 점포 앞
• 쓰레기별 분리배출 방법
  – 일반 쓰레기 : 쓰레기 종량제 봉투에 담아 배출
  – 음식물 쓰레기 : 단독주택의 경우 수분 제거 후 음식물 쓰레기 종량제 봉투에 담아서, 공동주택의 경우 음식물 전용용기에 담아서 배출
  – 재활용 쓰레기 : 종류별로 분리하여 투명 비닐봉투에 담아 묶어서 배출
    ① 1종(병류)
    ② 2종(캔, 플라스틱, 페트병 등)
    ③ 3종(폐비닐류, 과자 봉지, 1회용 봉투 등)
       ※ 1) 1종과 2종의 경우 뚜껑을 제거하고 내용물을 비운 후 배출.
          2) 종이류·박스·스티로폼은 각각 별도로 묶어서 배출.
  – 폐가전·폐가구 : 폐기물 스티커를 부착하여 배출
• 종량제 봉투 및 폐기물 스티커 구입 : 봉투 판매소

---

① 갑은 토요일 저녁 8시에 일반 쓰레기를 쓰레기 종량제 봉투에 담아 자신의 집 앞에 배출하였다.
② 공동주택에 사는 을은 먹다 남은 찌개를 그대로 음식물 쓰레기 종량제 봉투에 담아 주택 앞에 배출하였다.
③ 병은 투명 비닐봉투에 캔과 스티로폼을 함께 담아 자신의 집 앞에 배출하였다.
④ 정은 사이다가 남아 있는 페트병을 투명 비닐봉투에 담아서 집 앞에 배출하였다.
⑤ 무는 집에서 쓰던 냉장고를 버리기 위해 폐기물 스티커를 구입 후 부착하여 월요일 저녁 9시에 자신의 집 앞에 배출하였다.

다음 글을 근거로 판단할 때, 〈보기〉의 진술 중 반드시 참인 설명을 모두 고르면?

장애 아동을 위한 특수 교육 학교가 있다. 그 학교에는 키 성장이 멈추거나 더디어서 110cm 미만인 아동이 10명, 심한 약시로 꾸준한 치료와 관리가 필요한 아동이 10명 있다. 키가 110cm 미만인 아동은 모두 특수 스트레칭 교육을 받는다. 그리고 특수 스트레칭 교육을 받는 아동 중에는 약시인 아동은 없다. 어떤 아동이 약시인 경우에만 특수 영상장치가 설치된 학급에서 교육을 받는다. 숙이, 철이, 석이는 모두 이 학교에 다니는 아동이다.

〈 **보기** 〉

ㄱ. 특수 스트레칭 교육을 받으면서 특수 영상장치가 설치된 반에서 교육을 받는 아동은 없다.
ㄴ. 숙이가 약시가 아니라면, 그의 키는 110cm 미만이다.
ㄷ. 석이가 특수 영상장치가 설치된 반에서 교육을 받는다면, 그는 키가 110cm 이상이다.
ㄹ. 철이 키가 120cm이고 약시는 아니라면, 그는 특수 스트레칭 교육을 받지 않는다.

① ㄱ, ㄴ   ② ㄱ, ㄷ
③ ㄴ, ㄷ   ④ ㄴ, ㄹ
⑤ ㄷ, ㄹ

다음 글과 상황을 근거로 판단할 때, 〈보기〉에서 옳은 설명을 모두 고르면?

'에너지이용권'은 에너지 취약계층에게 난방에너지 구입을 지원하는 것으로 관련 내용은 다음과 같다.

월별 지원금액	1인 가구 : 81,000원 2인 가구 : 102,000원 3인 이상 가구 : 114,000원
지원형태	신청서 제출 시 실물카드와 가상카드 중 선택 • 실물카드 : 에너지원(등유, 연탄, LPG, 전기, 도시가스)을 다양하게 구매 가능함. 단, 아파트 거주자는 관리비가 통합고지서로 발부되기 때문에 신청할 수 없음 • 가상카드 : 전기·도시가스·지역난방 중 택일. 매월 요금이 자동 차감됨. 단, 사용기간(발급일로부터 1개월) 만료 시 잔액이 발생하면 전기요금 차감
신청대상	생계급여 또는 의료급여 수급자로서 다음 각 호의 어느 하나에 해당하는 사람을 포함한 가구의 가구원 1. 1954. 12. 31. 이전 출생자 2. 2002. 1. 1. 이후 출생자 3. 등록된 장애인(1~6급)
신청방법	수급자 본인 또는 가족이 신청 ※ 담당공무원이 대리 신청 가능
신청서류	1. 에너지이용권 발급 신청서 2. 전기, 도시가스 또는 지역난방 요금고지서(영수증), 아파트 거주자의 경우 관리비 통합고지서 3. 신청인의 신분증 사본 4. 대리 신청일 경우 신청인 본인의 위임장, 대리인의 신분증 사본

〈상황〉

갑 ~ 병은 에너지이용권을 신청하고자 한다.
• 갑 : 3급 장애인, 실업급여 수급자, 1인 가구, 아파트 거주자
• 을 : 2005. 1. 1. 출생, 의료급여 수급자, 4인 가구, 단독 주택 거주자
• 병 : 1949. 3. 22. 출생, 생계급여 수급자, 2인 가구, 아파트 거주자

〈 보기 〉

ㄱ. 갑은 에너지이용권 발급 신청서, 관리비 통합고지서, 본인 신분증 사본을 제출하고, 81,000원의 에너지이용권을 요금 자동 차감 방식으로 지급받을 수 있다.

ㄴ. 담당공무원인 정이 을을 대리하여 신청 서류를 모두 제출하고, 을은 114,000원의 에너지이용권을 실물카드 형태로 지급받을 수 있다.

ㄷ. 병은 도시가스를 선택하여 102,000원의 에너지이용권을 가상카드 형태로 지급받을 수 있으며, 이용권 사용기간 만료 시 잔액이 발생한다면 전기요금이 차감될 것이다.

① ㄱ
② ㄴ
③ ㄷ
④ ㄱ, ㄷ
⑤ ㄴ, ㄷ

다음 글을 근거로 판단할 때, 〈보기〉에서 인증이 가능한 경우만을 모두 고르면?

> S국 친환경농산물의 종류는 4가지로, 인증기준에 부합하는 재배방법은 각각 다음과 같다.
> 1) 유기농산물의 경우 일정 기간(다년생 작물 3년, 그 외 작물 2년) 이상을 농약과 화학비료를 사용하지 않고 재배한다.
> 2) 무농약농산물의 경우 농약을 사용하지 않고, 화학비료는 권장량의 2분의 1 이하로 사용하여 재배한다.
> 3) 저농약농산물의 경우 화학비료는 권장량의 2분의 1 이하로 사용하고, 농약은 살포시기를 지켜 살포 최대횟수의 2분의 1 이하로 사용하여 재배한다.
>
> 〈농산물별 관련 기준〉
>
> | 종류 | 재배기간 내 화학비료 권장량(kg/ha) | 재배기간 내 농약살포 최대횟수 | 농약 살포시기 |
> |---|---|---|---|
> | 사과 | 100 | 4 | 수확 30일 전까지 |
> | 감귤 | 80 | 3 | 수확 30일 전까지 |
> | 감 | 120 | 4 | 수확 14일 전까지 |
> | 복숭아 | 50 | 5 | 수확 14일 전까지 |
>
> ※ 1ha=10,000m^2, 1t=1,000kg

보기

ㄱ. 갑은 5km^{2}의 면적에서 재배기간 동안 농약을 전혀 사용하지 않고 20t의 화학비료를 사용하여 사과를 재배하였으며, 이 사과를 수확하여 무농약농산물 인증신청을 하였다.

ㄴ. 을은 3ha의 면적에서 재배기간 동안 농약을 1회 살포하고 50kg의 화학비료를 사용하여 복숭아를 재배하였다. 하지만 수확시기가 다가오면서 병충해 피해가 나타나자 농약을 추가로 1회 살포하였고, 열흘 뒤 수확하여 저농약농산물 인증신청을 하였다.

ㄷ. 병은 지름이 1km인 원 모양의 농장에서 작년부터 농약을 전혀 사용하지 않고 감귤을 재배하였다. 작년에는 5t의 화학비료를 사용하였으나, 올해는 전혀 사용하지 않고 감귤을 수확하여 유기농산물 인증신청을 하였다.

ㄹ. 정은 가로와 세로가 각각 100m, 500m인 과수원에서 감을 재배하였다. 재배기간 동안 총 2회(올해 4월 말과 8월 초) 화학비료 100kg씩을 뿌리면서 병충해 방지를 위해 농약도 함께 살포하였다. 정은 추석을 맞아 9월 말에 감을 수확하여 저농약농산물 인증신청을 하였다.

① ㄱ, ㄹ
② ㄴ, ㄷ
③ ㄱ, ㄴ, ㄹ
④ ㄱ, ㄷ, ㄹ
⑤ ㄴ, ㄷ, ㄹ

09 다음은 육류의 원산지 표시방법을 나타낸 자료이다. 이를 근거로 할 때, 〈보기〉에서 옳은 설명을 모두 고르면?

〈원산지 표시방법〉

구분	표시방법
(가) 돼지고기, 닭고기, 오리고기	육류의 원산지 등은 국내산과 수입산으로 구분하고, 다음 항목의 구분에 따라 표시한다. 1) 국내산의 경우 괄호 안에 '국내산'으로 표시한다. 다만 수입한 돼지를 국내에서 2개월 이상 사육한 후 국내산으로 유통하거나, 수입한 닭 또는 오리를 국내에서 1개월 이상 사육한 후 국내산으로 유통하는 경우에는 '국내산'으로 표시하되, 괄호 안에 축산물명 및 수입국가명을 함께 표시한다. [예] 삼겹살(국내산), 삼계탕 국내산(닭, 프랑스산), 훈제오리 국내산(오리, 일본산) 2) 수입산의 경우 수입국가명을 표시한다. [예] 삼겹살(독일산) 3) 원산지가 다른 돼지고기 또는 닭고기를 섞은 경우 그 사실을 표시한다. [예] 닭갈비(국내산과 중국산을 섞음)
(나) 배달을 통하여 판매·제공되는 닭고기	1) 조리한 닭고기를 배달을 통하여 판매·제공하는 경우, 그 조리한 음식에 사용된 닭고기의 원산지를 포장재에 표시한다. 2) 1)에 따른 원산지 표시는 위 (가)의 기준에 따른다. [예] 찜닭(국내산), 양념치킨(브라질산)

※ 수입국가명은 우리나라에 축산물을 수출한 국가명을 말한다.

〈 보기 〉

ㄱ. 국내산 돼지고기와 프랑스산 돼지고기를 섞은 돼지갈비를 유통할 때, '돼지갈비(국내산과 프랑스산을 섞음)'로 표시한다.
ㄴ. 덴마크산 돼지를 수입하여 1개월 간 사육한 후 그 삼겹살을 유통할 때, '삼겹살 국내산(돼지, 덴마크산)'으로 표시한다.
ㄷ. 중국산 훈제오리를 수입하여 2개월 후 유통할 때, '훈제오리 국내산(오리, 중국산)'으로 표시한다.
ㄹ. 국내산 닭을 이용하여 양념치킨으로 조리한 후 배달 판매할 때, '양념치킨(국내산)'으로 표시한다.

① ㄱ, ㄴ
② ㄱ, ㄹ
③ ㄴ, ㄷ
④ ㄱ, ㄷ, ㄹ
⑤ ㄴ, ㄷ, ㄹ

10 다음 글의 내용이 참일 때, 참인지 거짓인지 알 수 있는 것만을 〈보기〉에서 모두 고르면?

머신러닝은 컴퓨터 공학에서 최근 주목 받고 있는 분야이다. 이 중 샤펠식 과정은 성공적인 적용 사례들로 인해 우리에게 많이 알려진 학습 방법이다. 머신러닝의 사례 가운데 샤펠식 과정에 해당하면서 의사결정트리 방식을 따르지 않는 경우는 없다.

머신러닝은 지도학습과 비지도학습이라는 두 배타적 유형으로 나눌 수 있고, 모든 머신러닝의 사례는 이 두 유형 중 어디엔가 속한다. 샤펠식 과정은 모두 전자에 속한다. 머신러닝에서 새로 떠오르는 방법은 강화학습인데, 강화학습을 활용하는 모든 경우는 후자에 속한다. 그리고 의사결정트리 방식을 적용한 사례들 가운데 강화학습을 활용하는 머신러닝의 사례도 있다.

〈 **보기** 〉

ㄱ. 의사결정트리 방식을 적용한 모든 사례는 지도학습의 사례이다.
ㄴ. 샤펠식 과정의 적용 사례가 아니면서 의사결정트리 방식을 적용한 경우가 존재한다.
ㄷ. 강화학습을 활용하는 머신러닝 사례들 가운데 의사결정트리 방식이 적용되지 않은 경우는 없다.

① ㄴ
② ㄷ
③ ㄱ, ㄴ
④ ㄱ, ㄷ
⑤ ㄱ, ㄴ, ㄷ

11 배점기준표를 근거로 할 때, 다음 중 최우선 순위의 당첨 대상자는?

보금자리주택 특별공급 사전예약이 진행된다. 신청자격은 사전예약 입주자 모집 공고일 현재 미성년(만 20세 미만)인 자녀를 3명 이상 둔 서울, 인천, 경기도 등 수도권 지역에 거주하는 무주택 가구주에게 있다. 청약저축통장이 필요 없고, 당첨자는 배점 기준표에 의한 점수 순에 따라 선정된다. 특히 자녀가 만 6세 미만 영유아일 경우, 2명 이상은 10점, 1명은 5점을 추가로 받게 된다.

총점은 가산점을 포함하여 90점 만점이며 배점기준은 다음 배점기준표와 같다.

〈배점기준표〉

배점요소	배점기준	점수
미성년 자녀수	4명 이상	40
	3명	35
가구주 연령·무주택 기간	가구주 연령이 만 40세 이상이고, 무주택 기간 5년 이상	20
	가구주 연령이 만 40세 미만이고, 무주택 기간 5년 이상	15
	무주택 기간 5년 미만	10
당해 시·도 거주기간	10년 이상	20
	5년 이상 ~ 10년 미만	15
	1년 이상 ~ 5년 미만	10
	1년 미만	5

※ 다만 동점자인 경우 ① 미성년 자녀수가 많은 자, ② 미성년 자녀수가 같을 경우, 가구주의 연령이 많은 자 순으로 선정한다.

① 만 7세 이상 만 17세 미만인 자녀 4명을 두고, 인천에서 8년 거주하고 있으며, 14년 동안 무주택자인 만 45세의 가구주

② 만 19세와 만 15세의 자녀를 두고, 대전광역시에서 10년 이상 거주하고 있으며, 7년 동안 무주택자인 만 40세의 가구주

③ 각각 만 1세, 만 3세, 만 7세, 만 10세인 자녀를 두고, 서울에서 4년 거주하고 있으며, 15년 동안 무주택자인 만 37세의 가구주

④ 각각 만 6세, 만 8세, 만 12세, 만 21세인 자녀를 두고, 서울에서 9년 거주하고 있으며, 20년 동안 무주택자인 만 47세의 가구주

⑤ 만 7세 이상 만 11세 미만인 자녀 3명을 두고, 경기도 하남시에서 15년 거주하고 있으며, 10년 동안 무주택자인 만 45세의 가구주

12 다음 자료는 A사 피자 1판 주문 시 구매방식별 할인혜택과 비용을 나타낸 것이다. 이를 근거로 정가가 12,500원인 A사 피자 1판을 가장 싸게 살 수 있는 구매방식은?

〈구매방식별 할인혜택과 비용〉

구매방식	할인혜택과 비용
스마트폰앱	정가의 25% 할인
전화	정가에서 1,000원 할인 후, 할인된 가격의 10% 추가 할인
회원카드와 쿠폰	회원카드로 정가의 10% 할인 후, 할인된 가격의 15%를 쿠폰으로 추가 할인
직접방문	정가의 30% 할인(교통비용 1,000원 발생)
교환권	A사 피자 1판 교환권(구매비용 10,000원 발생)

※ 구매방식은 한 가지만 선택함

① 스마트폰앱   ② 전화
③ 회원카드와 쿠폰   ④ 직접방문
⑤ 교환권

13 다음 글을 근거로 판단할 때, 〈보기〉에서 옳은 설명을 모두 고르면?

○○축구대회에는 모두 32개 팀이 참가하여 한 조에 4개 팀씩 8개 조로 나누어 경기를 한다. 각 조의 4개 팀이 서로 한 번씩 경기를 하여 승점 – 골득실차 – 다득점 – 승자승 – 추첨의 순서에 의해 각 조의 1, 2위 팀이 16강에 진출한다. 각 팀은 16강에 오르기까지 총 3번의 경기를 치르게 되며, 매 경기마다 승리한 팀은 승점 3점을 얻게 되고, 무승부를 기록한 팀은 승점 1점, 패배한 팀은 0점을 획득한다.

그중 1조에 속한 A, B, C, D팀은 현재까지 각 2경기씩 치렀으며, 그 결과는 A : B=4 : 1, A : D=1 : 0, B : C =2 : 0, C : D=2 : 1이었다. 아래의 표는 그 결과를 정리한 것이다. 내일 각 팀은 16강에 오르기 위한 마지막 경기를 치르는데, A팀은 C팀과, B팀은 D팀과 경기를 갖는다.

〈마지막 경기를 남겨 놓은 각 팀의 전적〉

구분	승	무	패	득 / 실점	승점
A팀	2	0	0	5 / 1	6
B팀	1	0	1	3 / 4	3
C팀	1	0	1	2 / 3	3
D팀	0	0	2	1 / 3	0

〈 **보 기** 〉

ㄱ. A팀이 C팀과의 경기에서 이긴다면, A팀은 B팀과 D팀의 경기 결과에 상관없이 16강에 진출한다.

ㄴ. A팀이 C팀과 1 : 1로 비기고 B팀이 D팀과 0 : 0으로 비기면 A팀과 B팀이 16강에 진출한다.

ㄷ. C팀과 D팀이 함께 16강에 진출할 가능성은 전혀 없다.

ㄹ. D팀은 마지막 경기의 결과에 관계없이 16강에 진출할 수 없다.

① ㄱ, ㄴ   ② ㄱ, ㄹ

③ ㄷ, ㄹ   ④ ㄱ, ㄴ, ㄷ

⑤ ㄴ, ㄷ, ㄹ

14 다음 글을 근거로 판단할 때, 〈보기〉에서 옳은 설명을 모두 고르면?

1부터 5까지 숫자가 하나씩 적힌 5장의 카드와 3개의 구역이 있는 다트판이 있다. 갑과 을은 다음 방법에 따라 점수를 얻는 게임을 하기로 했다.

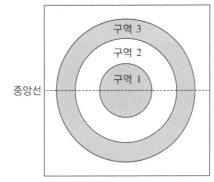

중앙선

- 우선 5장의 카드 중 1장을 임의로 뽑고, 그 후 다트를 1차 시기와 2차 시기에 각 1번씩 총 2번 던진다.
- 뽑힌 카드에 적혀 있는 숫자가 '카드점수'가 되며 점수를 얻는 방법은 다음과 같다.

[1차 시기 점수 산정 방법]
- 다트가 구역 1에 꽂힐 경우: 카드점수×3
- 다트가 구역 2에 꽂힐 경우: 카드점수×2
- 다트가 구역 3에 꽂힐 경우: 카드점수×1
- 다트가 그외 영역에 꽂힐 경우: 카드점수×0

[2차 시기 점수 산정 방법]
- 다트가 다트판의 중앙선 위쪽에 꽂힐 경우: 2점
- 다트가 다트판의 중앙선 아래쪽에 꽂힐 경우: 0점

[최종점수 산정 방법]
- 최종점수 : 1차 시기 점수+2차 시기 점수
※ 다트판의 선에 꽂히는 경우 등 그외 조건은 고려하지 않는다

〈 **보기** 〉

ㄱ. 갑이 짝수가 적힌 카드를 뽑았다면, 최종점수는 홀수가 될 수 없다.
ㄴ. 갑이 숫자 2가 적힌 카드를 뽑았다면, 가능한 최종점수는 8가지이다.
ㄷ. 갑이 숫자 4가 적힌 카드를, 을이 숫자 2가 적힌 카드를 뽑았다면, 가능한 갑의 최종점수 최댓값과 을의 최종점수 최솟값의 차이는 14점이다.

① ㄱ
② ㄷ
③ ㄱ, ㄴ
④ ㄱ, ㄷ
⑤ ㄴ, ㄷ

다음 글을 근거로 판단할 때, (A)에 해당하는 숫자는?

■ △△원자력발전소에서 매년 사용 후 핵연료봉(이하 '폐연료봉'이라 한다)이 50,000개씩 발생하고, 이를 저장하기 위해 발전소 부지 내 2가지 방식(습식과 건식)의 임시저장소를 운영
  1. 습식저장소
    – 원전 내 저장수조에서 물을 이용하여 폐연료봉의 열을 냉각시키고 방사선을 차폐하는 저장방식으로 총 100,000개의 폐연료봉 저장 가능
  2. 건식저장소
    • X저장소
      – 원통형의 커다란 금속 캔에 폐연료봉을 저장하는 방식으로 총 300기의 캐니스터로 구성되고, 한 기의 캐니스터는 9층으로 이루어져 있으며, 한 개의 층에 60개의 폐연료봉 저장 가능
    • Y저장소
      – 기체로 열을 냉각시키고 직사각형의 콘크리트 내에 저장함으로써 방사선을 차폐하는 저장방식으로 이 방식을 이용하여 저장소 내에 총 138,000개의 폐연료봉 저장 가능
■ 현재 습식저장소는 1개로 저장용량의 50%가 채워져 있고, 건식저장소 X, Y는 각각 1개로 모두 비어 있는 상황
■ 따라서 발생하는 폐연료봉의 양이 항상 일정하다고 가정하면, △△원자력발전소에서 최대 (A)년 동안 발생하는 폐연료봉을 현재의 임시저장소에 저장 가능

---

① 3 ② 4

③ 5 ④ 6

⑤ 7

다음은 A ~ J아파트 단지의 주택성능에 대한 자료이다. 규칙을 적용하여 자료를 분석한 결과에 대한 설명으로 옳은 것은?

〈A ~ J아파트 단지의 주택성능〉

단지 \ 세부항목	소음				외부환경
	경량충격	중량충격	화장실	세대 간	
A	☆	☆	☆☆☆	☆☆☆☆	☆☆☆
B	☆	☆	☆☆	☆☆☆	☆☆
C	☆	☆	☆☆☆	☆☆☆☆	☆
D	☆	☆	☆☆☆	☆☆☆☆	☆
E	☆	☆	☆☆☆	☆☆	☆☆
F	☆	☆	☆☆☆	☆☆☆	☆
G	☆☆	☆	☆☆☆	☆☆☆☆	☆☆
H	☆☆	☆☆	☆☆☆	☆☆☆☆	☆☆
I	☆	☆	☆☆☆	☆☆☆	☆☆
J	☆	☆	☆☆☆	☆☆☆☆	☆☆

〈규칙〉

• 소음부문에서 세대 간은 ☆ 하나당 2점을, 나머지 세부항목은 ☆ 하나당 1점을 부여한다.
• 외부환경부문은 ☆ 하나당 3점을 부여한다.
• 소음부문점수는 소음부문 세부항목점수의 합이고, 주택성능점수는 소음부문점수와 외부환경부문점수의 합이다.

① 소음부문에서 가장 높은 점수를 받은 단지는 'G'이다.
② 소음부문에서 가장 낮은 점수를 받은 단지는 'B'이다.
③ 외부환경부문에서 가장 높은 점수를 받은 단지가 주택성능점수도 가장 높다.
④ 주택성능점수가 가장 낮은 단지가 세대 간 소음을 제외한 소음부문점수도 가장 낮다.
⑤ 주택성능점수가 19점인 단지가 가장 많다.

17 중소기업청은 우수 중소기업 지원자금을 5,000억 원 한도 내에서 아래와 같은 지침에 따라 A, B, C, D기업에 배분하고자 한다. 각 기업별 지원 금액은?

〈지침〉

가. 평가지표별 점수 부여 : 평가지표별로 1위 기업에게는 4점, 2위는 3점, 3위는 2점, 4위는 1점을 부여한다. 다만, 부채비율이 낮을수록 순위가 높으며, 나머지 지표는 클수록 순위가 높다.

나. 기업 평가순위 부여 : 획득한 점수의 합이 큰 기업 순으로 평가순위(1위 ~ 4위)를 부여한다.

다. 지원한도 :

(1) 평가 순위 1위 기업에는 2,000억 원, 2위는 1,500억 원, 3위는 1,000억 원, 4위는 500억 원까지 지원할 수 있다.

(2) 각 기업에 대한 지원한도는 순자산의 2/3로 제한된다. 다만, 평가순위가 3위와 4위인 기업 중 부채비율이 400% 이상인 기업에게는 순자산의 1/2 만큼만 지원할 수 있다.

라. 지원요구금액이 지원한도보다 적은 경우에는 지원요구금액 만큼만 배정한다.

〈평가지표와 각 기업의 순자산 및 지원요구금액〉

구분		A	B	C	D
평가지표	경상이익률(%)	5	2	1.5	3
	영업이익률(%)	5	1	2	1.5
	부채비율(%)	500	350	450	300
	매출액증가율(%)	8	10	9	11
순자산(억 원)		2,100	600	900	3,000
지원요구금액(억 원)		2,000	500	1,000	1,800

	A기업	B기업	C기업	D기업
①	1,400	400	450	1,800
②	1,050	500	1,000	1,800
③	1,400	400	500	2,000
④	1,050	500	450	2,000
⑤	1,400	500	450	1,800

18 다음 글의 내용이 참일 때, A부처의 공무원으로 채용될 수 있는 지원자들의 최대 인원은?

> 금년도 공무원 채용 시 A부처에서 요구되는 자질은 자유민주주의 가치확립, 건전한 국가관, 헌법가치 인식, 나라 사랑이다. A부처는 이 네 가지 자질 중 적어도 세 가지 자질을 지닌 사람을 채용할 것이다. 지원자는 갑, 을, 병, 정이다. 이 네 사람이 지닌 자질을 평가했고 다음과 같은 정보가 주어졌다.
> • 갑이 지닌 자질과 정이 지닌 자질 중 적어도 두 개는 일치한다.
> • 헌법가치 인식은 병만 가진 자질이다.
> • 만약 지원자가 건전한 국가관의 자질을 지녔다면, 그는 헌법가치 인식의 자질도 지닌다.
> • 건전한 국가관의 자질을 지닌 지원자는 한 명이다.
> • 갑, 병, 정은 자유민주주의 가치확립이라는 자질을 지니고 있다.

① 0명
② 1명
③ 2명
④ 3명
⑤ 4명

19 갑이 컴퓨터를 구입하려고 할 때, 다음 중 컴퓨터 구매조건과 기준에 근거하여 구입할 컴퓨터는?

〈컴퓨터 구매조건〉

컴퓨터＼항목	램 메모리 용량 (Giga Bytes)	하드 디스크 용량 (Tera Bytes)	가격 (천 원)
A	4	2	500
B	16	1	1,500
C	4	3	2,500
D	16	2	2,500
E	8	1	1,500

〈기준〉

• 컴퓨터를 구입할 때, 램 메모리 용량, 하드 디스크 용량, 가격을 모두 고려한다.
• 램 메모리와 하드 디스크 용량이 크면 클수록, 가격은 저렴하면 저렴할수록 선호한다.
• 각 항목별로 가장 선호하는 경우 100점, 가장 선호하지 않는 경우 0점, 그 외의 경우 50점을 각각 부여한다. 단, 가격은 다른 항목보다 중요하다고 생각하여 2배의 점수를 부여한다.
• 각 항목별 점수의 합이 가장 큰 컴퓨터를 구입한다.

① A
② B
③ C
④ D
⑤ E

20 다음은 X공기업의 팀별 성과급 지급 기준이다. Y팀의 성과평가결과가 〈보기〉와 같다면 지급되는 성과급의 1년 총액은?

〈성과급 지급 방법〉

가. 성과급 지급은 성과평가 결과와 연계함

나. 성과평가는 유용성, 안전성, 서비스 만족도의 총합으로 평가함. 단, 유용성, 안전성, 서비스 만족도의 가중치를 각각 0.4, 0.4, 0.2로 부여함

다. 성과평가 결과를 활용한 성과급 지급 기준

성과평가 점수	성과평가 등급	분기별 성과급 지급액	비고
9.0 이상	A	100만 원	성과평가 등급이 A이면 직전분기 차감액의 50%를 가산하여 지급
8.0 이상 9.0 미만	B	90만 원(10만 원 차감)	
7.0 이상 8.0 미만	C	80만 원(20만 원 차감)	
7.0 미만	D	40만 원(60만 원 차감)	

〈 보기 〉

구분	1/4분기	2/4분기	3/4분기	4/4분기
유용성	8	8	10	8
안전성	8	6	8	8
서비스 만족도	6	8	10	8

① 350만 원   ② 360만 원
③ 370만 원   ④ 380만 원
⑤ 390만 원

MEMO

MEMO

2022 최신판

합격의 공식 시대에듀

만점받는 **NCS**
문제해결능력
마스터

기업별 NCS 시리즈
누적 판매량
1위

+ 무료NCS특강

편저
NCS직무능력연구소 김현철 외

정답 및 해설

SD에듀
(주)시대고시기획

만점받는 NCS
문제해결능력
마스터

+ 무료NCS특강

잠깐! 도서 관련 최신 정보 및 정오사항이 있는지
우측 QR을 통해 확인해 보세요!

01	02	03	04	05	06	07	08	09	10	11	12	13	14	15	16	17	18	19	20
④	③	①	①	⑤	②	③	③	②	①	⑤	⑤	⑤	④	③	③	③	④	③	③

01

 정답 ④

ㄴ. 사슴의 남은 수명이 20년인 경우, 사슴으로 계속 살아갈 경우의 총 효용은 20×40=800인 반면, 독수리로 살 경우의 효용은 (20−5)×50=750이다. 사슴은 총 효용이 줄어드는 선택은 하지 않는다고 하였으므로 독수리를 선택하지는 않을 것이다.

ㄷ. 사슴의 남은 수명을 x라 할 때, 사자를 선택했을 때의 총 효용은 $(x−14)×250$이며, 호랑이를 선택했을 때의 총 효용은 $(x−13)×200$이다. 이 둘을 연립하면 $x=18$, 즉 사슴의 남은 수명이 18년일 때 둘의 총 효용이 같게 되므로 옳은 내용이다.

오답분석

ㄱ. 사슴의 남은 수명이 13년인 경우, 사슴으로 계속 살아갈 경우의 총 효용은 13×40=520인 반면, 곰으로 살 경우의 효용은 (13−11)×170=340이다. 사슴은 총 효용이 줄어드는 선택은 하지 않는다고 하였으므로 곰을 선택하지는 않을 것이다.

02

 정답 ③

주어진 질문들에 대해 참가자들이 모두 제대로 손을 들었다면 질문 1, 2, 3에 손을 든 참가자 수의 합이 전체 참가자인 100명이 되어야 한다. 그러나 실제 손을 든 참가자 수의 합은 106명으로 6명이 초과되는 상황인데, 제시문에서는 그 이유가 양손잡이 중 일부가 모든 질문에 손을 들었기 때문이라고 하였다. 그렇다면 질문 1과 2에(질문 3의 경우는 옳게 든 것이므로) 모두 손을 들었던 양손잡이는 3명이라는 사실을 알 수 있다. 따라서 올바르게 손을 들었다면 왼손잡이는 13명, 오른손잡이는 77명, 양손잡이는 10명이라고 판단할 수 있다.

ㄱ. 양손잡이는 10명이라고 하였으므로 옳은 내용이다.

ㄴ. 왼손잡이는 13명, 양손잡이는 10명이라고 하였으므로 옳은 내용이다.

오답분석

ㄷ. 오른손잡이는 77명이고 왼손잡이 수의 6배는 78명이므로 옳지 않은 내용이다.

03

 정답 ①

ㄱ. A시설은 모든 평가항목의 점수가 90점 이상이므로 가중치와 무관하게 전체 가중평균은 90점 이상으로 나타나게 된다. 따라서 A시설은 1등급을 받게 되어 정원 감축을 포함한 특별한 조치를 취하지 않아도 된다.

ㄴ. 정부의 재정지원을 받을 수 없는 등급은 가중평균값이 70점 미만인 4등급 시설이다. 그런데 B시설은 모든 평가항목의 점수가 70점 이상이어서 가중치와 무관하게 최소 3등급을 받을 수 있다. 또한, 정원 감축을 하지 않아도 되는 것은 1등급 시설뿐인데, 직접 계산을 해보지 않더라도 3개의 항목에서 얻은 70점이 각각 0.2의 가중치를 가지고 있어서 전체 가중평균값은 90을 넘지 않을 것임을 쉽게 알 수 있다. 따라서 옳은 내용이다.

오답분석

ㄷ. C시설은 아무리 환경개선 항목의 가중치를 0.1만큼 올린다고 하더라도 나머지 4개 항목(가중치 0.7)의 평가점수가 최대 65점에 머무르고 있어 전체 가중평균을 70점 이상으로 올리는 것은 불가능하다. 실제로 두 항목의 가중치의 변화로 인한 가중평균의 변화값을 계산해보면 (80×0.3)+(60×0.1)=30이 되어 2점의 변화만 가져온다. 따라서 옳지 않은 내용이다.

ㄹ. 다섯 개 항목의 가중치가 모두 동일하므로 단순히 평가점수의 합으로 판단해도 무방하다. 이를 계산하면 365점으로 3등급 하한선에 해당하는 350점을 초과한다. 따라서 D시설은 3등급을 받게 되어 정원의 10%를 감축하여야 하나, 정부의 재정지원은 받을 수 있다. 따라서 옳지 않은 내용이다.

04

ㄱ. 백신 A의 최소 접종연령이 12개월이므로 만 1세가 되는 12개월이 되는 날 1차 백신을 맞고, 2차 백신은 최소 접종간격인 12개월이 지난날인 만 2세가 되는 날보다 4일 이내로 앞당겨서 맞는다면 만 2세가 되기 전에 백신 A의 예방접종을 2회 모두 실시할 수 있다.

오답분석

ㄴ. 생후 45개월에 백신 B를 1차 접종하고 2차와 3차 접종을 최소 접종간격(각 4주, 합 8주)에 맞춰 마쳤다면 3차 접종을 생후 48개월이 되기 전에 마칠 수 있게 된다. 따라서 이 경우에는 만 4세 이후에 3차 접종을 유효하게 하지 않은 것이 되므로 4차 접종을 생략할 수 없다.

ㄷ. 백신 C의 최소 접종연령이 6주, 즉 42일이어서 40일에 1차 접종을 한 경우는 4일 이내로 앞당겨서 일찍 접종을 한 경우에 해당하여 유효하다. 그러나 2차 접종은 1차 접종 후 4주, 즉 28일 이후에 해야 하므로 최소한 생후 68일 이후에 맞아야 하나 선택지의 생후 60일은 5일 이상 앞당겨서 접종한 경우에 해당하여 무효처리된다.

05

먼저 갑의 진술을 기준으로 경우의 수를 나누어보자.

ⅰ) A의 근무지는 광주이다(○). D의 근무지는 서울이다(×).

진술의 대상이 중복되는 병의 진술을 먼저 살펴보면, A의 근무지가 광주라는 것이 이미 고정되어 있으므로 앞 문장인 'C의 근무지는 광주이다.'는 거짓이 된다. 따라서 뒤 문장인 'D의 근무지는 부산이다.'가 참이 되어야 한다. 다음으로 을의 진술을 살펴보면, 앞 문장인 'B의 근무지는 광주이다.'는 거짓이며 뒤 문장인 'C의 근무지는 세종이다.'가 참이 되어야 한다.

이를 정리하면 다음과 같다.

A	B	C	D
광주	서울	세종	부산

ⅱ) A의 근무지는 광주이다(×). D의 근무지는 서울이다(○).

역시 진술의 대상이 중복되는 병의 진술을 먼저 살펴보면, 뒤 문장인 'D의 근무지는 부산이다.'는 거짓이 되며, 앞 문장인 'C의 근무지는 광주이다.'는 참이 된다. 다음으로 을의 진술을 살펴보면 앞 문장인 'B의 근무지는 광주이다.'는 거짓이 되며, 뒤 문장인 'C의 근무지는 세종이다.'가 참이 되어야 한다. 그런데 이미 C의 근무지는 광주로 확정되어 있기 때문에 모순이 발생한다. 따라서 ⅱ)의 경우는 성립하지 않는다.

A	B	C	D
		광주 / 세종(모순)	서울

따라서 가능한 경우는 ⅰ)뿐이며 선택지 ㄱ, ㄴ, ㄷ이 반드시 참임을 알 수 있다.

06

팀 점수로 150점을 받았으며 5명의 학생 간에 2.5점의 차이를 둔다고 하였으므로 각 학생이 받게 되는 점수는 25, 27.5, 30, 32.5, 35점이다. 을의 기말시험 점수는 50점이고 과제 점수는 25 ~ 35점을 받을 수 있으므로 총점은 75 ~ 85점을 받을 수 있다. 따라서 최고 B+에서 최저 C+ 등급까지의 성적을 받을 수 있으므로 옳지 않은 내용이다.

오답분석

① 갑의 기말고사 점수는 53점이고 과제 점수는 25 ~ 35점을 받을 수 있으므로 총점은 78 ~ 88점을 받을 수 있다. 따라서 최고 B+에서 최저 C+ 등급까지의 성적을 받을 수 있으므로 옳은 내용이다.

③ 병의 기말시험 점수는 46점이고 과제 점수는 25 ~ 35점을 받을 수 있으므로 총점은 71 ~ 81점을 받을 수 있다. 따라서 최고 B에서 최저 C 등급까지의 성적을 받을 수 있으므로 옳은 내용이다.

④ 을의 기여도가 1위이고 갑이 5위, 병이 2위라면 갑은 78점(=53+25), 병은 78.5점(=46+32.5)이므로 둘 다 C+를 받을 수 있다. 따라서 옳은 내용이다.

⑤ 갑의 기여도가 1위이고 을이 5위, 병이 2위라면 을은 75점(=50+25), 병은 78.5점(=46+32.5)이므로 둘 다 C+를 받을 수 있다. 따라서 옳은 내용이다.

07

정답 ③

축척의 기준단위가 cm이기 때문에 계산된 수치들을 cm로 변환하면 다음과 같다.
 ⅰ) 두 지점 사이의 표고 차이 : 180m－150m＝30m＝3,000cm
 ⅱ) 두 지점 사이의 실제 수평거리 : 25,000×4＝100,000cm
따라서 A와 B를 잇는 사면의 경사도는 3,000÷100,000＝0.03이다.

08

정답 ③

ㄴ. 원칙적으로는 만 12세까지의 취약계층 아동이 사업대상이지만 해당 아동이 초등학교 재학생이라면 만 13세 이상도 포함한다고 하였으므로 해당 학생은 사업대상에 해당한다.
ㄷ. 지역별로 전담공무원을 3명, 아동통합서비스 전문요원을 최대 7명까지 배치 가능하다고 하였으므로 전체 인원은 최대 10명까지 배치 가능하다.

오답분석

ㄱ. 사업대상의 각주에서 0세는 출생 이전의 태아와 임산부를 포함한다고 하였으므로 임신 6개월째인 취약계층 임산부는 사업대상에 포함된다.
ㄹ. 원칙적인 지원 한도는 3억 원이나 신규사업지역일 경우에는 1억 5천만 원으로 제한한다고 하였으므로 옳지 않은 내용이다.

09

정답 ②

주어진 자료를 정리하면 다음과 같다.

구분	국어	수학	영어	등급의 합	원점수 합
갑	3	1	3	7	
을	3	1	2	6	267
병	2	2	2	6	266
정	4	1	2	7	
무	1	4	1	6	258

3개 과목 등급의 합이 6 이내인 자를 선발한다고 하였으므로 갑과 정은 불합격하며, 이 조건을 만족하는 자가 여러 명일 경우, 3개 과목 원점수의 합산 점수가 가장 높은 자를 선발한다고 하였으므로 을이 합격한다.

10

정답 ①

ㄱ. 연구진은 용역완료(납품) 후에라도 발주기관이 연구결과와 관련된 자료를 요청할 경우에는 관련 자료를 성실히 제출해야 한다고 하였으므로 옳은 내용이다.
ㄴ. 전체회의는 착수보고 전 1회, 중간보고 전 2회, 최종보고 전 1회이므로 4회 열리게 되며, 보고 횟수는 전체회의 이후에 모두 진행하므로 역시 4회이다. 따라서 수시보고가 없다면 최소 총 8회의 전체회의 및 보고가 이뤄지게 된다.

오답분석

ㄷ. 연구보조원도 연구진의 구성원에 포함되며, 연구 수행기간 중 연구진은 구성원을 임의로 교체할 수 없다고 하였으므로 옳지 않은 내용이다.
ㄹ. 연구진은 연구과제의 시작부터 종료(최종보고서 제출)까지 과업과 관련된 제반 비용의 지출행위에 대해 책임을 지고 과업을 진행해야 한다고 하였으므로 중간보고서의 출력과 제본 비용의 지출행위 역시 연구진이 책임을 져야 한다.

11

제시된 기준에 따라 각 지방자치단체의 사전경보상태를 정리하면 다음과 같다.

구분	통합재정 수지적자비율	예산대비 채무비율	채무상환비 비율	지방세 징수액 비율	금고잔액 비율	공기업 부채비율
A	주의		주의			
B	주의	주의		주의	주의	
C				주의	주의	심각
D	심각	주의	심각			

따라서 중점관리대상은 주의가 4개(=심각 2개)인 B와, 주의 2개(=심각 1개)와 심각 1개인 C, 심각 2개와 주의 1개인 D임을 알 수 있다.

12

주어진 논증의 구조를 명확하게 하기 위해 정리하면 다음과 같다.
ⅰ) 전제 1 : 절대빈곤은 모두 나쁘다.
ⅱ) 전제 2 : '비슷하게 중요한 다른 일을 소홀히 하지 않고도 막을 수 있는' 절대빈곤이 존재한다.
ⅲ) 전제 3 : '비슷하게 중요한 다른 일을 소홀히 하지 않고도 막을 수 있는' 나쁜 일이 존재한다면 그 일을 막아야 한다.
ⅳ) 결론 : 막아야 하는 절대빈곤이 존재한다.
전제 2가 '절대빈곤(나쁜 일)이 존재한다.'를 명시하므로, 다른 전제가 없더라도 결론은 도출할 수 있다.

오답분석
① 전제 1에서 절대빈곤은 모두 나쁘다고 하였으므로, 나쁜 것은 절대빈곤을 포함하는 관계에 있음을 알 수 있다. 즉, 다른 명제에서 나쁜 것을 절대빈곤으로 바꾸어도 무방하다는 것이다. 따라서 전제 3은 "'비슷하게 중요한 다른 일을 소홀히 하지 않고도 막을 수 있는' '절대빈곤'이 존재한다면 그 일을 막아야 한다."로 바꿀 수 있다. 그런데 이 문장의 앞부분은 이미 전제 2와 같기 때문에 결국 전제2와 3은 'A라면 B이다', 'A이다' '따라서 B이다'의 정당한 3단 논법의 형식으로 표현될 수 있다. 따라서 해당 논증의 결론은 반드시 참이다.
② 전제 1이 없다면 전제 2의 절대빈곤과 전제 3의 나쁜 일의 관계를 알 수 없게 되어 전혀 무관한 명제들이 된다. 따라서 결론을 도출할 수 없다.
③·④ 만약 결론이 '절대빈곤은 반드시 막아야 한다.'와 같이 필연적이라면 판단을 달리할 수 있겠지만 주어진 결론은 '존재'만을 입증하고 있다. 즉 단 하나의 사례라도 존재한다면 결론은 참이 되는 것이다. 이미 전제 1 ~ 3을 통한 논증을 통해서 존재가 입증된 상황에서 선택지와 같은 명제가 첨가된다면 막을 수 없는 절대빈곤도 존재한다는 것을 나타낼 뿐 전체 결론을 거짓으로 만드는 것은 아니다.

13

명도·채도에 관한 수식어(아주 연한), 색상에 관한 수식어(노랑 끼의), 녹색(유채색)의 순서를 올바르게 지켰으므로 옳은 표현이다.

오답분석
① 회색은 무채색인데, '진한'이라는 수식어는 유채색에 붙이는 수식어이므로 옳지 않은 표현이다.
② '보라 띤(보라 빛)'은 노랑에는 적용하지 못하는 수식어이므로 옳지 않은 표현이다.
③ '파랑 띤'은 노랑에는 적용하지 못하는 수식어이므로 옳지 않은 표현이다.
④ 유채색의 명도·채도에 관한 수식어(밝은)와 색상에 관한 수식어(빨강 기미의)는 나열하는 순서를 바꿀 수 없으므로 옳지 않은 표현이다.

14

조건을 정리하면 이동시간과 관련된 조건과 작품에 관련된 조건으로 나눌 수 있다.
먼저 이동시간과 관련한 조건을 먼저 살펴보면, 평일의 경우 수요일을 제외한 나머지 요일은 모두 B도시에서 수업을 듣는데 수업을 마치는 시간이 오후 6시이고 이동시간이 3시간이라고 하였으므로 공연 시작시간 이전까지 A도시 예술의 전당에 도착하지 못한다. 따라서 평일 중 공연관람이 가능한 날은 3일(수)과 10일(수)이다.
주말의 경우는 토요일 오후 2시에 B도시를 출발한다고 하였고 이동시간이 3시간이라고 하였으므로 공연장소에 오후 5시에 도착하게 된다. 따라서 6일과 7일, 13일과 14일 모두가 가능하다.

다음으로 작품에 관련된 조건을 위에서 추려진 날짜에 대입해보면 3일과 7일, 10일의 경우 브람스의 작품이 연주되므로 관람이 가능하다. 그리고 4일부터 6일까지 베토벤의 전원교향곡이 연주되므로 6일 역시 관람이 가능하며, 11일부터 13일까지 브람스의 교향곡 제11번이 연주되므로 13일 역시 관람이 가능하다.

그러나, 14일의 경우는 이전 3일간의 일정을 모두 고려하더라도 베토벤 또는 브람스의 곡이 연주되지 않으므로 관람이 불가능하다. 따라서 갑이 공연을 볼 수 있는 날은 3, 6, 7, 10, 13일의 5일이다.

15

정답 ③

ㄱ. 네팔어를 사용하는 A장관과 에스파냐어를 사용하는 F장관이 의사소통을 하기 위해서는 네팔어와 에스파냐어를 모두 통역 가능한 통역관이 있어야 하나 그렇지 않은 상황이다. 따라서 A장관(네팔어) → 통역관 을(네팔어, 영어) → 통역관 정(영어, 한국어) → 통역관 병(한국어, 에스파냐어) → F장관(에스파냐어)의 과정을 거쳐야 하므로 최소 3명의 통역관이 필요하다.

ㄴ. 통역관 정은 한국어, 영어, 스와힐리어를 통역 가능하므로 한국어를 사용하는 H장관은 이 언어들을 사용하는 장관들과만 의사소통이 가능하다. 따라서 B장관(영어), E장관(영어, 스와힐리어), G장관(스와힐리어) 3명과 대화가 가능하다.

ㄹ. D장관이 사용하는 카자흐어와 러시아어를 제외한 나머지 언어는 4명의 통역관을 통해 통역이 가능하다. 또한 C장관이 통역관 역할을 겸한다면 러시아어를 매개로 하여 D장관이 다른 장관들과 의사소통을 하는 것을 가능하게 할 수 있다. 따라서 결과적으로 모든 장관들이 서로 의사소통이 가능하다.

오답분석

ㄷ. E장관이 통역관의 역할을 하게 될 경우 영어를 매개로 하여 다른 장관(예를 들어 B장관)들과 대화할 수 있으며 다른 통역관까지 참여한다면 더 많은 장관들과도 대화할 수 있다.

16

정답 ③

오늘 아침의 상황 중 은희의 취향과 관련된 부분을 뽑아내면 다음과 같다.

• 스트레스를 받음
• 배가 고픔
• 피곤한 상황
• 커피만 마심
• 휘핑크림은 넣지 않음

먼저, 스트레스를 받았다고 하였으므로 휘핑크림이나 우유거품을 추가해야 하나 마지막 조건에서 휘핑크림을 넣지 않는다고 하였으므로 우유거품만을 추가함을 알 수 있다. 또한 배가 고픈 상황이므로 데운 우유가 들어간 커피를 마시게 된다. 따라서 이 모두를 포함한 카푸치노를 주문할 것임을 추론할 수 있다.

17

정답 ③

(나) 양도논법에 해당하며 이는 선언문들 사이에 모순이 없는 한 결론은 항상 참이 된다.

(다) 선언지 부정(선언지 가운데 하나가 거짓이라면 나머지 하나는 참이 되어야 한다)에 해당하므로 결론은 반드시 참이 된다.

오답분석

(가) 후건긍정의 오류에 해당하므로 결론이 반드시 참이라고 할 수 없다. 즉, 결과인 어린이대공원에 간 것은 삼촌이 데리고 갔을 수도 있지만 다른 가족과 함께 갔을 수도 있고, 학교에서 단체로 놀러갔을 수도 있기 때문이다.

(라) 전건부정의 오류이므로 반드시 참이 되는 것이 아니다. 즉 그가 나를 싫어하더라도 그는 나를 데리러 올 수도 있기 때문이다.

(마) 제시된 논증에서 결론과 연관된 부분은 '군대에 갈 수 없다면 그녀와 헤어지게 될 것이다.'이며 이의 대우명제는 '그녀와 헤어지지 않기 위해서는 군대에 가야 한다.'가 된다. 그런데 선택지의 결론 명제는 결론이 이와 반대이므로 반드시 참이 된다고 할 수는 없다.

18

근무 경력이 5년에 미달하는 정을 제외하고 나머지 3명의 직원에 대해 각각의 기준을 적용하면 다음과 같다.

구분	현행			개정안		
	갑	을	병	갑	을	병
외국어 성적	15	15	24	25	25	40
근무 경력	40	40	28	20	20	14
근무 성적	A	20	A	A	10	A
포상	5	10	0	10	20	0
합계	60+A	85	52+A	55+A	75	54+A

그런데, 근무 성적은 을만 만점이라고 하였으므로 갑·병·정의 근무 성적을 A라고 할 때, A는 20(개정안 10)보다 작을 수밖에 없다. 따라서 어느 기준을 적용하더라도 총점이 가장 높은 을의 선발 가능성이 가장 높다.

19

정답 ③

ㄱ. 70점+10점(최근 2년 이내 최종 결과평가 최우수 등급)+10점(최근 3년 이내 기술실시계약 체결 후 받은 기술료 총액이 2천만 원 이상)=90점
ㄹ. 90점(가점, 감점 부여항목 없음)

오답분석

ㄴ. 80점-5점(최근 3년 이내 협약체결 포기 경력)+10점(최근 3년 이내 SCI 논문 게재)=85점
ㄷ. 75점+10점(최근 2년 이내 최종 결과평가 최우수 등급)-5점(최근 3년 이내 협약체결 포기 경력)=80점

20

정답 ③

(가) 포인트 적립제도가 없는 C, D, F를 제외하면 A, B, E가 남는데 이 중에서 판매자의 귀책사유가 있을 때에 환불수수료가 없는 곳은 E뿐이다.
(나) 이미 (가)로 확정된 E를 제외하고, 배송비가 없는 A와 무게에 따라 배송비가 부과되는 F를 제외하면 B, C, D가 남으며 현재의 상태에서는 더 이상 판단할 수 없다.
(다) 이미 확정된 E를 제외하고 주문 취소가 불가능 한 것은 F뿐이므로 (다)는 F와 연결된다.
(라) 10만 원 어치의 물건을 구매하는 경우 A와 D는 배송비가 무료이므로 이를 제외한 B와 C가 가능하다.
따라서 이를 만족하는 것은 ③뿐이다.

01	02	03	04	05	06	07	08	09	10	11	12	13	14	15	16	17	18	19	20
③	⑤	⑤	④	⑤	②	⑤	①	②	③	①	①	④	④	⑤	③	①	②	①	②

01

정답 ③

영업전 20무와 과부에게 지급하는 구분전 30무, 장애가 있는 아들의 구분전 40무를 합쳐 90무를 경작할 수 있으므로 옳지 않은 내용이다.

오답분석

① 상속받은 영업전 20무와 17세 미만 호주에게 지급되는 구분전 40무를 합쳐 60무를 경작할 수 있으므로 옳은 내용이다.
② 영업전 20무와 구분전 40무(60세가 넘어 절반이 환수된 상태)를 합쳐 60무를 경작할 수 있으므로 옳은 내용이다.
④ 영업전 20무와 구분전 80무를 합쳐 100무를 경작할 수 있으므로 옳은 내용이다.
⑤ 영업전 20무와 구분전 80무, 두 아들의 구분전 160무(80무×2명)를 합쳐 260무를 경작할 수 있으므로 옳은 내용이다.

02

정답 ⑤

ⅰ) 주어진 조건에서 A를 듣고 있던 어느 한 시점부터 3분 00초가 되는 때에는 C가 재생되고 있었다고 하였으므로 ②와 같이 A와 C가 서로 연달아서 재생될 수는 없다. 또한, ③과 ④에서는 A를 듣고 있던 어느 한 시점부터 C가 재생될 때는 3분 00초 이상이 걸리므로 ②, ③, ④는 정답이 될 수 없음을 알 수 있다.

ⅱ) 한 번 반복에 걸리는 시간은 5분 40초이므로 전곡이 네 번 반복되면 13시 42분 40초가 된다. '13시 45분 00초에 어떤 곡의 전주가 흐르고 있었다.'는 조건은 결국 첫 플레이가 시작된 후 2분 20초 후에 전주 부분이 연주되고 있다는 것과 같은 의미이다. 이를 ①과 ⑤에 대입하면 D – C – B – A만이 주어진 조건을 만족하는 순서임을 알 수 있다.

03

정답 ⑤

정렬 대상에서 피벗은 20이므로 피벗보다 큰 수 중 가장 왼쪽의 수는 22이고, 피벗보다 작은 수 중 가장 오른쪽의 수는 10이다. 따라서 첫 번째 교환 후의 상태는 15, 10, 13, 27, 12, 22, 25가 된다. 이제 이 과정을 반복하면, 피벗보다 큰 수 중 가장 왼쪽의 수는 27이고, 작은 수 중 가장 오른쪽의 수는 12이다. 따라서 27과 12가 교환된다.

04

정답 ④

주어진 정보를 기호화하여 정리하면 다음과 같다.
ⅰ) 혈당↓ → L↓
ⅱ) 혈당↑ → L↑
ⅲ) L↑ → 알파 A(○)
ⅳ) L↓ → 알파 B(○)
ⅴ) 알파 A(○) → [베타 C(○) ∧ 감마 D(×)]
ⅵ) 알파 B(○) → [감마 D(○) ∧ 베타 C(×)]
ⅶ) 베타 C(○) → 물질대사↑
ⅷ) 베타 C(×) → 물질대사↓

ix) 감마 D(○) → 식욕↑

x) 감마 D(×) → 식욕↓

이를 공통된 내용을 연결고리로 하여 다시 정리하면 다음과 같이 나타낼 수 있다.

xi) 혈당↓ → L↓ → 알파 B(○) → [감마 D(○) ∧ 베타 C(×)] → (식욕↑ ∧ 물질대사↓)

xii) 혈당↑ → L↑ → 알파 A(○) → [베타 C(○) ∧ 감마 D(×)] → (식욕↓ ∧ 물질대사↑)

이제 이를 토대로 선택지를 분석하면 다음과 같다.

따라서, xi)에 의하면 혈당↓ → [감마 D(○) ∧ 베타 C(×)]을 도출할 수 있으므로 선택지 ④는 추론할 수 없는 내용이다.

오답분석

① xi)에 의하면 혈당↓ → (식욕↑ ∧ 물질대사↓)을 도출할 수 있으므로 추론할 수 있는 내용이다.

② · ③ xii)에 의하면 혈당↑ → (식욕↓ ∧ 물질대사↑)을 도출할 수 있으므로 추론할 수 있는 내용이다.

⑤ xii)에 의하면 혈당↑ → L↑ → 알파 A(○) → [베타 C(○) ∧ 감마 D(×)]을 도출할 수 있다. 이에 따르면 알파 부분에서 호르몬 A가, 베타 부분에서 호르몬 C가 분비되므로 추론할 수 있는 내용이다.

05 정답 ⑤

폐가전은 폐기물 스티커를 부착하여 수거 전날 저녁 7시 ~ 수거 당일 새벽 3시에 배출하면 되므로 규정을 준수하였다.

오답분석

① 수거 전날 저녁 7시 ~ 수거 당일 새벽 3시에 배출해야 하는데, 일요일은 수거하지 않으므로 규정을 준수하지 않았다.

② 공동주택의 경우 음식물 쓰레기는 음식물 전용용기에 담아서 배출하여야 하므로 규정을 준수하지 않았다.

③ 캔은 2종 재활용 쓰레기이고 스티로폼은 별도로 묶어서 배출하여야 하므로 규정을 준수하지 않았다.

④ 페트병은 2종 재활용 쓰레기인데 2종은 뚜껑을 제거하고 내용물을 비운 후 배출하여야 하므로 규정을 준수하지 않았다.

06 정답 ②

ㄱ. 특수 스트레칭을 받는 아동 중에는 약시가 없다고 하였으므로 반드시 참이 된다.

ㄷ. 석이가 특수 영상장치 설치 학급에서 교육을 받는다면, 특수 스트레칭을 받는 아동 중에는 약시가 없다는 조건으로부터 석이는 110cm 미만이 아니라는 것을 알 수 있으므로 반드시 참이 된다.

오답분석

ㄴ. 숙이가 약시가 아니더라도 키가 110cm 미만인 학생들이 교육을 받는 교실에 들어가는 것은 아니다. 다른 장애도 있을 수 있으므로 반드시 참이라고 할 수 없다.

ㄹ. 키가 110cm 이상인 학생이 특수 스트레칭 교육을 받을 수도 있으므로 반드시 참이라고 할 수 없다.

07 정답 ⑤

ㄴ. 을은 의료급여 수급자이면서 2002. 1. 1. 이후 출생자이므로 신청 대상자에 해당하며, 단독주택 거주자이므로 실물카드의 신청이 가능하다. 그리고 3인 이상 가구에 해당하므로 114,000원을 지급받을 수 있으므로 옳은 내용이다.

ㄷ. 병은 생계급여 수급자이고 1954. 12. 31. 이전 출생자이므로 신청 대상자에 해당하지만 아파트 거주자이므로 실물카드의 신청은 불가능하여 가상카드 형식의 지원을 받을 수 있다. 가상카드 형식은 매월 요금이 차감되는 방식이나 사용기간 만료 시 잔액이 발생하면 전기요금이 차감되며, 2인 가구에 해당하므로 102,000원을 지급받을 수 있다. 따라서 옳은 내용이다.

오답분석

ㄱ. '에너지이용권'의 신청 대상은 생계급여 또는 의료급여 수급자인데 갑은 실업급여 수급자이므로 이에 해당하지 않는다. 따라서 옳지 않은 내용이다.

안심Touch

08

ㄱ. $5km^2$은 500ha이므로 $5km^2$의 면적에서 사과를 재배할 경우의 화학비료 권장량은 50t(=500ha×100kg/ha)이다. 그런데 갑은 농약은 전혀 사용하지 않았고 화학비료만 20t 사용했다고 하였으므로 권장량의 1/2에 미치지 못한다. 따라서 무농약농산물 인증이 가능하다.

ㄹ. 가로 100m, 세로 500m인 과수원의 면적은 5ha이므로 이 과수원의 화학비료 권장량은 600kg(=5ha×120kg/ha)이다. 그런데 정은 총 200kg의 화학비료를 사용하였으므로 권장량의 1/2에 미치지 못한다. 또한, 감의 농약 살포 최대횟수는 4회인데 정은 2회 살포하여 최대 횟수의 1/2 이하라는 조건도 충족하고 있으며, 살포 시기도 수확 14일 이전이라는 조건을 충족하고 있다. 따라서 저농약농산물 인증이 가능하다.

오답분석

ㄴ. 3ha의 면적에서 복숭아를 재배할 경우의 화학비료 권장량은 150kg(=3ha×50kg/ha)인데, 을의 화학비료 사용량은 50kg에 불과하여 권장량의 1/2에 미치지 못한다. 하지만 수확 10일 전에 농약을 살포하여 기준이 되는 시기(수확 14일 전까지만 허용)를 충족하지 못하였으므로 저농약농산물 인증이 불가능하다.

ㄷ. 유기농산물 인증을 받기 위해서는 일정 기간(다년생 작물 3년, 그 외 작물 2년) 이상을 농약과 화학비료를 사용하지 않아야 한다. 하지만 병은 1년 내에 화학비료를 사용하였으므로 기준을 충족하지 못한다. 따라서 유기농산물 인증이 불가능하다.

09

ㄱ. 돼지고기, 닭고기, 오리고기의 경우, 원산지가 다른 돼지고기 또는 닭고기를 섞은 경우에는 그 사실을 표시한다고 하였다. 따라서 국내산 돼지고기와 프랑스산 돼지고기를 섞은 돼지갈비를 유통할 때에는 국내산과 프랑스산이 섞여 있다는 사실을 표시해야 하므로 옳게 표시한 것이다.

ㄹ. 조리한 닭고기를 배달을 통하여 판매하는 경우, 그 조리한 음식에 사용된 닭고기의 원산지를 포장재에 표시한다고 하였다. 그런데, 선택지의 양념치킨은 국내산 닭을 이용하였으므로 '국내산'으로 표기할 수 있다. 따라서 옳은 내용이다.

오답분석

ㄴ. 수입한 돼지를 국내에서 2개월 이상 사육한 후 국내산으로 유통하였다면 '국내산'으로 표시하고 빈칸 안에 축산물명 및 수입국가명을 함께 표시한다고 하였다. 그런데 선택지의 덴마크산 돼지는 국내에서 1개월 간 사육한 것이어서 2개월에 미치지 못하므로 '국내산'으로 표기할 수 없고 '삼겹살(덴마크산)'으로 표기해야 한다.

ㄷ. 수입한 오리고기를 '국내산'으로 표기하기 위해서는 국내에서 1개월 이상 사육해야 한다. 그런데 선택지의 중국산 훈제오리는 그러한 과정이 없었으므로 '국내산'으로 표기할 수 없고 '훈제오리(중국산)'으로만 표기해야 한다.

10

제시문의 내용을 벤다이어그램으로 표시하면 다음과 같다.

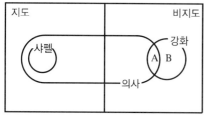

※ A는 공집합이 아님

ㄱ. A부분은 의사결정트리 방식을 적용하면서 비지도학습의 사례에 속하는 것인데, 제시문에서 A부분이 존재한다고 하였으므로 거짓임을 알 수 있다.

ㄴ. A부분은 샤펠식 과정의 적용사례가 아니면서 의사결정트리 방식을 적용한 경우에 해당하는데, 제시문에서 A부분이 존재한다고 하였으므로 참임을 알 수 있다.

오답분석

ㄷ. 강화학습을 활용하는 머신러닝 사례들 중 의사결정트리 방식이 적용되지 않은 경우는 그림에서 B부분에 해당하는데 제시문에서 B부분에 대한 언급이 없으므로 참 거짓을 확정할 수 없다.

11

정답 ①

40점(미성년 자녀 4명 이상)+15점(5년 이상 ~ 10년 미만 거주)+20점(만 45세, 무주택 기간 14년)=75점. 75점을 얻은 경우가 ①, ③, ⑤이므로 동점자 처리 기준을 적용해야 한다. 먼저 이 중 미성년 자녀 수가 많은 자는 ①과 ③이며, 이 둘 중 연령이 많은 가구주는 ①이므로 최우선 순위로 당첨된다.

오답분석

② 수도권 지역에 거주하는 무주택 가구주가 아니므로 신청자격이 없다.

③ 40점(미성년 자녀 4명 이상)+10점(1년 이상 ~ 5년 미만 거주)+15점(만 37세, 무주택 기간 15년)+10점(6세 미만 영유아 2명)=75점

④ 35점(미성년 자녀 3명)+15점(5년 이상 ~ 10년 미만 거주)+20점(만 47세, 무주택 기간 20년)=70점

⑤ 35점(미성년 자녀 3명)+20점(10년 이상 거주)+20점(만 45세, 무주택 기간 10년)=75점

12

정답 ①

각각의 구매방식별 비용을 구하면 다음과 같다.

- 스마트폰앱 : 12,500원×0.75=9,375원
- 전화 : (12,500원−1,000원)×0.9=10,350원
- 회원카드와 쿠폰 : (12,500원×0.9)×0.85≒9,563원
- 직접방문 : (12,500원×0.7)+1,000원=9,750원
- 교환권 : 10,000원

따라서 피자 1판을 가장 싸게 살 수 있는 구매방식은 스마트폰앱이다.

13

정답 ④

ㄱ. A팀이 C팀과의 경기에서 이긴다면 A팀은 승점 9점이 되며, 나머지 경기에서 B팀이 D팀을 꺾는다고 해도 B팀의 승점은 6점에 그치므로 A팀의 1위 자리에는 영향을 주지 않는다. 따라서 A팀은 다른 경기 결과에 상관없이 16강에 진출한다.

ㄴ. 잔여 경기가 모두 비기는 것으로 끝나는 경우의 결과는 다음과 같다.

구분	승	무	패	득 / 실점(득실차)	승점
A팀	2	1	0	6 / 2(+4)	7
B팀	1	1	1	3 / 4(−1)	4
C팀	1	1	1	3 / 4(−1)	4
D팀	0	1	2	1 / 3(−2)	1

따라서 A팀이 1위가 되며, B팀과 C팀은 승점 4점으로 동률이 된다. 그런데 B와 C는 득점과 실점이 동일하므로 결국 승자승 원칙에 의해 B팀이 2위로 16강에 진출하게 된다(이미 B는 C에게 2 : 0으로 승리한 바 있다).

ㄷ. C팀과 D팀이 함께 16강에 진출한다는 것은 결국 A와 B가 모두 탈락한다는 것을 의미한다. 하지만 D팀이 남은 경기에서 얻을 수 있는 승점은 3점에 불과한 반면, A팀은 이미 6점을 얻은 상태이다. 따라서 어떠한 경우에도 C팀과 D팀이 함께 16강에 진출할 수 없다.

오답분석

ㄹ. 만약 D팀이 마지막 경기에서 B팀에 승리를 거두고 A팀이 C팀에 승리를 거둔다면 B, C, D팀은 모두 승점이 3점으로 동일하게 된다. 그런데 만약 A팀이 C팀을 1골차 이상으로 이기고, D팀이 B팀을 역시 1골차 이상으로 이긴다면 골득실에 의해 D팀이 조2위로 16강에 진출할 수 있다.

14

ㄱ. 갑이 짝수가 적힌 카드를 뽑았다면 1차 시기에서 얻을 수 있는 점수는 무조건 짝수가 된다. 짝수에 어떠한 수를 곱하더라도 그 수는 짝수가 되기 때문이다. 그리고 2차 시기에서는 2점 혹은 0점을 얻는 경우만 존재하므로 1차 시기에서 얻은 짝수 점수에 2점 내지는 0점을 더한 최종 점수는 홀수가 될 수 없다.

ㄷ. 갑이 4가 적힌 카드를 뽑고 1차 시기에서 던진 다트가 구역 1에 꽂힐 경우 12점을 얻게 되며 2차 시기에서 중앙선 위쪽에 꽂힐 경우 2점을 얻게 되어 최종 점수는 14점이 가능하다. 반면 을이 1차 시기에서 던진 다트가 구역 이외에 꽂히고 2차 시기에서는 중앙선 아래쪽에 꽂힌다면 최종 점수는 0점이 되게 된다. 따라서 이의 차이는 14점이다.

오답분석

ㄴ. 갑이 숫자 2가 적힌 카드를 뽑았다면 1차 시기에서 얻을 수 있는 점수는 (6, 4, 2, 0)이고 여기에 2차 시기의 (2, 0)을 더한 최종 점수는 (8, 6, 4, 2, 0)의 다섯 가지의 경우가 존재하게 되므로 옳지 않다.

15

발생한 폐연료봉(사용 후 핵연료봉)을 저장하는 순서가 따로 정해져 있는 것이 아니므로 전체 저장소에 저장 가능한 용량을 구한 후 이를 50,000으로 나누어주면 된다.

ⅰ) 습식저장소 : 100,000개

ⅱ) 건식저장소-X : 300×9×60=162,000개

ⅲ) 건식저장소-Y : 138,000개

따라서 저장소 3곳의 저장용량을 모두 합하면 400,000개이다. 그런데 이미 습식저장소 저장용량의 50%인 50,000개가 채워져 있는 상태이므로 현재 비어있는 저장용량은 총 350,000개이다. 결론적으로 한 해에 발생하는 폐연료봉이 50,000개이므로 최대 7년 동안 발생하는 폐연료봉을 현재의 임시저장소에 저장 가능하다.

16

외부환경부문에서 가장 높은 점수를 받은 단지는 A(9점)이고 A단지의 주택성능점수는 22점으로 역시 가장 높으므로 옳은 내용이다.

오답분석

① 'H'의 경우 'G'에 비해 중량충격 항목에서 1점을 더 얻고 있으므로 옳지 않은 내용이다.

② 'E'의 경우 'B'에 비해 화장실 항목에서 1점을 더 얻었지만, 세대 간 항목에서 2점을 덜 얻었으므로 전체적으로 'E'의 점수가 더 낮다. 따라서 옳지 않은 내용이다.

④ 주택성능점수가 가장 낮은 단지는 F(14점)이고 세대 간 소음을 제외한 소음부문점수가 가장 낮은 것은 B(4점)이므로 옳지 않은 내용이다.

⑤ 주택성능점수가 19점인 단지는 I와 J의 2곳이지만, 16점인 단지는 B, C, D의 3곳이므로 옳지 않은 내용이다.

17

각 기업의 점수와 지원액을 정리하면 다음과 같다.

구분		A	B	C	D
평가지표	경상이익률	4	2	1	3
	영업이익률	4	1	3	2
	부채비율	1	3	2	4
	매출액증가율	1	3	2	4
	총점(순위)	10(2위)	9(3위)	8(4위)	13(1위)
순자산(억 원)		2,100	600	900	3,000
지원한도(억 원)		1,400	400	450	2,000
지원요구금액(억 원)		2,000	500	1,000	1,800
지원금액(억 원)		1,400	400	450	1,800

18

정답 ②

세 번째 조건의 대우명제와 첫 번째 조건을 통해서는 갑과 정이 건전한 국가관과 헌법가치를 가지고 있지 않은 것이 확정되어 있으므로 자유민주주의와 나라사랑을 모두 가지고 있다는 결론을 끌어낼 수 있다. 따라서 주어진 조건들을 정리하면 다음 표와 같다.

자질 지원자	자유민주주의	건전한 국가관	헌법가치	나라사랑
갑	○	×	×	○
을		×	×	
병	○	○	○	
정	○	×	×	○

여기서 빈칸은 주어진 조건으로는 확정 지을 수 없는 것인데, 이 빈칸들이 모두 채워지더라도 병을 제외한 나머지 지원자들은 세 가지의 자질을 지니고 있지 않은 상태가 된다. 따라서 채용이 가능한 지원자는 병 한 명뿐이다.

19

정답 ①

각각의 컴퓨터에 대해 기준에 따라 점수를 부여하면 다음과 같다.

컴퓨터 \ 항목	램 메모리 용량	하드 디스크 용량	가격	총점
A	0	50	200	250
B	100	0	100	200
C	0	100	0	100
D	100	50	0	150
E	50	0	100	150

각 항목별 점수의 합이 가장 큰 컴퓨터를 구입한다고 하였으므로 갑은 A컴퓨터를 구입하게 된다.

20

정답 ②

각 분기별 성과평가 점수를 계산하면 다음과 같다.
- 1/4분기 : $(8 \times 0.4) + (8 \times 0.4) + (6 \times 0.2) = 7.6$
- 2/4분기 : $(8 \times 0.4) + (6 \times 0.4) + (8 \times 0.2) = 7.2$
- 3/4분기 : $(10 \times 0.4) + (8 \times 0.4) + (10 \times 0.2) = 9.2$
- 4/4분기 : $(8 \times 0.4) + (8 \times 0.4) + (8 \times 0.2) = 8.0$

이를 통해 각 분기별 성과급을 계산해보면, 1/4분기에 지급되는 성과급은 80만 원, 2/4분기는 80만 원, 4/4분기는 90만 원이며, 3/4분기는 100만 원에 직전분기 차감액(20만 원)의 50%를 가산한 110만 원이다. 따라서 지급되는 성과급의 1년 총액은 360만 원이다.

MEMO

좋은 책을 만드는 길 독자님과 함께하겠습니다.

도서나 동영상에 궁금한 점, 아쉬운 점, 만족스러운 점이
있으시다면 어떤 의견이라도 말씀해 주세요.
SD에듀는 독자님의 의견을 모아 더 좋은 책으로 보답하겠습니다.

www.sdedu.co.kr

2022 최신판 만점받는 NCS 문제해결능력 마스터 + 무료NCS특강

개정1판1쇄 발행	2022년 05월 20일 (인쇄 2022년 03월 25일)
초 판 발 행	2021년 10월 15일 (인쇄 2021년 08월 31일)
발 행 인	박영일
책 임 편 집	이해욱
편 저	NCS직무능력연구소 김현철 외
편 집 진 행	하진형·구현정
표지디자인	조혜령
편집디자인	배선화·곽은슬
발 행 처	(주)시대고시기획
출 판 등 록	제10-1521호
주 소	서울시 마포구 큰우물로 75 [도화동 538 성지 B/D] 9F
전 화	1600-3600
팩 스	02-701-8823
홈 페 이 지	www.sdedu.co.kr
I S B N	979-11-383-2192-1 (13320)
정 가	18,000원

현재 나의 실력을 객관적으로 파악해 보자!

모바일 OMR
답안채점 / 성적분석 서비스

도서에 수록된 모의고사에 대한 객관적인 결과(정답률, 순위)를 종합적으로 분석하여 제공합니다.

OMR 입력

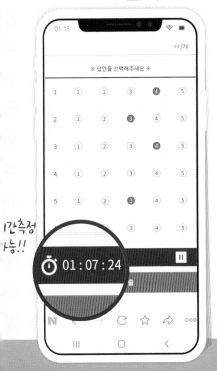

성적분석

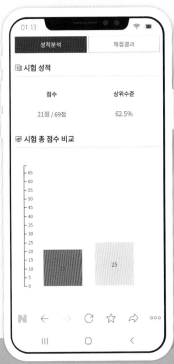

채점결과

※OMR 답안채점 / 성적분석 서비스는 등록 후 30일간 사용 가능합니다.

참여방법

도서 내 모의고사 우측 상단에 위치한 QR코드 찍기 → 로그인 하기 → '시작하기' 클릭 → '응시하기' 클릭 → 나의 답안을 모바일 OMR 카드에 입력 → '성적분석 & 채점결과' 클릭 → 현재 내 실력 확인하기

기업별 맞춤 학습 "기업별 NCS" 시리즈

공기업 취업의 기초부터 합격까지! 취업의 문을 여는 *Hidden Key!*

기업별 기출문제 "기출이 답이다" 시리즈

역대 기출문제와 주요 공기업 기출문제를 한 권에! 합격을 위한 *One Way!*

시험 직전 아무리 "봉투모의고사" 시리즈

실제 시험과 동일하게 마무리! 합격을 향한 *Last Spurt!*

※ **기업별 시리즈** : 부산교통공사/한국가스공사/LH 한국토지주택공사/한국공항공사/건강보험심사평가원/국민연금공단/인천국제공항공사/한국수력원자력/한국중부발전/한국환경공단/부산환경공단/한국국토정보공사/SR/신용보증기금&기술보증기금/도로교통공단/한국지역난방공사/한국마사회/한국도로공사/강원랜드/발전회사/항만공사 등

※도서의 이미지 및 구성은 변동될 수 있습니다.

혼공하는 취린이들을 위해 준비했어~!

취업을 준비하거나 이직을 준비하는
분들을 위해 만들어진 취업 정보
종합커뮤니티 카페

대기업 & 공기업 취업 온라인 스터디 카페

https://cafe.naver.com/0moowon

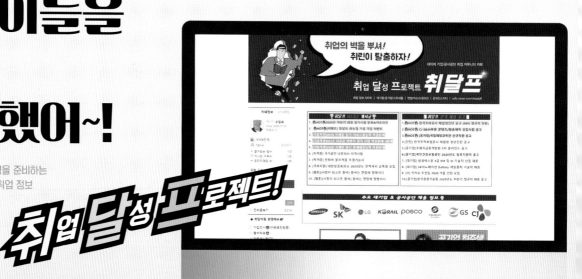

취업 달성 프로젝트!

 NAVER 카페

취달프를 검색하세요!

01 채용정보

대기업 채용정보
공기업 채용정보
고·초대졸 채용정보
최신 채용 뉴스 및 정보

02 무료 온라인 스터디

대기업 스터디
공기업 NCS 스터디
강의 동영상 제공
열정참여자 특별 혜택

03 꿀정보 대잔치

대기업 필수 정보
공기업 필수 정보
자소서 및 면접 꿀팁

04 무료 자료 제공

생생 취업 자료
최신 시사상식
1일 1한자성어

※ 도서 학습 관련 문의는 '도서 학습문의' 게시판에 남겨 주세요.
※ 도서의 정오사항은 '신속처리 정오표' 게시판에 업데이트됩니다.

취달프 카페 가입 이벤트

★ 가입인사 시 추첨을 통해 SD에듀 취업 관련 도서 1권 제공 ★

※ 추첨은 매달 진행됩니다.